CABEÇA DE CAMPEÃO

Título original: *Champion dans la tête*

Cabeça de campeão
7ª edição: Abril 2025

Autores:
François Ducasse
Makis Chamalidis

Tradução:
Rafael Salvi

Preparação de texto:
Pâmela Juliana

Revisão:
Debora Capella
Iracy Borges

Projeto gráfico e capa:
Jéssica Wendy

DADOS INTERNACIONAIS DE CATALOGAÇÃO NA PUBLICAÇÃO (CIP)

Ducasse, François
Cabeça de campeão : Adote o mapa mental dos campeões e entenda a psicologia por trás dos resultados de alta performance / François Ducasse, Makis Chamalidis ; tradução de Rafael Salvi. — Porto Alegre : Citadel, 2024.
384 p.

ISBN 978-65-5047-453-9

Título original: Champion dans la tête

1. Autoajuda I. Título II. Chamalidis, Makis III. Salvi, Rafael

24-1900 CDD - 158.1

Angélica Ilacqua - Bibliotecária - CRB-8/7057

Produção editorial e distribuição:

CITADEL Grupo Editorial
contato@citadel.com.br
www.citadel.com.br

François Ducasse

com a colaboração de ***Makis Chamalidis***

CABEÇA DE CAMPEÃO

Adote o mapa mental dos campeões e entenda a psicologia por trás dos resultados de alta performance

Tradução:
Rafael Salvi

CITADEL
Grupo Editorial
2024

SUMÁRIO

NOTA AO LEITOR

Desde que a primeira edição foi escrita, no início dos anos 2000, a nossa visão de performance, dos *performers* e de seus acompanhantes, evoluiu. Graças a numerosos encontros e colaborações, pudemos aperfeiçoar o nosso pensamento e, com ele, as nossas ferramentas, e gostaríamos de compartilhar as mais recentes.

O leitor atento reconhecerá a identidade da primeira edição, mas também descobrirá anedotas e exemplos atualizados. Revisamos o texto em sua totalidade e adicionamos uma quarta parte dedicada a novas ferramentas de autoavaliação, seja para treinamento, competição ou gestão de carreira. A quinta parte é dedicada ao golfe, esporte mental por excelência, muito mais complementar a outras disciplinas do que se poderia imaginar.

Mais do que nunca, esta nova edição leva a assinatura de seu autor principal, François Ducasse, que soube casar, de maneira harmoniosa, profundidade intelectual e proximidade com a prática.

Boa sorte no seu mapa mental!

– Makis Chamalidis
maio de 2016

Para mais informações: www.championdanslatete.com

APRESENTAÇÃO

Cabeça de campeão é, sem a menor dúvida, o melhor livro de mindset que eu já li em toda a minha vida. É necessária uma convicção plena para fazer essa afirmação, e eu a tenho. De todos os livros que já li, estudei, mas acima de tudo, apliquei, *Cabeça de campeão* vence. E o motivo é simples: não é um livro sobre ser mocinho ou vilão, mas sim sobre vencer.

Durante vinte anos eu estive nas bordas das piscinas do Brasil e do mundo, grande parte como nadador profissional e outra parte como treinador. Foram milhares de competições, dezenas de títulos individuais, coletivos e como treinador durante a minha jornada e muito aprendizado. Alguns deles, apenas as lágrimas da derrota me deram.

Ao representar a Seleção Brasileira de Natação em uma Copa do Mundo, precisei da cabeça de campeão na final dos cinquenta metros nado livre.

Precisei e não tive acesso a essa ferramenta, muito menos ao livro. Primeiro, porque ele nem existia na época. Sua primeira versão foi publicada em 2009. Segundo, porque eu nem sabia onde encontrar essa solução. Não ter uma mente preparada naquela final me sugou uma possível medalha. Tive dúvidas e fui coberto por uma ansiedade que impediu que ela viesse. Resumo da ópera: um sétimo lugar, uma falha na minha primeira braçada e muita frustração.

A cidade era Durban, o ano era 2005. E em um sábado pela manhã, sentei no chão e chorei por três minutos. Falei a mim mesmo: "Preciso dominar meus pensamentos e meus medos, caso contrário eu não sobreviverei nesse nível de exigência".

Foi nesse momento que eu comecei a estudar sobre comportamento humano. Meu único propósito era resolver um problema de performance por meio do estado de controle mental. Estudei o que encontrei, desde programação neurolinguística (PNL) até psicologia do esporte. Li grandes obras sobre esses temas. Utilizei as ferramentas e apliquei na minha carreira. Em 2006 me tornei treinador de natação e ainda estava na minha jornada como atleta. Eram a faca e o queijo nas minhas próprias mãos. Eu usava na piscina comigo e na borda com os jovens nadadores. Foi um livro atrás do outro.

Em 2014 eu casei com uma ex-nadadora da Seleção Brasileira e minha ex-companheira de equipe, a querida (e minha amada) Larissa Cieslak. A Lalas foi uma nadadora de mão-cheia. Diversas vezes campeã brasileira e Seleção Brasileira desde os doze anos de idade. Foi atleta dos Jogos Pan-Americanos de 2007 e 2011, e foi ela quem fez tudo mudar. Quando casamos, ela reuniu suas coisas, eu as minhas, e compramos nosso primeiro imóvel. No meio de suas caixas estavam roupas, medalhas, documentos, pastas e um livro.

Ao retirar item por item das caixas na mudança, ela me mostrou o *Cabeça de campeão* e disse: "Amor, esse livro foi dado a toda a comissão técnica e de atletas da Seleção Brasileira dos Jogos Pan-Americanos de 2011, acho que você vai gostar". Foi a Lalas que me apresentou esta obra que hoje te apresento. Peguei o livro, adorei o título e coloquei na minha pilha dos que eu iria ler.

Em 2014 eu era treinador de natação. Em uma viagem para uma competição, resolvi levá-lo comigo para ler à noite. Ao abrir a primeira parte e me deparar com o mapa mental, eu já pensei que nunca tinha visto nada parecido antes. Ducasse e Chamalidis, os autores da obra, apresentam "36 qualidades e fundamentos da performance" (que você também vai ver neste livro). Eu comecei a folhear, não a ler. Fui para trás, para a frente, fui no sumário, abri em uma página qualquer e encontrei esta frase: "A disciplina é o talento por trás do talento". Meus olhos saltaram, nunca havia lido algo daquele jeito. Foi uma explosão. Conexão imediata. Fui até o início e comecei a ler desde o prefácio, que, inclusive, era do querido amigo e mestre Bernardinho.

Cabeça de campeão é preciso, afiado, com afirmações e provocações diretas. Ao ler cada linha, eu pensava que apenas um ex-atleta poderia ter escrito aquilo. Ali começava o meu interesse em conhecer os autores. Enquanto lia, também os pesquisava na internet.

Descobri um pouco mais sobre François Ducasse e Makis Chamalidis. Franceses, psicólogos e ex-atletas de tênis. "Ah, agora tá explicado, os caras são da prática. Só podia."

Mesmo assim o livro extrapola os níveis do esporte; é para a vida. Nessa época eu já tinha alguns milhares de seguidores nas redes sociais e comecei a falar desta obra. Aliás, de todos os livros que eu já indiquei nas minhas redes sociais, *Cabeça de campeão* sem dúvida é o maior.

Trata-se do melhor livro sobre mentalidade de campeão que já li na minha vida. Eis os motivos:

1. Direto
2. Preciso
3. Profundo
4. Provocativo
5. Com exemplos práticos

6. Em forma de conselho
7. Com base científica
8. Com o olhar de dentro

Apliquei os ensinamentos do livro. Eu ainda era treinador de natação, então apliquei no esporte. Como professor de graduação e pós-graduação, recomendei na formação dos profissionais. Indiquei-o também no Instagram. Era como "compre agora o livro e você não vai se arrepender". Essas constantes recomendações me fizeram descobrir que o livro não estava mais à venda. Tinha acabado a tiragem. Procurei e não achei. As pessoas me mandavam mensagem pelo Instagram dizendo que não conseguiam comprar. Escrevi um e-mail para a editora, mas não obtive resposta. Eu não me conformava com o fato de uma obra assim ter acabado e não haver reposição.

Lembro que de tanto eu indicar, um amigo comprou um exemplar usado. Esse amigo comprou por R$ 1 mil. De tanto que eu falei, ele topou pagar *milão*. Os seguidores começaram a me estimular a lançar por uma editora própria. Eu mal sabia como fazer isso, mas a vontade começava a ficar cada vez mais ardente em mim.

Eu tinha apenas o desejo: fazer o Brasil conhecer este livro. Era como uma missão. Como alguém ainda não tinha lido sobre "o mapa mental", ou "os dois polos da performance"? Se você quisesse vencer na vida, tinha que estudar sobre as "dez perguntas para um druida". Tudo isso você vai encontrar aqui. Ufa!

A audiência começou a apoiar a ideia, e no dia 22 de maio de 2022, às 15h19, eu recebi uma mensagem no meu WhatsApp:

Boa tarde, Joel. Meu nome é Rafael Gaspar. Em primeiro lugar, gostaria de pedir desculpas pela intromissão de mandar mensagem diretamente para seu número pessoal, mas acredito que, dadas as circunstâncias, isso é justificado. Sou um grande fã seu, ultimamente tenho ouvido todos os seus podcasts e assistido a quase todas as suas lives no Instagram. E vou direto ao ponto: consegui contato direto com o Makis Chamalidis, um dos autores do livro CABEÇA DE CAMPEÃO, que você citou no podcast com a Daniela Cicarelli. Tenho duas boas notícias:

1. *Ele gostou da ideia de reeditar o livro em português.*
2. *Ele está em Roland Garros neste momento.*

Por isso, gostaria de pedir a sua autorização para tentar agendar uma conversa pessoal entre você e o Makis neste final de semana, já que, por obra do destino, você está em Paris.

BINGO!

Eu não conhecia o Rafael até então. Minha resposta em algumas horas foi:

Fala, Rafael, o cara tá aqui? Tô atrás desse cara há um tempão. Você conhece ele?

❖

Lalas e eu estávamos em Paris naquela semana. O Rafael viu nos stories. Era o momento certo. Consegui o contato do Makis e mandei uma mensagem para ele. Acho que o Makis estranhou, afinal "quem é esse brasileiro esbaforido que quer falar comigo?".

De uma maneira mágica, consegui agendar um almoço com ele naquela semana. Fomos até um restaurante lindo, perto da Champs-Élysées, e ficamos conversando por quase quatro horas. Almoçamos, caminhamos e nos conhecemos um pouco mais. Eu fui direto ao ponto: "Seu livro é o melhor que já li. Quero relançá-lo no Brasil; o que você acha?".

E não havia melhor momento de fazê-lo que 2024. Ano olímpico, Olimpíada na França, terra do Makis e do François. O François já partiu, e esta obra também tem um reconhecimento profundo e genuíno a ele. Não o conheci, sei apenas o que Makis me falou sobre esse grande pesquisador e mentor.

Voltei para o Brasil e falei com duas editoras sobre esse projeto. O Marcial, meu parceiro de negócios editoriais e amigo, é o editor da Citadel e topou a ideia. "Vamos comprar os direitos autorais, mano" (é assim que ele me chama).

E deu tudo certo. Depois de dez anos, a mágica aconteceu. A jornada foi linda. Conheci o livro através da Lalas, li, apliquei, falei dele. As pessoas se interessaram. Comentei tanto que o Rafael me encontrou por meio do podcast com a Dani Cicarelli (que tem esse livro em inglês e adora também). Prefácio do Bernardinho. A contribuição do Marcial e obviamente o aceite do Makis, que agora é meu amigo e fala comigo sempre.

Você está diante da obra que mais impactou minha mentalidade. Uma das melhores ferramentas que o mundo do esporte já viu. Meu voto e minhas fichas vão para *Cabeça de campeão*.

Prepare-se para uma jornada provocativa e de transformação. Em poucas páginas, você vai me entender. Leia e mande mensagem para o Makis no Instagram. Ele adora os brasileiros.

Tô feliz e em êxtase. Comecei a escrever esta apresentação numa manhã de sexta-feira às 5h06. A mesma hora das lives do Instagram em que sempre falei desta obra.

Este é um livro para atletas, pais de atletas, equipe técnica, mas, acima de tudo, para qualquer pessoa que deseja vencer na vida, qualquer uma. É sobre usar, a nosso favor, uma ferramenta chamada MENTE.

Falei demais sobre a minha viagem até aqui. Chegou a vez de você fazer a sua.

Bom voo.

JOEL JOTA
26 de maio de 2022,
o dia em que eu conheci o Makis em Paris.

INTRODUÇÃO

C*abeça de campeão* é um livro sobre o "mental" e o percurso de personagens excepcionais que chamamos de "campeões". Ele ajudará a conhecer melhor o papel e a importância das qualidades mentais na busca de um sonho, no florescimento do talento e na procura de desempenho.

O mapa mental que se encontra no início do livro propõe uma representação imagética e simbólica das qualidades ou das ideias que se atribuem ao mental. Esse mapa torna visível o que é abstrato nas nossas vidas e materializa o longo caminho da autorrealização de um desejo até a sua conquista, com suas etapas necessárias e suas armadilhas.

Como melhorar sua mentalidade? Qual é a mentalidade de um campeão? Como os campeões chegam lá? Como eles são iguais a todo mundo e como são diferentes? Como eles treinam? O que todos eles têm em comum? Eles são "maus alunos"? Quais são seus planos? Que tipo de disciplina eles seguem? Essas perguntas dão origem a outras igualmente fascinantes: Como funcionam nossas qualidades criativas: concentração, confiança e estado de graça (estado de *flow*)? Por que perdemos a coragem quando os riscos são altos? Como podemos nos "libertar" e "administrar melhor a pressão"? De onde vem o medo de vencer?

Com base em muitos anos de experiência no esporte de alto nível, tanto no campo quanto nos bastidores, e com o apoio de inúmeros exemplos, este livro tenta fornecer respostas a todas essas perguntas, sem usar uma linguagem científica (que é muito "*psico*") ou receitas prontas (que são muito suspeitas). As lições contidas neste livro podem ser aplicadas a outros campos além do esporte: arte, educação, trabalho, criação etc. A aventura humana que o esporte representa pode nos ajudar a entender melhor nossos fracassos e sucessos e nos incentivar a seguir nossos sonhos até o fim.

Os belos campeões

O objetivo não é idealizar os campeões ou negar certos excessos do esporte moderno, mas sim mostrar verdadeiramente o difícil mundo dos vencedores, cujo código de honra parece ter desaparecido e cuja filosofia muitas vezes se limita a "vencer" a todo custo. Este livro trata não apenas do desempenho, mas também dos valores transmitidos pelo esporte. Para ter uma cabeça de campeão, você precisa saber como combinar arte e modos, espírito de luta e jogo limpo. O esporte é uma escola de combate. O objetivo é aprender a vencer, mas também a lutar com amor pelo combate e não com ódio pelos outros. Acima de tudo, queremos mostrar que os maiores campeões e as maiores performances quase sempre andam de mãos dadas com certa elegância e até mesmo certo senso estético.

Cabeça de campeão, no esporte e na vida

Cabeça de campeão se aplica tanto aos esportes coletivos quanto aos individuais. Futebol, hóquei, rúgbi, basquete e vôlei também são, de certa forma, esportes individuais, e nós os abordamos como tal. O que faz com que um jogador de futebol perca a coragem em uma grande final ou que um batedor de pênaltis "ceda" repentinamente sob pressão tem a ver com os mesmos fenômenos psicológicos que observamos em um jogador de tênis disputando um *match point* ou em um velocista no início de uma final de cem metros. Um jogador de futebol não está sozinho em campo, mas está sozinho ao saber em quais qualidades deve se concentrar para atingir seu objetivo. Qualidades nas quais se concentrar para dar o melhor de si e servir melhor à equipe por meio de seu desempenho individual.

Este livro pode ser usado por esportistas profissionais, jovens, pais e treinadores, mas também por qualquer pessoa que queira se conhecer melhor, progredir e ir além; sejam eles jovens esperançosos que se lançam cegamente na aventura da competição, obcecados pelo sonho de se tornarem campeões, ou entusiastas que se permitem embarcar em novas aventuras.

O campo esportivo, o caminho para a excelência, pode ser visto como o cenário simbólico de nossa necessidade de confronto. Nesse sentido, ele é um desafio para nós. O esporte é a vida. As situações de competição são onipresentes na vida cotidiana, no trabalho, na escola e no mundo artístico. Todos os dias, elas assumem a forma de batalhas, desafios, confrontos, duelos em que todos têm de defender seu ponto de vista, suas ambições, seu salário, seu talento, sua dignidade e assim por diante.

A "mentalidade" à qual os atletas atribuem suas vitórias e derrotas ultrapassou os limites do esporte, servindo de espelho para uma sociedade cada vez mais individualista, obcecada pelo desempenho e focada na busca (às vezes exclusiva) do eu. As normas cotidianas nos pressionam a nos superarmos constantemente, o ideal agora é nos tornarmos os empreendedores de nossa própria vida, e a mente parece ser o ator designado para nos ajudar a alcançar esse objetivo. Aqueles que não estão envolvidos nesse domínio privado ainda podem se inspirar nas qualidades mentais e nos princípios que regem a vida dos esportistas.

As 36 regiões da mente, por exemplo, numeradas no mapa no início do livro e explicadas em detalhes na quarta parte, podem ser de interesse de todos nós:

- ☐ levar seu sonho a sério (1);
- ☐ espírito de explorador (4);
- ☐ disciplina (8);
- ☐ treinar seu treinador (13);
- ☐ transformar uma desvantagem em uma vantagem (14);
- ☐ jogar (mal) bem (21);
- ☐ autoconfiança (36).

Todos podem transpor os princípios do esporte de alto nível para sua própria situação:

- ☐ preparar-se para um exame;
- ☐ manter a calma em uma reunião de negócios ou entrevista de emprego;
- ☐ criar um negócio;
- ☐ iniciar um novo relacionamento;
- ☐ "destravar" em público.

E, de modo mais geral, este livro pode ajudar o leitor a:

- ☐ conhecer melhor a si mesmo;
- ☐ enfrentar seus demônios;
- ☐ libertar-se do olhar dos outros;
- ☐ desenvolver seu caráter;
- ☐ abraçar sua própria singularidade;
- ☐ ter mais "espírito do difícil" (tentar os acessos difíceis);
- ☐ ser mais criativo...

Assim como um esportista de alto nível em seu esporte, todos podem ter a mente de um campeão na vida cotidiana.

Este livro foi criado para ser seu companheiro de viagem e para incentivá-lo a "estar atento". Você poderá consultar esta ferramenta de trabalho a qualquer momento, seja sozinho ou com seus treinadores, no treinamento ou em uma competição e, por que não, no intervalo de uma partida, durante o intervalo do almoço ou antes de uma reunião importante. Isso mostra que, se você quiser ir longe, terá de sair da rotina e, às vezes, aceitar ir aonde os outros não vão.

Por fim, em determinadas situações, especialmente quando as apostas são altas, você pode se perguntar: "Tenho a cabeça de um campeão neste momento?".

O MAPA MENTAL 1

"Por que conquistar o Everest? Porque ele existe."

George Mallory

CAPÍTULO 1

DA TERRA DOS SONHOS À MONTANHA DA REALIZAÇÃO

Tornou-se um hábito atribuir as vitórias e as derrotas à "mentalidade". Ouve-se por todo lado: "É a mentalidade, a parte mental fez a diferença... Ele tem uma boa parte mental... O que lhe falta é a parte mental. A diferença... Ele tem uma boa mentalidade... O que lhe falta é a mentalidade... É preciso trabalhar a atitude mental...". É a nova estrela do esporte moderno. Não há um artigo de jornal, uma análise de jogo, um retrato de um campeão que não traga a famosa mentalidade. Mas a palavra em si não tem sentido; é demasiado vaga, demasiado genérica. Na maior parte do tempo, a usamos quando não conseguimos explicar por que "dá certo" ou por que "não dá certo".

Todos falam sobre ela, mas sem realmente a conhecer. A mente permanece misteriosa, fascinante e intimidadora ao mesmo tempo. Em nossa opinião, a maneira de decifrá-la é primeiro cortá-la em pedaços, desconstruí-la; como cortar um mapa em diferentes regiões – prazer, orgulho, concentração, frustração, confiança e assim por diante. De fato, encontramos uma série de qualidades e valores clássicos que, em sua maioria, conhecemos bem. A ideia é se familiarizar com esse mapa mental e identificar cada região com suas próprias particularidades. Assim, há todas as chances de sair do mistério e entrar em um território familiar.

Para desenhar esse mapa, fizemos a separação em três regiões principais:

- ☐ Terra dos Sonhos;
- ☐ Vale do Plano;
- ☐ Campo da Criação.

O caminho para a cabeça de campeão passa então por:

- ☐ o sonho (escutar seu desejo, ter uma paixão ou uma vocação, ter um talento particular etc.);
- ☐ a elaboração de um plano (transformar seu sonho em um projeto de ação, fixar objetivos concretos provendo os meios para essas ambições, impor-se uma disciplina, desenvolver determinadas qualidades, aprofundar o autoconhecimento, estar à procura, ter o talento de aproveitar o próprio talento etc.);
- ☐ a criação (concentrar-se, executar, "soltar-se", seguir seus instintos, liberar seu talento etc.).

Terra dos Sonhos

A Terra dos Sonhos contém nossas qualidades mais íntimas, aquelas que surgem espontaneamente e estão ligadas ao desejo e a seus avatares: paixão, prazer, ambição, motivação, ideais, entusiasmo... Tudo começa com o desejo: ele é a força motriz, a chama que nos anima. Devemos estar cientes de que essas qualidades podem se enfraquecer à medida que as coisas se complicam; são áreas sensíveis às quais é uma boa ideia voltar regularmente para recarregar as baterias.

Vale do Plano

O Vale do Plano inclui regiões relacionadas ao aprendizado, a tudo que possibilita a aquisição de conhecimentos e técnicas: disciplina, padrões elevados, intensidade de concentração, generosidade de esforço, repetição, determinação. As qualidades aqui envolvidas dependem do ambiente externo em que se manifestam. Elas são forjadas por meio do trabalho árduo, diante das dificuldades e no relacionamento com aqueles que nos acompanham (consulte a Parte 6). O plano (veja o próximo capítulo) é o estágio necessário para dar forma ao sonho e progredir no domínio da disciplina. Nesse estágio, somos enriquecidos por todos os tipos de experiência, conhecimento e automatismos, igualmente assimilados, "armazenados" e que reaparecerão naturalmente – se soubermos dar-lhes rédea solta – na fase criativa. O Vale do Plano pode ser visto como o treinamento que o prepara para a competição, ou a fase de pesquisa que precede o processo criativo.

Campo da Criação

No Campo da Criação, o momento não é mais de reflexão ou análise, mas de concentração, sensações, comprometimento total com a tarefa, a intuição e a inventividade – qualidades instintivas e desconcertantes sobre as quais não temos controle direto. O desafio passa a ser o de deixar acontecer, de não mais controlar ou julgar o que está bem ou mal, mas de quebrar as barreiras que nos impedem de acessar o talento que está dentro de nós. Por mais estranho que pareça, a chave para a eficiência aqui é o desapego de si mesmo (e dos pensamentos parasitas associados ao desafio). O atleta se torna o gesto, e o músico, a música. Nesse ponto, ter uma "boa mentalidade" significa quase desaparecer, esquecer-se de si mesmo. Em uma palavra, liberar o artista que há em nós. O Campo da Criação é, sem dúvida, a mais fascinante e misteriosa das regiões. As partes dedicadas a ela permitirão que você memorize conhecimentos psicológicos sobre desempenho e sobre o comportamento humano, às vezes tão contraditório.

Algumas qualidades poderiam ter sido mais bem colocadas em outra região, como o orgulho: você precisa dele tanto no Campo da Criação (e em situações de competição) quanto na Terra dos Sonhos, mas consideramos que o orgulho é, acima de tudo, uma qualidade inicial, inscrita no caráter. A autoconfiança também é essencial em todos os estágios, mas nós a colocamos no final do caminho, no Campo da Criação, porque a vemos acima de tudo como o resultado de um trabalho que pode ser desfrutado mais tarde em uma competição. Os territórios no mapa mental são interdependentes. Uma qualidade colocada na outra extremidade do mapa pode influenciar o bom funcionamento de todas as outras, e é preciso passar constantemente de um território a outro; passar do sonho à ação, depois parar de pesquisar para se dedicar à criação, e depois voltar ao trabalho, sem se esquecer de voltar de tempos em tempos para questionar sua motivação...

Ao navegar nesse mapa, suas etapas essenciais, suas armadilhas e seu entorno, você poderá se orientar melhor na paisagem interior, localizar melhor as qualidades mentais e fazer conexões entre elas. Algumas pessoas verão "o que está na cabeça"; outras, a história de uma carreira, um projeto ou uma vida. Todos podem imaginar seu próprio caminho, projetar-se em seu próprio mapa, fazer um balanço de sua paixão, fazer novas perguntas a si mesmos sobre o caminho a seguir, sobre o novo plano a ser elaborado na esperança de um dia alcançar o melhor de si – cujo símbolo é a Montanha da Realização.

O mapa mental nos ajuda a mudar de planeta e a nos afastarmos do "é preciso" e do "é só", para permitir a emergência de uma linguagem mais metafórica e criativa. Ele funciona como um "objeto flutuante", que proporciona uma distração: quando nos permitimos escolher imagens e palavras no mapa – para simbolizar nossos sonhos ou planos – estamos falando de nós mesmos e dizendo "eu" sem perceber. O mapa também pode motivá-lo e dar sentido à sua aventura pessoal, pois coloca seu trabalho em perspectiva. Aceitamos mais facilmente fazer esforços quando sabemos por que o fazemos e para onde estamos indo.

Os números colocados no mapa como uma seta correspondem às 36 regiões da mente listadas na lateral. Trata-se de qualidades e fundamentos relacionados ao desempenho, que achamos que seria útil analisar e apresentar na forma de fichas informativas fáceis de ler (consulte a Parte 4). Assim, a mente se torna um caminho de iniciação, que convidamos todos a seguir, passo a passo, como um cavaleiro em sua jornada.

Nessa paisagem perigosa, no meio do mapa, está o Castelo. Um local de refúgio e paz, ele é um lembrete dos doze valores de cavalheirismo, ilustrados por alguns dos mais famosos atos de *fair play* da história do esporte. Você também pode dar um passo para trás a qualquer momento e reler histórias ou retratos de campeões extraordinários.

Enfim, você adentrou os bastidores da famosa mentalidade. Mais concreta, ela tomou forma. A caixa foi quebrada, revelando as muitas qualidades que ela contém. Um caminho está se abrindo. Agora você tem uma base sobre a qual pode pensar e agir. Dependendo de suas necessidades ou perguntas, você explorará certas áreas em vez de outras, e achará mais fácil dar nome a seus problemas. Por fim, assim como você identificou claramente os objetivos para desenvolver determinadas qualidades técnicas ou físicas, sempre pode se ater às qualidades mentais nas quais deseja concentrar seus esforços. Porque uma coisa é certa: se você não tiver o talento para explorar seu talento, nunca atingirá o auge do seu potencial; se lhe faltar intensidade na concentração e no esforço, ter a melhor tacada do time ou um dom musical excepcional não o levará muito longe. Se você não conhece seu demônio e não o enfrenta antes de uma corrida, a insegurança pode se apoderar de você no momento crítico e impedi-lo de se libertar, e toda a vontade do mundo não será capaz de resolver isso. Se você não consegue controlar suas emoções ou se não gosta de pressão, é improvável que entre no "*flow*".

E amanhã, se lhe perguntarem quais são seus pontos fortes, você responderá com uma qualidade técnica ou física, e talvez acrescente: ousadia, autoridade pessoal, senso de aventura, saber jogar bem (ou mal), ou até mesmo reconhecer que é o "mau aluno".

O próximo capítulo é para qualquer pessoa que tenha a sorte de ter uma paixão, uma ambição, um projeto e que tenha a "loucura" de ouvir a voz de seu sonho.

CAPÍTULO 2

VOCÊ TEM UM SONHO, MAS QUAL É O PLANO?

Vamos imaginar que você tem um sonho. Questionar-se sobre seu plano é uma forma de perguntar a si mesmo o que você planeja fazer concretamente para tornar seu sonho realidade. É a pergunta central, no mapa do Vale do Plano, é a passagem obrigatória entre a Terra dos Sonhos e o Campo da Criação. O plano é o que permite que um sonho seja transformado em um projeto de ação: estabelecer dois ou três objetivos simples e concretos a serem alcançados no decorrer do ano, dar a si mesmo os meios para atingi-los, impor disciplina e algumas restrições – é isso que o plano representa.

O talento de aproveitar seu talento

A ideia é tomar as rédeas em vez de se submeter aos eventos; o plano o incentiva a fazer escolhas e tomar algumas decisões excepcionais. Quando você se concentra em seu plano, é naturalmente levado a refletir sobre sua filosofia de trabalho, a definir os princípios de treinamento pessoal que darão originalidade à sua preparação e que, com o tempo, se tornarão convicções fortes... Todos esses pontos de referência marcarão o caminho e permitirão que você siga em frente mesmo em tempos nebulosos. Algumas pessoas sentem a necessidade de colocar seu plano no papel, enquanto outras se contentam em defini-lo verbalmente e discuti-lo regularmente com seu treinador ou amigos próximos, para que sempre o tenham em mente.

O plano enfatiza o fato de que uma ideia em si não tem muito significado se você não souber quais são os meios necessários para colocá-la em prática. O sonho nos diz para onde ir, o plano nos diz como. A primeira pergunta é: "Como chegarei lá?". Depois dessa, você pode fazer a segunda: "Eu realmente quero alcançar isso?".

Um projeto de vida

Sonhar é uma coisa. Viver seu sonho é outra. Significa traduzi-lo na vida cotidiana, colocando um tijolo todos os dias. Algumas pessoas praticam um esporte, outras transformam seu esporte em um projeto. Aqueles que têm um projeto são muito sortudos. Seus esforços têm significado, porque fazem parte de uma visão geral. Você não sai para a rua apenas quando tem vontade, você sai para promover seu projeto.

Os sonhos são frequentemente vistos como uma fuga da vida cotidiana, como algo extra. É quase normal maltratarmos nossos sonhos, sermos amadores em nossos sonhos, enquanto somos mais profissionais em áreas que nem sempre merecem nossos esforços. Levar seu sonho a sério começa dando a ele um plano. Quanto mais sua vida se fundir com seu sonho e seu plano, mais as próprias restrições se tornarão uma razão de ser, mais espetacular será seu progresso e mais longe você irá. Os campeões não sentem a privação como sacrifício: eles concordam com elas porque não veem a vida de outra forma. É um todo; é a vida deles.

Algumas pessoas nunca saem da Terra dos Sonhos, nunca atravessam o muro da aventura. Elas não sabem por onde começar e permanecem em um estado de indefinição e devaneio. Elas querem que as coisas aconteçam por si mesmas. A maioria maltrata seu sonho porque gostaria de saltar diretamente da Terra dos Sonhos para o Campo da Criação, sem explorar o Vale do Plano; no mapa, elas se perdem na floresta ao redor da grande pedra do projeto. Estão em ação, mas de forma confusa e desorganizada; estão se esforçando, mas não têm um plano. Suas metas são muito distantes, afogam-se no longo prazo ("Quero ser um campeão") e acabam criando um abismo entre sua vida cotidiana e a meta estabelecida. Em geral, são metas comuns ou banais demais e se assemelham àquelas compartilhadas por todas as pessoas (*vou trabalhar duro para chegar lá*). Trabalho duro, sim, mas como? Para chegar aonde? O propósito do plano é personalizar os objetivos e os recursos e, embora o plano tenha uma visão de longo prazo, sua principal virtude é traduzir essa visão para o curto prazo (um ano, no máximo) e revelar qual é o próximo passo. Isso é o que importa; pequenos passos levam a grandes jornadas.

Quem não tem um plano não tem pontos de referência e, com muita frequência, muda de direção e de princípios de treinamento. Se o plano desmorona, reage de um dia para o outro e acaba não sabendo o que está fazendo em campo. Depende do humor do dia ou das circunstâncias. Você vê um campeão e quer ser como ele, depois é outro, e assim por diante. Um dia você treina muito, na semana seguinte não treina nada, depois treina demais e se machuca, e assim por diante.

Continuar à procura

Aquele que é campeão em sua própria cabeça será capaz de reconhecer a necessidade de pesquisar, entender e alimentar constantemente sua paixão ou seu projeto com novos avanços, novas descobertas e novos desafios.

O Vale do Plano é, antes de tudo, a terra da pesquisa. É onde os campeões são formados. Se há uma qualidade que os une, é a sede de pesquisa. Aventura é curiosidade: "Até onde posso ir?", "Quais áreas desconhecidas de minha paixão eu poderia explorar?", "O que eu poderia melhorar?", "O que está faltando para eu dar o próximo passo?", "O que eu poderia fazer no próximo ano para estar ainda mais preparado, ainda mais forte?", "Como posso me organizar melhor?", "O que posso ganhar com essa nova experiência?", "O que é bom para mim?". Quando você não faz mais parte desse movimento, você dá um passo para trás, porque outros estão avançando. A melhor maneira de recomeçar é estabelecer novas metas, novos desafios, munir-se de um novo plano. Quando estamos estagnados e não sabemos o motivo, a solução quase sempre pode ser encontrada na pesquisa; a desaceleração do progresso se deve a um afrouxamento na pesquisa.

Na busca de um sonho ou de uma carreira, às vezes os problemas parecem intransponíveis. Você está *à procura* quando está obcecado com a solução. Os campeões, como a maioria dos artistas, são buscadores obsessivos. Eles vivem em um mundo de medo, o medo de jogar mal, por isso trabalham. Para ser um bom pesquisador, você também precisa gostar de "procurar por procurar", porque, na maioria das vezes, você só encontra algo depois de cometer muitos erros. Você saberá que encontrou o caminho certo porque já seguiu o caminho errado. Fazer progresso é entender um erro. É somente por meio de muita perambulação, experimentação e confronto de ideias, por meio dessa "paciência apaixonada", que você conseguirá encontrar seu estilo, seus truques, seu método de trabalho, sua disciplina, sua identidade como lutador (ou sua persona de palco), e identificar seus demônios, seu método de trabalho, sua disciplina, escolher o plano certo, o treinador certo, a equipe certa; ou até mesmo encontrar seu movimento, porque o movimento perfeito é uma criação que é objeto de pesquisa constante. Quando você está pesquisando há anos, acaba descobrindo coisas incríveis. Você atinge um nível tal de domínio das sensações, de fineza de percepção, que pode penetrar no mundo do infinitamente preciso e até tocar o invisível, como afirma Stéphane Diagana, campeão mundial dos quatrocentos metros com barreiras (em 1997): "Um centésimo de segundo... Ao buscar a perfeição, esse centésimo assume uma realidade física, uma dimensão, existe no espaço. Um centésimo, você pode vê-lo".[1]

Os grandes atletas, assim como os grandes artistas, nunca estão satisfeitos e podem se desafiar simplesmente pelo desafio (o pintor Francis Bacon, aos oitenta anos, admitiu: "O problema com minhas pinturas é que agora eu sei como fazê-las"). Eles nunca chegam a lugar nenhum e nunca param de girar em torno de sua paixão. Mais uma vez, eles analisam o que lhes interessa até o ponto da obsessão. Isso é o que chamamos de "estar à procura".

A disciplina e a intensidade (de concentração e de esforço)

Na vida, e ainda mais no esporte de alto nível, o sucesso depende menos do talento que lhe foi dado do que da força que você emprega para fazer com que esse talento dê frutos. Somos todos iguais; o que realmente faz a diferença é o esforço. Se muitos jovens aspirantes fracassam, geralmente é porque são "talentosos demais". Isso os desencoraja a procurar, a ter um plano, a impor disciplina e restrições a si mesmos. Se eles não conseguem realizar seus projetos, não é porque não têm as qualidades necessárias, mas porque não têm a capacidade de criar a estrutura que permitiria que essas qualidades se manifestassem.

1. Entrevista publicada no *L'Équipe*, em 19 de agosto de 2005.

Há uma tendência de colocar a disciplina contra o talento. Aqueles que são naturalmente talentosos costumam pegar atalhos e estar menos acostumados a trabalhar duro para conseguir algo; e aqueles que não podem confiar muito em seu talento recorrem à disciplina. No entanto, uma coisa não deve ficar sem a outra: a disciplina estabelece a estrutura e as regras diárias necessárias para cultivar o talento.

A disciplina está ficando cada vez menos na moda. Ela evoca imagens de exército, obediência, confinamento e restrição. Preferimos enfatizar a criatividade, a originalidade, a personalidade e assim por diante. Mas se quisermos ser realmente originais, por que não ter uma disciplina original? Por que não ver a disciplina como uma criação pessoal? Falar sobre um plano - criar seu próprio plano - é uma maneira mais sedutora de falar sobre disciplina. Uma academia de esportes de alto nível começa ensinando disciplina. Isso equivale a "aprender a aprender". Um bom treinador ensina primeiro as atitudes. Antes de transmitir seus conhecimentos aos alunos, ele deve incutir neles as regras de conduta e a atitude corporal que lhes permitirão receber melhor suas mensagens. Quanto mais os ajudar a serem "intensos" em sua concentração e seu esforço, a mergulharem de corpo e alma no assunto, mais progresso eles farão. "Se não estiver com vontade de treinar, reduza a duração do treino, não a intensidade", aconselha André Agassi em suas "Regras de Ouro".[2]

Trabalho, concentração e repetição são os pilares da disciplina. Quando perguntaram a Fred Astaire (o maior dançarino de cinema de todos os tempos) como ele conseguia parecer tão natural, a resposta foi: "Eu faço cada movimento dez mil vezes por dia".

Podemos chamar de "bolha de concentração" ou "casulo" dentro do qual o talento terá as melhores chances de crescer e, um dia, de se destacar e, em alguns casos, até de explodir. Pode parecer estranho,

---

2. Revista *Men's Health*, janeiro-fevereiro 2004.

mas, quanto mais rigorosa for a estrutura, mais livre será a mente e mais liberdade terá para se expressar. Não devemos nos esquecer de que os artistas também têm sua própria disciplina. Eles estabelecem horários para si mesmos, precisam encontrar seu próprio ritmo, manter suas ferramentas e assim por diante. Para se concentrarem, precisam mergulhar em uma atmosfera particular, delicada e cuidadosamente estudada e, quando estão criando, não podem fazer mais nada ou pensar em outra coisa. Essa busca pessoal por condições ideais de trabalho faz parte da criação artística.

Cabe a cada indivíduo encontrar sua própria disciplina. Os procedimentos ou princípios usados são indiferentes: o mais importante é adquirir uma rotina, graças à qual você não questiona mais o esforço e consegue se concentrar por muito tempo, totalmente, em um único assunto de cada vez. A disciplina é adquirida quando as regras se tornam automáticas e você quase não precisa mais pensar nelas (levantar a tal e tal hora, cumprir tal e tal restrição ou regra de treinamento, repetir tal e tal exercício, seguir tal e tal dieta etc.). Quando as regras são claras, mesmo que seja difícil, você se acostuma com elas, e elas se tornam mais fáceis. O próprio corpo, acostumado com o esforço, acaba exigindo seus exercícios diários.

A boa disciplina é aquela que permite que todos entendam o seu valor. Ela é eficaz de verdade quando é aceita de boa vontade e se torna um estado de espírito. Ser disciplinado é um contrato que você faz consigo mesmo; você pode decidir se esforçar mais e se tornar mais exigente, mas o mais difícil é manter um alto nível de exigência pessoal ao longo do tempo. As pessoas bem-sucedidas são aquelas que entenderam que o caminho mais difícil é sempre mais empolgante e mais recompensador do que o caminho óbvio que todos seguem; elas entenderam que seu sucesso dependerá - por definição - de sua capacidade de ver, pensar e agir de forma um pouco diferente todos os dias... Isso vai desde a atitude a ser adotada diante das dificuldades até a maneira de lidar com pequenos detalhes práticos - por exemplo, a garrafa de água ou a barra energética que você não pode esquecer de colocar na bolsa -, que dizem muito sobre o estado de espírito do esportista. Podemos considerar que adquirimos uma disciplina quando colocamos todas as chances de sucesso a nosso favor, inclusive em uma rotina de proteção; acabamos tendo o "espírito do difícil". As dificuldades nos moldam, nos ensinam paciência e humildade, nos tornam sensíveis à nossa natureza e aos nossos limites e nos preparam para uma provável elevação.

Portanto, o talento nem sempre é o que você pensa que é ou o que você vê. Picasso costumava dizer que "a coisa mais importante no trabalho é o que você não vê"; em outras palavras, o pensamento por trás do trabalho, a pesquisa, o plano... O verdadeiro talento consiste em levar suas qualidades naturais a um ponto de domínio excepcional. Não devemos confundir talento natural com domínio técnico, e é importante entender que o domínio "genial" dos campeões tem sua origem nas qualidades mentais (intensidade de concentração, rigor, atenção aos detalhes etc.) que acompanham o trabalho técnico há muitos anos, desde a infância. O verdadeiro talento dos campeões é essa disciplina mental; em outras palavras, o talento de explorar seu talento.

Objetivos excepcionais = decisões excepcionais + restrições excepcionais

Um erro comum é não colocar as decisões e restrições correspondentes na frente dos objetivos. A lista de objetivos é ambiciosa, mas a lista de meios permanece banal. Os sonhos geralmente são grandiosos; os planos via de regra não são notáveis. Resultados extraordinários nunca surgem por acaso, mas sim por um plano e uma preparação extraordinários. Aqueles que não têm o plano certo, ou que se esquecem dele ao longo do caminho, fracassam em algum lugar no Vale do Plano, porque não conseguiram encontrar o equilíbrio certo entre seus objetivos e suas ações, porque não aplicaram a equação certa:

objetivos = decisões + restrições

Não existem seres humanos excepcionais, apenas ambientes excepcionais. Aqueles que conseguem se superar muitas vezes enfrentaram situações excepcionais nas quais foram obrigados a ter sucesso (um perigo, um grupo que não deixa outra opção a não ser seguir, uma disciplina imposta e particularmente severa...). Se essas situações não existirem, você terá de criá-las. Quanto mais normal for o seu plano, maior será a probabilidade de ser sugado pela normalidade. Por outro lado, se seu objetivo for alto, você terá de tomar decisões excepcionais. Portanto, acrescente algumas "operações de comando" ao seu plano: faça um sacrifício financeiro ou emocional, mude seus hábitos, vá ver o que está sendo feito em outro lugar (outros mundos, outras habilidades), treine com atletas de outro esporte, envolva-se em trabalho psicológico, desista de determinado estilo de vida, considere uma estadia no exterior ou, ao contrário, não desista do equilíbrio de sua vida apesar de ofertas que normalmente você não recusaria... Dessa forma, você pode criar sua própria estrutura de requisitos, o ambiente que criará você! Explorar seu talento, ter um plano, impor disciplina e restrições a si mesmo - essas são escolhas que você pode ou não fazer. O talento também tem a ver com fazer escolhas.

MEU PLANO PARA ME APROXIMAR DO MEU SONHO

Meu plano compreende, após análise, objetivos de meios que dependem de mim: aperfeiçoar uma técnica, desenvolver uma qualidade mental, resolver um problema de caráter. Quanto mais me dedico a esses objetivos "internos", aos pequenos passos que dou todos os dias, mais chances tenho de alcançar os objetivos "externos" (resultados: vitória, classificação etc.). Para alcançar o desempenho, primeiro você precisa ser bom em autoanálise e em definir suas metas.

1. Minhas pequenas etapas e metas "internas" para este ano:

- [ ] No plano técnico, físico ou outro:

____

____

____

- [ ] No plano mental:

____

____

____

2. Qual é meu demônio? (Meu problema de caráter, meu calcanhar de aquiles ou minha maior falha que me impede de avançar.)

____

____

____

3. O que me torna único? (O que posso cultivar que me fará sobressair e dará minha identidade em minha disciplina?)

____

____

____

4. Objetivos excepcionais = decisões excepcionais + restrições excepcionais.

☐ Uma decisão e uma restrição excepcionais:

____

____

____

Há inúmeros exemplos de preparação e decisões excepcionais, muitos deles cômicos. A imaginação nesse âmbito é frequentemente recompensada. Aqui estão alguns exemplos.

- Marie-José Pérec (tricampeã olímpica de atletismo em 1992 e 1996, duzentos metros e quatrocentos metros) deixou a Califórnia para se mudar para a Alemanha Oriental, para Rostock, um porto pequeno, sombrio e cinzento no Báltico, para treinar com Wolfgang Meier, "aquele engraçado Doutor Mabuse", famoso por sua disciplina férrea e por fazer seus atletas correrem em um túnel chamado "corredor da morte".
- Laura Flessel (campeã olímpica de esgrima em 1996) convidava regularmente esgrimistas com deficiência para suas sessões de treinamento, onde competia sentada em uma cadeira de ro-

das. Segundo ela, o objetivo era duplo: aprender a posicionar as mãos, mas também aprender a ser humilde.

- O grande time de futebol Ajax, de Amsterdã, na década de 1970, treinava voluntariamente na neve.
- Para se preparar para a final da Copa Davis no Brasil, em 1971, a equipe romena convidou estudantes universitários de Bucareste para participar de suas sessões de treinamento por uma semana, com instruções para fazer o máximo de barulho possível.
- Jean-Claude Killy (três vezes medalhista de ouro no esqui alpino na Olimpíada de Grenoble, em 1968) tinha sua pista de treinamento regada todas as manhãs para se acostumar a esquiar no gelo.

Aqui estão alguns exemplos gerais.

- Um mergulhador: "Meu objetivo é desenvolver minha capacidade de adaptação, porque na competição sou muito sensível a variáveis imprevisíveis e às mudanças de programa. Para conseguir isso, praticarei saltos que meu técnico ordenará no último minuto. Ele pode me pedir para fazer um salto que não estava planejado antes de eu colocar o pé na prancha. Terei alguns segundos para me concentrar e executá-lo".
- Um jogador de tênis: "Incluo no meu programa três sessões de cestas de saque por semana, que devem ser feitas sozinho no final do treino. Não vou mais dizer: 'Trabalhei muito no meu saque', o que é vago e pode significar cinco sessões em uma semana e nada nas duas semanas seguintes; vou dizer: 'Segui meu plano', o que significa minhas três sessões por semana".
- Um boxeador: "Para melhorar meu jogo de pés, irei a aulas de dança moderna duas vezes por semana durante os próximos seis meses".

O plano permite se libertar do desafio

Vejamos agora os benefícios do plano, em especial sobre a pressão e o peso do desafio.

1. Você muda o problema

A questão não é mais se você será bem-sucedido (o que não podemos controlar), mas se você seguirá seu plano e respeitará seus objetivos de trabalho e compromissos pessoais (o que podemos controlar).

2. Você substitui a incerteza por procedimentos

Em vez de dizer "Preciso ganhar esse troféu" ou "Será que vou conseguir?", você dirá: "É isso que tenho que fazer, isso é como vou fazer e sei que posso conseguir". O plano transforma as preocupações e as perguntas impossíveis em procedimentos concretos. As competições se tornam testes para verificar os efeitos do plano. O que era estressante se torna empolgante: "Vamos testar o que preparamos!". Todos os eventos são minimizados e amenizados, até mesmo uma partida perdida, porque representa apenas uma etapa do plano.

3. Você aprende a se concentrar nas menores etapas

Seu plano o incentiva a dar um passo de cada vez. Assim como o maratonista que, no final da corrida, pensa quilômetro a quilômetro, você busca metas intermediárias em vez do objetivo final. Você se acostuma a lidar com os problemas um de cada vez e consegue se concentrar nos detalhes, com calma e método, sem ficar obcecado pelo resultado.

4. Você precisa encontrar as palavras certas, as palavras que falam por você

Trabalhar no seu plano exige que você coloque seus problemas e suas qualidades em palavras e vá além de noções gerais demais, como "meu problema é o estresse ou a confiança", que não fazem as coisas andarem. Quando você "vence as palavras" (quando encontra outras palavras para expressar seus pensamentos), o estresse pode ser desmontado e reformulado. Por exemplo: "O que me preocupa é a maneira como as outras pessoas me olham", ou seja, "a presença dos meus pais pesa sobre mim" ou "o público que eu quero seduzir em vez de apenas atuar" etc. O exercício mais difícil com as palavras é, sem dúvida, definir seu trunfo, seu "truque". Para conseguir isso, é claro, você precisa encontrar as palavras que "falam". O progresso mental também envolve esse trabalho de verbalização. Encontrar as palavras certas para analisar seu desempenho e definir seu plano só pode levá-lo a ser mais preciso em seus movimentos.

5. Você avança mesmo quando as coisas dão errado

O plano lhe será útil em tempos difíceis. Quando os resultados não forem bons e você estiver em meio a uma névoa (no mapa mental: as Brumas da Incerteza), se estiver convencido de que seu plano é bom, poderá mantê-lo em vez de entrar em pânico. Dessa forma, você se sentirá seguro de que ainda está indo na direção certa. Aqueles que se perdem no caminho e se cansam, hesitam, tropeçam, duvidam, entram em pânico ou desistem são quase sempre os que não têm um plano. Assim que as coisas dão errado, sentem-se como se estivessem diante de um vazio.

6. Você é guiado por metas internas em vez de externas

Em vez de definir metas com base em critérios externos (por exemplo, alcançar essa classificação ou ganhar aquele troféu), você é guiado por metas internas, escritas no plano. Seu objetivo não é mais apenas terminar entre os dez primeiros no final do ano, mas seguir seu plano neste ou naquele ponto. Quando chegar a hora, você verá se está entre os dez primeiros. De fora, é impossível ter uma ideia real de suas ações, da sensatez de suas escolhas e da saúde de seu percurso. Observadores externos ao plano, que desconhecem seus verdadeiros objetivos (internos), podem exercer pressão indevida sobre você – "Por que você está fazendo isso? Por que não está ganhando? Você deveria mudar isso, está no caminho errado". Eles podem não estar cientes de que, por trás de uma aparente má fase, existem objetivos precisos, um repensar planejado e saudável, parte de uma visão de médio ou longo prazo. O julgamento dos outros geralmente é exercido em um nível diferente do seu próprio julgamento e com outros objetivos em mente (curto prazo, resultados tranquilizadores, reconhecimento imediato etc.). Os resultados ruins que deixam os observadores em pânico – por mais bem-intencionados que sejam – podem ter significado e impacto completamente diferentes para a pessoa que os obteve, quando fazem parte de seu plano. Somente aqueles que conhecem o plano podem julgar as coisas corretamente.

Na verdade, para muitos, o erro clássico é ter apenas objetivos "externos". André Agassi, por outro lado, admite: "A opção 'vencer' parece boa, mas eu não trabalho dessa forma. É mais um processo diário, um desafio diário. Mesmo no meu melhor momento, como número um do mundo, nunca entrei em um torneio pensando: 'OK, vou ganhar esse!'. O tênis nunca foi assim para mim. Sempre foi um processo, uma jornada. Durante muitos anos, todos esperavam que eu ganhasse... menos eu. Todos os dias eu tinha de provar isso a mim mesmo. Eu nunca enxergava além do próximo passo. Nunca me senti inspirado e, pelo contrário, muitas vezes me decepcionei por dar muita importância ao objetivo final".

7. As regras são mais fortes do que você

Por fim, uma boa meta não deve ser nem muito fácil nem muito difícil. É importante não colocar a barra muito alta, mas, uma vez que as regras tenham sido definidas (e aceitas), é importante ser inflexível e não deixar que o menor desvio passe despercebido. Desde que o atleta se mantenha no plano e respeite as regras, o técnico lhe deve respeito e apoio, mesmo que os resultados sejam ruins. Assim que o atleta se desviar do plano, assim que estiver "fora de jogo", o técnico tem o dever de trazê-lo de volta imediatamente. O fato de se referir às regras em vigor facilita essa intervenção, desdramatiza e preserva a qualidade da relação mestre-aluno.

Conclusão

Nem sempre é possível afirmar que se é excepcional, mas é possível fazer coisas excepcionais de vez em quando. Na verdade, a exceção é o que há de tão interessante no percurso dos campeões, com seus altos e baixos, suas incertezas, seus erros, suas intuições, as obsessões que isso implica e até mesmo a loucura, essa loucura necessária que paradoxalmente faz o campeão florescer mais diante de um número maior de dificuldades - exatamente o oposto da lógica humana.

Em vez de apenas sonhar e ficar paralisado pela imensidão da tarefa, sofrendo com o medo da incerteza, da pressão e do julgamento dos outros, seguindo dia após dia e entrando em pânico quando as coisas dão errado, sugerimos que você tome as rédeas de seu projeto. Se seu plano for bom, se sua autoanálise for boa, se suas decisões forem corretas e sua disciplina for respeitada, parte da batalha já está ganha. Você progredirá, e mesmo o que perder valerá alguma coisa, pois, em um bom plano, mesmo um passo em falso leva a algum lugar. Um bom plano é metade da batalha; a outra metade é cumpri-lo. Graças ao seu plano, você se orientará e criará a estrutura que lhe permitirá explorar seu talento. Vamos repetir: você cria a estrutura que criará você!

No mapa mental, no final do Vale do Plano, está o Campo da Criação. O Mar do Conflito Interior, amplo e imprevisível, os separa como o último grande obstáculo antes da terra prometida. Todos aqueles que se sentem "proibidos de ter sucesso", que "quebram" no pior momento possível ou que acham difícil "se soltar", expressar seu talento, reproduzir na competição o que fazem no treinamento, descobrirão por que é importante entender melhor as surpreendentes leis do Campo da Criação.

CAPÍTULO 3

NO FINAL DA ESTRADA: O CAMPO DA CRIAÇÃO

O Campo da Criação é o lugar escolhido, onde o atleta se torna um artista, o último estágio que pode levar ao estado de graça (o *flow*), o estado mental perfeito, aquele momento de pura criação em que o talento parece vir à tona, quando tudo dá certo, quando o corpo se torna inteligente, quando você se sente inspirado e poderoso. No mapa mental, dois caminhos podem levá-lo ao Campo da Criação: a Ponte da Facilidade e a Passagem da Verdade, açoitada pelas ondas e pelo vento, ao longo da Costa dos Demônios (os demônios simbolizam nossas fraquezas, nossas dúvidas, nossos problemas não resolvidos, nossas ambiguidades, nossos conflitos internos; eles também são, muitas vezes, os mensageiros de nossos pensamentos parasitas). É claro que esse é o caminho mais difícil de seguir. Ele o convida a identificar e confrontar seus problemas se não quiser que eles ressurjam mais tarde, porque seus demônios estarão lá para impedi-lo de avançar com confiança em direção ao Campo da Criação; eles são muito bons em fazê-lo perder a coragem em momentos críticos.

O objetivo das próximas seções é explicar alguns conceitos psicológicos básicos, familiarizá-lo com a complexidade do ser humano para que você possa entender melhor o que ajuda ou atrapalha a criação (a criação de um esportista é o seu desempenho). O primeiro passo é entender que o indivíduo não é formado por um único bloco, um único eu, dotado de uma vontade inabalável.

A mente não é um músculo

Não é possível programar a mente da mesma forma que o corpo, porque a mente não é um músculo que possa ser manipulado e fortalecido simplesmente pela aplicação de fórmulas simplistas. Alguns especialistas prometem "forjar a mente" (consulte a Parte 6). De que tipo de mentalidade estamos falando? Não existe uma mentalidade uniforme e ideal para se tornar um campeão. Não existe apenas um tipo de mapa mental, mas tantos quantos forem diferentes os indivíduos e as histórias em nosso planeta. Alguns falam muito sobre controle de energia, "dinamizar os potenciais de energia", "uso do corpo energético". Eles enfatizam a energia, quando, na verdade, ela é apenas um resultado, a consequência de muitas outras disposições mentais.

A atitude - a "atitude correta" - também está muito na moda e é valorizada por todos aqueles que se sentem tranquilos com a preparação mental. Assim como a palavra "mentalidade" é um termo genérico, a "atitude" pode ser usada para significar o que você quiser. De nossa parte, quando falamos de atitude, estamos nos referindo à "atitude corporal", a linguagem do corpo que muitas vezes traduz um estado de espírito, por exemplo, confiança, motivação, tédio, derrotismo etc. Você pode usar o corpo para influenciar a mente (relaxar, respirar etc., para acalmar a ansiedade). Com a prática, você pode estabelecer uma via de transporte entre sua cabeça e seu corpo. O corpo é um bom ponto de referência para acionar e incentivar certas qualidades mentais (presença e concentração, que são tão preciosas, por exemplo). No entanto, embora às vezes tenha vida própria e poder sobre nossa cabeça, ele é apenas um agente no mapa mental. De modo geral, as técnicas de condicionamento mental têm seus limites e incentivam a simplificação, a ideia de uma prática mental "pronta". Os problemas são silenciados e podem ressurgir em outro lugar. Como curativos, essas técnicas podem ajudá-lo, mas não resolverão o problema.

O esporte é uma área em que a crença mágica em soluções milagrosas é muito forte. Os atletas que esperam demais dos métodos e dependem demais de crenças externas (a influência de gurus ou certos tipos de preparação mental, superstições, pensamento mágico) em geral são frágeis. Quando estão totalmente confiantes, por exemplo, temem perder essa confiança de repente, por uma simples palavra ou um sinal externo. Há dois cenários possíveis: aqueles que não têm medo de perder a confiança têm uma crença interna (está dentro deles, é algo que adquiriram); e aqueles que temem têm uma crença externa. A mentalidade vem da experiência, não de uma fórmula.

Portanto, nossa abordagem não é propor técnicas, mas, antes de tudo, entender "como funciona" e o que é a harmonia psíquica necessária para o sucesso. Nas próximas seções, tentaremos explicar a origem de certos fenômenos psicológicos percebidos por muitos como obscuros e perturbadores, e que o mundo esportivo, por desconfiança, tende a ignorar ou rejeitar.

Para ter uma chance de ver as coisas com clareza, vamos começar aceitando a complexidade do ser humano e esquecendo os métodos para regular o estresse e as vibrações, e pensamentos mágicos como "Vou programar você para vencer", "Esse ritual me tornará invencível" ou "Esse pensamento positivo inevitavelmente terá esse efeito".

❖

A experiência mostra que certas qualidades não aparecem quando chamadas: elas não gostam de receber ordens. Isso é particularmente verdadeiro no Campo da Criação. As qualidades necessárias para a criação são sensíveis e até caprichosas: concentração, confiança, intuição, lucidez, inspiração, inventividade e assim por diante. Elas só vêm se deixarmos que venham e, quanto mais quisermos controlá-las, menos elas responderão. Há estados que você não pode convocar. É um pouco como ordenar a um artista que se inspire imediatamente. Isso com certeza criaria um bloqueio.

A competição, assim como a criação artística, funciona de forma inversa: para domar suas qualidades criativas, a abordagem correta é aceitar que não é possível controlá-las e se afastar do "Você tem que fazer!". Por exemplo, "Você tem que se soltar", "Você tem que ter confiança"; ou até mesmo "Vamos lá! Concentre-se", "Faça um favor a si mesmo", sem falar em "Você não é o que faz, pense nisso". Essas são injunções paradoxais, esses métodos não funcionam; no entanto, nós os usamos regularmente.

As contradições internas podem ir ainda mais longe: pode acontecer de nos tornarmos nosso próprio adversário, quando uma força misteriosa parece querer exatamente o oposto do que mais desejamos no mundo. Você pode sentir como se uma parte de si mesmo o estivesse abandonando covardemente, muitas vezes quando você mais precisa, talvez até nos últimos metros, quando tudo parecia estar ganho. É como se você fosse vítima de seu próprio talento para fracassar diante do sucesso.

Em muitas situações, especialmente naquelas em que os riscos são altos, pode haver uma voz falando "Vá em frente" e outra que diz "Você não tem o direito de ir"; uma voz falando "Eu quero ganhar" e outra dizendo "Eu não tenho o direito de ganhar". Uma verdadeira dor de cabeça! Todos estão sujeitos a conflitos internos (consulte o mapa mental: o Mar do Conflito Interior). Esses antagonismos entre diferentes partes suas, entre diferentes atores internos, podem resultar na impossibilidade de fazer com que todas as suas forças convirjam na mesma direção ou em problemas de concentração, lucidez e inspiração, com o resultado garantido de um desempenho ruim pelo qual você é o único responsável. Não há uma vontade única que decida tudo, mas partes que podem concordar ou, ao contrário, entrar em conflito.

Vamos agora examinar os personagens que parecem coexistir dentro de nós e ver quais são capazes de nos pregar peças desagradáveis e quais podem nos ajudar a expressar nossas qualidades criativas.

Nossos personagens internos: o Mestre, o Artista... e o Corpo

Se um indivíduo é plural, quais são os personagens que o compõem? Em vez de dar-lhes nomes técnicos, vamos chamá-los de "Mestre" e "Artista". Assim, parece um conto. Em nossa história, esses atores principais, com o Corpo, podem se dar maravilhosamente bem, mas seu relacionamento é muitas vezes tenso, porque eles têm talentos diferentes, não necessariamente querem as mesmas coisas e nem sempre falam a mesma língua. Tudo fica mais claro quando você entende como eles funcionam.

O Mestre

Como o nome sugere, é o Mestre que comanda. A personificação de nosso ego racional e censurador, aquele dentro de nós que reflete, julga o que é certo ou errado, condena e proíbe. É também aquele que, ao contrário, dá luz verde, ou é sábio (às vezes sábio demais), tem medo do ridículo, nos faz sentir culpados, lamenta, espera e exige responsabilidade. Ele também é aquele que às vezes se deixa consumir pelo orgulho ou pela falta de autoestima. Em resumo, é a pessoa que "se excede" e, em uma situação de desempenho, quer fazer demais, pensar demais, o que pode fazer com que você duvide de si mesmo nos piores momentos.

O Artista

Esse é nosso eu "liberado" (livre do eu tirânico), nosso lado espontâneo e instintivo. Um artista é alguém que segue seus desejos, que gosta de brincar, de sentir, de imaginar, que não tem medo do ridículo, que vive no presente, sem se preocupar. Fala a linguagem das sensações e das imagens. Os artistas sabem como se comunicar com seu corpo, têm o dom de torná-lo inteligente, podem criar sem negar sua animalidade.

O Corpo

É o executor, aquele que se expressa de forma tensa e desajeitada ou fluida e inspirada, dependendo se está sendo bem tratado ou não. Ele tem sua própria maneira de julgar o que é bom ou ruim. Durante uma competição, o atleta tem uma experiência semelhante à de um artista no auge da criação. Como o pintor em sua tela, ele expressa seu conhecimento, seu estilo, sua inteligência e sua técnica no campo. Na vida cotidiana, há muitas situações criativas (uma entrevista para defender um projeto, um exame, um papel em uma peça de teatro, a sedução de uma pessoa amada etc.). Esse é o momento da verdade de todos.

No entanto, nesse momento, na ação, o Mestre muitas vezes tende a querer fazer demais, a raciocinar demais, e corre o risco de fazer tudo falhar, de deixá-lo tenso, de trazer à tona dúvidas, problemas, inibições, que podem causar a hesitação fatal no gesto. Em suma, é um colapso, o desempenho é bloqueado. Mas o Artista, quando sabemos como deixá-lo agir, pode nos levar a realizar grandes coisas que o Mestre muitas vezes nos consideraria incapazes de fazer.

Os casos de "colapsos" decorrentes de pensamentos ruins do Mestre são bem conhecidos. Não é preciso ser um competidor de alto nível para ter passado por isso centenas de vezes. Aqui está um exemplo clássico: você está jogando tênis com um amigo. Tudo está indo bem, você está relaxado, concentrado na bola e acertando suas tacadas. Então, aparece um espectador. Sua presença, por si só, pode provocar pânico. É o Mestre que, chamado de volta aos controles, se preocupa: "Quem é esse espectador? Por que ele está olhando para mim? Será que ele acha que eu jogo bem? Preciso mostrar a ele o que posso fazer etc.". O efeito imediato dessa projeção, a intervenção do Mestre, é deixá-lo tenso e sem foco. Você não consegue mais acertar uma bola com a raquete, como se não conseguisse nem olhar para a bola. E quanto mais importante o espectador for para você (um pai, um técnico), mais o Mestre vai querer controlar o Artista, criando uma dualidade insolúvel. Quanto mais ele estiver preocupado em jogar bem, mais você começará a jogar mal. Isso se aplica, é claro, a todos os artistas, especialmente aos atores. É fácil entender por que Steven Spielberg disse: "O que eu admiro nos atores? Eles não têm medo de ser ridículos".

Considere outro exemplo tirado de um filme de Charlie Chaplin, a cena em que o herói patina com os olhos vendados. Nosso homem está apaixonado, feliz e se movendo como se estivesse em um sonho, dando piruetas com a graça de um dançarino, guiado por uma maravilhosa trilha sonora imaginária. De repente, ele desamarra o lenço que cobria seus olhos e percebe que estava patinando na beira de um abismo! Naquele instante, o homem que até então patinava como um deus fica paralisado pelo terror e se torna tão assustadoramente desajeitado que não consegue mais se manter em pé. Esse episódio é uma boa ilustração do princípio da criação artística (nesse caso, do corpo).

Enquanto está vendado, Charlot, livre das garras do Mestre, não tem consciência do perigo e está imerso em felicidade. Ele se esquece de que não pode patinar. O Artista que existe nele se solta, e seu corpo expressa coisas que ele não sabia que podia.

Do Mestre ao Artista

O princípio da criação é, portanto, colocar uma parte de si mesmo em espera para permitir que outra se ilumine. Trata-se de acalmar o Mestre, fazendo com que ele se sinta confiante o suficiente para que possa entregá-lo ao Artista. É banindo os pensamentos ruins do Mestre de nossas mentes (medos sobre o que está em jogo, pensamentos parasitas, inibições etc.) que podemos nos concentrar e liberar nossas qualidades criativas; mas também relaxando, acalmando, fazendo nossos movimentos fluírem, respirando – em suma, criando uma atmosfera "benevolente" que precisamos ser capazes de identificar e reproduzir. Nossas qualidades criativas receberão o sinal verde e poderemos "soltar os cavalos".

Às vezes, o Mestre não consegue relaxar, porque os pensamentos parasitas são muito fortes, pesando mais do que o habitual: "Se eu vencer essa partida, jogarei minha primeira final", "Tenho que fazer um saque vencedor", "Meu pai está aqui, ele se sacrificou tanto por mim, não tenho o direito de decepcioná-lo", "Estamos jogando contra os alemães, contra os quais nunca vencemos" etc. Para manter esses pensamentos afastados – que desencadeiam emoções e causam nervosismo, tensão e dúvida (o inimigo número um nesse caso) –, você pode usar um "pensamento de defesa", ou seja, um pensamento para evitar pensar. Por exemplo: "Vou ficar na minha pista", "Não vou exagerar na sedução", "Quanto maior a pressão, mais calmo fico", "Pense na pressão da sua empunhadura (no golfe)"...

Os pensamentos de apartação falam a linguagem do Artista, chamando-o para os comandos e visando direcionar nossa atenção para nossa pontuação técnica, nossas sensações, nosso plano de jogo, o gesto a ser executado e não para o resultado do gesto, que preocupa o Mestre. Portanto, precisamos identificar os pensamentos certos e errados, aqueles que nos concentram no ato e aqueles que nos distraem dele. Ter um bom plano de jogo (ver Capítulo 2) também lhe dará mais chances de fazer a transição do Mestre para o Artista.

O Mestre ainda quer vencer, mas é relegado às sombras. O Artista, por outro lado, só pensa em jogar, enquanto o Corpo, o terceiro ator essencial, tornou-se inteligente, aberto e receptivo a todas as suas sensações graças à liberdade que lhe foi dada pelo Artista, e pode, por sua vez, entrar na dança. A corrente flui de um para o outro. Durante essa fase, se você desistir de tentar entender o que estiver fazendo, poderá mergulhar muito mais profundamente no que estiver fazendo. O que deve dominar é a ausência de um senso do que se está fazendo. A autoconsciência está subordinada à concentração.

Não é o escultor que esculpe, mas suas mãos!

O artista está no auge de sua arte no exato momento em que se abandona. Sua mente não oferece mais nenhuma resistência. Não é mais a cabeça do escultor que decide, mas suas mãos que agem instintivamente. Ele não pensa em fazer a estátua; ela simplesmente acontece. Na mesma linha, considere o jovem dançarino do filme *Billy Elliot*. Quando lhe perguntam como se sente quando dança, ele responde: "É difícil, mas em determinado momento esqueço tudo... Estou lá, voo... E desapareço".[3]

3. Filme inglês sobre um garoto que precisa lutar contra seu ambiente para realizar seu sonho de se tornar um dançarino famoso.

Ou o atacante do FC Barcelona Ludovic Giuly, descrevendo o gol mais importante de sua carreira: "Eu sabia que Ronaldinho ia me dar uma bola de ouro. Ele é um jogador extraordinário, um artista incrível. Ele colocou a bola exatamente onde queria e onde eu desejava. Ela veio até mim. Eu bati sem pensar. Não calculei nada. Apenas segui meu instinto, e ela entrou".

Ou o escritor Marcel Moraud: "Eu escrevo com meu estômago. O corpo sabe".[4] E Ed McBain, autor de romances policiais: "Sempre escrevo em um computador. Qualquer coisa que liberte a mente é bem-vinda. As frases vão direto do cérebro para os dedos e depois para o teclado. É exatamente como se eu estivesse ouvindo duas, três ou quatro pessoas falando comigo ao mesmo tempo".[5] É surpreendente como até mesmo atividades puramente intelectuais, que exigem análise e julgamento, podem ser submetidas ao mesmo princípio de desapego, conforme testemunhado por esta declaração de um dos mestres da terapia familiar, Carl Whitaker: "Eu trabalho essencialmente com meu inconsciente. É como estar na margem pescando: não estou tentando pegar nada em particular, mas de vez em quando algo se prende à minha linha, e então eu a puxo".[6]

Uma das ilustrações mais espetaculares da transição do Mestre para o Artista (um fenômeno também conhecido como "deixar fluir") é, sem dúvida, a do pintor Matisse, que no final de sua vida desenhava retratos com os olhos fechados, com o desejo de levar ainda mais longe a exploração de sua verdade e a liberdade da criação pura, até o ponto culminante que ele tão bem chamou de "momento em que minha mão canta por si mesma". Ele costumava dizer: "Tenho que estar tão imerso em meu tema que possa desenhá-lo de olhos fechados".

---

4. Programa de rádio transmitido em 20 de dezembro de 2002 pela France Culture.

5. Entrevista publicada no *Nouvel Observateur*, 27 de março de 2003.

6. *Techniques of Family Therapy*, Nova York, Basic Books, 1967.

Na criação, o desafio é fazer com que a autoconsciência desapareça, parar de se preocupar com nosso pequeno eu. Aqui, a mente não é mais o ego: é a concentração, uma mente no presente. O ato se torna todo-poderoso; é o ato que conta. Sua inteligência (a qualidade do Mestre) está sempre presente, mas como um espectador, na beira do campo (ou na margem, pescando, como Whitaker). Ela está determinada a não atrapalhar a ação. Ela pode voltar a qualquer momento, mas só o fará se for necessário. Quando ela está apenas observando o que está acontecendo, tudo está fluindo, você está no fluxo da ação. Você age como se alguém dentro de você soubesse melhor o que precisa ser feito. Pode-se dizer que você colocou sua mente em espera. No mapa mental, esse é o fim da mente, o estágio que se costuma chamar de "limpar a mente".

A harmonia

Se você concluir o processo de liberação, entrará no *flow*, o estado mental perfeito em que o Mestre, o Artista e o Corpo estão em comunhão; uma terra de harmonia em que a autoconfiança e a concentração são tais que, durante uma partida, um concerto ou um exame, dão a impressão de estar em estado de graça. Aqueles que estão no *flow* estão no auge de seu condicionamento físico, seus poderes e sua criatividade (consulte o final do Capítulo 3). É nessa zona que o artista encontra a inspiração; que o ator se torna seu personagem; o músico, a música; o esportista, o movimento; onde o cavaleiro se funde com o corpo de seu cavalo – "Meu cavalo respondeu a mim como um braço e uma perna".[7] Seja qual for a área, a intenção conta mais do que o pensamento ou as palavras, e você se torna um com seu objeto de estudo. Quando um

7. Pierre Durand, campeão olímpico de hipismo, sobre a vitória nos Jogos Olímpicos com seu cavalo Jappeloup.

músico "toca bem", ele esquece a técnica e seu instrumento, esquece as teclas, as cordas, o arco... ele se concentra na música. Esse aumento da concentração máxima e a harmonia entre a cabeça e o corpo podem ser vistos como o objetivo ideal da criação, a busca de campeões e artistas. Também falamos de um "segundo estado" para designar o momento em que a resistência e as inibições desaparecem, demonstrando mais uma vez a dualidade coordenada entre o Mestre e o Artista.

Por fim, chegamos à seguinte conclusão: ao contrário do Vale do Plano (onde se devem adquirir e desenvolver qualidades, habilidades e conhecimentos), o Campo da Criação permite que nos livremos das coisas que nos impedem de acessar nossas qualidades. O ato criativo consiste em trazer à tona o que já está lá, preso dentro de nós, em derrubar as muralhas para chegar aos portões de nosso talento, de nosso "reino oculto".

Em suma, o objetivo é neutralizar tudo o que possa estar em nosso caminho. Os artistas são exatamente aqueles que sabem fazer isso bem; eles têm o dom de silenciar seu Mestre e sua tentação de duvidar, de querer fazer muito bem ou de dominar tudo. Nada aqui pode ser forçado, calculado ou julgado. Daí a importância do desapego, do deixar ir. O "fazer" começa com o "deixar fluir".

O mito da força de vontade

A ideia de que há vários personagens dentro de nós é de grande importância para a compreensão do ser humano. Ela nos ajuda a entender por que as pessoas podem, às vezes, agir contra sua própria vontade. É claro que a força de vontade continua sendo uma qualidade indispensável para o sucesso de qualquer empreendimento, mas não é suficiente. Você também precisa ter sua própria anuência para ter sucesso.

Um alto nível de desempenho é alcançado quando as oposições entre as diferentes partes desaparecem, quando todos os conflitos internos cessam. Você vence quando se permite vencer. Portanto, devemos pensar duas vezes antes de afirmar que tudo é uma questão de vontade. Você pode achar que quer vencer, mas o que os outros dizem? O Mestre o ajudará, concordará com o Artista ou ficará em seu caminho? No calor do momento, ele concordará em ser apenas um espectador ou vai interferir, exercer pressão extra, quebrar a harmonia, lançar dúvidas em sua mente? Nesse momento, qual seria o sentido de dizer "Temos que vencer" se não for para piorar as coisas? E na arte, não é quando você se esquece do que quer que você o alcança? Mesmo que seja difícil admitir (especialmente para aqueles que só acreditam na razão pura), no Campo da Criação, seja você um pintor, autor, músico, ator ou esportista profissional, a melhor coisa que você fará é o que lhe escapa.

O mito da força de vontade foi destruído. Mostramos que o autocontrole é mais uma questão de harmonia entre nossos personagens internos do que uma questão de vontade unilateral e autoritária. Na criação, ou ao fazer uma apresentação, o fato de estar muito na vontade e, portanto, prisioneiro do orgulho e do desafio, é até mesmo um mau sinal, o sinal de muito controle do Mestre. Para nos desvincularmos disso, antes de nos lançarmos na arena, vamos nos lembrar deste preceito: para se tornar um com sua espada, esvazie sua mente de todos os desejos.

Perda de recursos sob pressão

Vamos olhar mais de perto o que pode impedir a harmonia entre nossos personagens internos. Tornar-se um artista, concentrar-se, ter acesso às suas sensações e ao seu talento é o pão de cada dia dos esportistas, mas ainda há o medo de perder a coragem ou até mesmo de ceder sob pressão. Os pensamentos ruins que invadem a mente geram dúvidas, deixam o corpo em pânico, provocam hesitações fatais e fazem com que você "saia da partida" – todos os competidores os conhecem bem, mesmo que nem sempre saibam como identificá-los. Esses pensamentos ruins às vezes são chamados de "demônios". Os esportistas estão acostumados a vê-los circulando por cima de suas cabeças como aves de mau agouro, estranhos companheiros de viagem que às vezes se tornam esquecidos e, de repente, reaparecem quando você menos espera: "Meu demônio me fez outra visita" ou "Fui vítima dos meus demônios novamente", no momento crucial! No último buraco do golfe, em uma cobrança de pênalti no futebol, na última volta da pista, na bola do jogo, em uma final muito esperada...

Os demônios vêm de problemas não resolvidos, conflitos internos que o competidor não conseguiu ou não quis resolver e que o Mestre não conseguiu esquecer. Esses problemas têm origem no passado, mas vêm à tona regularmente e podem ressurgir a qualquer momento, como uma ferida que nunca cicatrizou. Esses são os pensamentos ruins do Mestre. Eles variam em gravidade e profundidade, e poderíamos dizer que há demônios pesados e demônios clássicos.

Os demônios pesados são a manifestação de desequilíbrios provenientes da infância: sentimentos de inferioridade ou culpa, falta de autoestima, vergonha e humilhação, ansiedade, traumas que estão ainda mais enterrados (ou reprimidos) por terem pesado tanto. Nós os reprimimos tanto que não sabemos mais nada sobre eles.

São as lembranças inconscientes de problemas não resolvidos que podem fazer com que um atleta perca a coragem, duvide, fique abatido ou até mesmo impeçam-no de ter sucesso. Porque nosso sucesso não agrada a todos os nossos personagens internos. Parte de nós pode se opor a ele. Isso pode se aplicar inclusive a campeões que, embora tenham chegado ao topo, não conseguem chegar ao estágio final, para realmente ter sucesso, e que sempre ficam para trás em uma grande final, por exemplo. Nessas condições, passar de Mestre a Artista (colocar sua mente para descansar) torna-se impossível. Os demônios são fortes demais, e esses conflitos só podem ser resolvidos por meio de um trabalho psicológico profundo. O trabalho superficial (preparação mental) não será eficaz (consulte a Parte 6: A Floresta dos Druidas).

Demônios pesados são lembretes de eventos infelizes pelos quais nunca fomos consolados, como luto familiar envolvendo irmãos, doença ou infortúnio de um ente querido que não pudemos evitar, culpa decorrente de uma dívida: "O que você fez ao seu irmão?". Também pode ser uma questão de mensagens enraizadas em nós mesmos, das quais não temos consciência, mas que uma parte de nosso ser se sente obrigada a obedecer. Por exemplo, aquelas pequenas frases assassinas repetidas durante a infância, como: "Quem você pensa que é?"; "Você nunca vai conseguir"; "Você nunca será forte"; "Você vai acabar mal". Ou certos julgamentos: "Seu irmão é muito melhor do que você"; "Olhe para os outros, eles são muito melhores do que nós". Ou coisas não ditas que levam a uma culpa profunda: "Você não pode superar seu pai ou o ambiente de onde veio"; ou "Nós sacrificamos tudo por você". Problemas como esses, decorrentes da educação ou da história da família (às vezes, de várias gerações), geralmente são difíceis de suportar. Para alguns, eles despertam o **demônio do medo de vencer** ou o **demônio dos complexos**; para outros, o **demônio da culpa**.

Eles podem impedir o atleta de se sentir digno do lugar do vencedor ou de se permitir vencer o melhor. Mesmo quando a dominação é óbvia, muitas vezes, no último momento, o demônio pode vir e dominar o competidor, sussurrando em seu ouvido: "Desista de ocupar um lugar que não é seu. Você não é digno, não é você!". É claro que esses pensamentos inconscientes nunca aparecem de modo tão claro, mas se refletem nas dúvidas, nos bloqueios e nos obstáculos que parecem surgir de repente.

Esses demônios podem ser tão implacáveis que alguns esportistas se queixam de serem "azarados" ou até mesmo "amaldiçoados". Freddy Skouma, campeão europeu de boxe na década de 1980, que não conseguiu voltar ao sucesso, falou sobre a sensação de estar sob um feitiço: "Eu não sabia por onde escapar. Um adversário invisível, grades invisíveis, forças ocultas queriam me prejudicar".[8] É possível compreender aqueles que veem esse sentimento de impotência como uma maldição: tudo parece estar funcionando às mil maravilhas, a técnica está aperfeiçoada, o físico está em seu melhor e, de repente, a técnica trava, a mente fica confusa, o corpo não responde mais. A harmonia é destruída por demônios não identificados. Você tem que pagar uma dívida que desconhecia ter. Somos prisioneiros de uma herança secreta da qual sequer temos consciência. Você está preso em sua própria história.

Os demônios clássicos são aqueles com os quais os esportistas têm de lidar com mais frequência. Eles dizem respeito à sua atividade e tudo relacionado a ela. Mesmo que também tenham uma ligação com o passado, são conflitos mais comuns, inerentes à vida, aos relacionamentos humanos e, é claro, à competição. Ao contrário dos demônios pesados - aqueles antigos que nascem conosco, transmitidos pela nossa história familiar -, os demônios clássicos surgem ao longo do caminho. No caso desses, temos a vantagem de poder vê-los chegar e dominá-los com mais facilidade. Esses demônios dependem, em parte, da qualidade da preparação; incorporam lacunas no plano, falta de rigor ou concentração, falta de coragem, um caráter que desiste facilmente, uma atitude negativa, a incapacidade de controlar as emoções, a sensação de ter trapaceado na preparação, um problema de relacionamento, o peso dos outros etc.

O **demônio da culpa** aparece quando o que está em jogo é tão significativo que traz à tona suas fraquezas, como se você soubesse secretamente que era culpado e seu demônio viesse fazer justiça lembrando-o de que você não merecia vencer. O **demônio da ambiguidade**, por outro lado, leva o competidor a mentir para si mesmo. Ele não ama mais seu

8. Entrevista publicada no *L'Équipe*, 21 de fevereiro de 2001.

esporte, mas não ousa admitir isso. Eles se sentem tão presos aos desejos de seus pais, por exemplo, que estes se tornaram mais fortes do que os seus próprios. A derrota pode ser usada como uma forma de colocar as coisas em seu devido lugar. Esse demônio aparecerá no momento escolhido para dizer: "Perca, já que não está lutando por si mesmo, perca para mostrar a eles que não concorda", ou: "Perca para se vingar pelo que fizeram com você". É claro que, superficialmente, as derrotas (e as perdas de recursos) parecerão incompreensíveis ou serão atribuídas à falta de concentração, à falta de motivação ou a escolhas táticas ruins. Eles podem até perceber que você está procurando a derrota, mas não saberão por quê. Nem você mesmo estará ciente do que acontece.

Quanto ao **demônio do excesso de confiança**, esse pode fazer com que você diga coisas precipitadas na véspera de uma competição. "Vou esmagar meu oponente!". Esse tipo de comentário pode colocar uma pressão extra sobre você no momento do evento. Especialmente se as coisas não saírem conforme o planejado, o peso das palavras será difícil de suportar, e a culpa de ter jogado a partida antes da hora pode atrapalhar sua concentração e impedi-lo de entrar na partida real. Os **demônios da raiva** e **da frustração** são mais fáceis de identificar porque são mais "visíveis". As pessoas que ficam com raiva ou que estão sistematicamente insatisfeitas com seu desempenho perdem a calma com frequência. Muitas vezes, elas têm uma boa desculpa: perdem o controle porque gostam muito de ganhar; querem alcançar tudo e são muito perfeccionistas! No entanto, o resultado é o mesmo que se tivessem desistido. Não aceitar erros ou desempenhos ruins é o mesmo que recusar a adversidade; ficar de mau humor em campo é o mesmo que desistir da luta; ficar com raiva não é se rebelar, é desistir.

Cada um tem seu próprio problema. Você reconhecerá facilmente os demônios que habitam em você – o demônio da distração, do medo de vencer, de ter um respeito excessivo pelo adversário, da ansiedade etc. Essas são as coisas das quais você precisa se libertar, as coisas das quais você se livra quando diz: "Eu me soltei, joguei livremente". Não é a ideia de liberdade que mais frequentemente emerge da boca dos atletas, sabendo que seu destino está em jogo, mas também se perguntando qual é essa força obscura que os impede e pode lhes negar a serenidade e a liberdade quando tudo os convida a se alegrarem com seu talento? É sobre seus demônios que os atletas falam sem nomeá-los, muitas vezes sem entender a origem da insegurança fatal que os abateu. Entender seu problema é justamente o primeiro passo para a liberdade.

Por fim, todos os nossos pensamentos parasitas também agem como pequenos demônios. Podemos chamá-los assim. Aqui está uma lista completa de tudo o que eles sussurram em nossos ouvidos. Você reconhecerá mais de um. Quanto mais você os conhecer, menos razões terá para temê-los. Quanto melhor você conseguir identificá-los (e nomeá-los), melhor poderá gerenciá-los. Gerenciá-los (e, portanto, gerenciar a pressão) significa: vê-los chegando, aceitá-los, opor-se a eles. Se a sua resposta for simples e direta, eles se afastarão e deixarão que você siga em frente. Então, para não dar a eles o menor espaço em sua cabeça e evitar que voltem, você pode continuar a ocupar sua mente com seu chamariz ou com um ponto em seu plano de jogo, ou até mesmo com uma palavra chamariz, que o lembre do caminho para a ação e do que é essencial para você: a qualidade do ato.

O diabinho Surpreenda-seu-pai

Ele lhe diz: "Tenho de mostrar ao meu pai o que sei fazer de melhor"; "Meu pai ficará satisfeito... Para comemorar, a que restaurante iremos?".

O diabinho Espero...

"Espero jogar tão bem quanto joguei no último torneio."

"Espero que a partida não seja muito difícil."

O diabinho Primeiro-da-classe

"Não posso me dar ao luxo de cometer um erro."

"Não posso me dar ao luxo de perder o controle."

O diabinho Do-Ego

"Você não pode aceitar ser derrotado por um incompetente."

"Jogue para, pelo menos, salvar sua imagem."

O diabinho De-respeitar-demais-o-adversário

"Ele é muito forte... Você não tem o direito de derrotá-lo e vencer com essa classificação."

"Ele sabe que vai vencer, dá para perceber, ele esbanja confiança."

O diabinho Superstição

"Se você errar a primeira bola, a partida acaba."

"Nunca ganhamos neste lugar, este lugar é amaldiçoado!"

O diabinho Do-resultado-e-das consequências

"Este é o último buraco... um buraco de R$ 500 mil. Se você ganhar, poderá comprar uma casa..."

"Esta é a minha última chance de ganhar esse título. Se eu não ganhar hoje, nunca mais conseguirei."

O diabinho Do-passado

"E se você perder a largada, como aconteceu no último campeonato?"

"Temos uma sequência ruim de derrotas contra essa equipe, vai ser muito difícil."

O diabinho Da-dívida

"Você tem que ganhar, porque eles confiaram em você e você não tem o direito de decepcioná-los."

"Pense nos outros, no que eles fizeram por você. Hoje, você não está correndo por si mesmo, está correndo por eles."

O diabinho Surpreso-por-meu-sucesso

"Estou liderando e não estou longe de vencer, isso não é normal!"

"Manter a humildade é importante, não posso me permitir ter sucesso."

O diabinho Da-cabeça-que-viaja

"Já que você está na liderança, por que não faz uma pausa?"

"Se você ganhar, o que os jornalistas vão escrever sobre você?"

O impacto dos diabinhos/pensamentos parasitas sobre o corpo e a performance

↓ ↓ ↓ ↓ ↓ ↓ ↓ ↓ ↓

BRAÇO CURTO
tremo de febre
SINTO-ME PESADO
ESQUEÇO O ESSENCIAL
DUVIDO
sufocado/dirigido pela emoção desconcentrado inibido
Aaaaaahh medo PÂNICO frustração suor ai-ai-ai
me precipito estresse enganador
me enfureço me paraliso
A mão treme
Desencorajado antes de jogar
HESITAÇÃO no movimento
Perda de inspiração
a Cortina o Buraco Negro
Torno-me lento
Inquietude do jogador de golfe
Percepção das coisas e das distâncias muda

O enfrentamento dos próprios demônios

Como você pode ver, o verdadeiro adversário não é o corredor na pista ao lado, nem o jogador do outro lado da rede, nem mesmo a bola que rebate, mas a dúvida, o sentimento de que estamos sobrecarregados por problemas que estão além do nosso controle, o sentimento profundamente enraizado de que não somos "puros" o suficiente para vencer. Estes são nossos piores adversários: nossos complexos, nossos sentimentos de culpa, nossa incapacidade de vencer, nossos braços trêmulos, nossa incapacidade de nos imaginarmos no lugar do vencedor e todos os demônios que desviam nossa atenção da partida, do "aqui e agora". E isso mostra o que realmente está em jogo: a verdadeira batalha é consigo mesmo, muito mais do que contra os outros. Muitos jovens deveriam se lembrar disso e usar sua energia com sabedoria.

Todos os competidores seriam mais eficientes se tentassem se conhecer melhor, entender seus problemas e suas dificuldades. A recusa em lidar com esses problemas muitas vezes é a raiz de uma etapa intransponível, em todos os níveis: o jovem esperançoso que não consegue se destacar, o bom competidor que não consegue chegar ao nível profissional, o campeão que não consegue conquistar um título importante etc.

Cenários recorrentes de fracasso podem se repetir enquanto certas lacunas não forem preenchidas, enquanto o que realmente o incomoda não for compreendido e aceito. Os cenários em que os atletas fracassam não são irreversíveis, desde que parem de mentir para si mesmos e de se esconder atrás de superstições ou rituais; desde que identifiquem seu problema e o enfrentem.

A solução está na reflexão sobre a personalidade e a história do indivíduo: acontecimentos vividos que o desencantaram, dos quais, para se libertar, deve concordar em pagar o preço. Você não pode se tornar você mesmo sem fazer o esforço de integrar todas as partes de sua vida, inclusive aquelas das quais gostaria de se esquecer. Ser você mesmo significa assumir sua história. Descobrir seus demônios e o trabalho de explorá-los são uma forma de reconciliação consigo mesmo. Quando algo estiver pesando sobre você, não tenha medo de fazer as perguntas que o incomodam, mesmo que as respostas nem sempre sejam claras. Quando decidimos ir aonde não queríamos ir, é porque já estamos melhorando e algo está se desenrolando. Estamos em processo de mudança.

Os problemas são mais ou menos os mesmos para todos nós, mas a diferença está na maneira como eles são abordados. Identificar o problema e falar sobre ele é parte da solução. Questionar o problema de forma adequada, com as palavras certas, é o primeiro passo para encontrar uma resposta, entendê-lo e, portanto, neutralizá-lo e conviver melhor com ele. Uma pergunta bem-feita geralmente leva a uma boa resposta. Os demônios nunca se libertam por conta própria. Eles podem surgir na forma de "atos falhos", incidentes em que agimos apesar de nós mesmos, de maneiras aparentemente incoerentes, como perder coisas com as quais nos importamos, prejudicar a nós mesmos e até causar nossa própria derrota. Como um ato espetacular de fracasso, podemos pensar na pobre atleta chinesa de marcha atlética que foi desqualificada na final dos Jogos Olímpicos de Sydney, embora não houvesse nada que a impedisse de vencer. Entrando sozinha para a última volta, bem na liderança após dezenas de quilômetros (e os milhares de quilômetros de toda a sua carreira), ela de repente deu dois passos... e começou a correr!

O que é reprimido também pode se manifestar na forma de ferimentos ou doenças e, nesse caso, o corpo é a testemunha de que algo está errado. As lesões repetidas geralmente são atribuídas à má sorte. Entretanto, por trás das lesões, às vezes, há uma doença psicológica, como se o corpo estivesse pedindo ajuda. "Eu me machuco porque preciso me punir por algo"; "Eu causo um acidente na véspera de uma competição porque, inconscientemente, tenho bons motivos para não participar."

Talvez tenha sido isso que aconteceu com Yannick Noah em 1986. Ao chegar ao aeroporto para recuperar seu título de Roland Garros, ele deixou sua mala cair no pé; a lesão o obrigou a se retirar do torneio.

É certo que você não conseguirá derrotar seus demônios no calor do momento, no meio de uma competição. Quando eles aparecem, e você não sabe o que são, já é tarde demais. Você precisa lidar com eles antes. Diante do que está em jogo, as dúvidas do Mestre serão mais fortes do que o desejo do Artista de atuar, e você lutará sozinho. Um atleta bloqueia ou "racha" no campo quando não jogou primeiro a partida contra seus demônios (nas semanas ou meses que antecedem o dia "D", ou mesmo durante seus anos de treinamento).

Esse trabalho pode ser feito no próprio campo de jogo, onde, às vezes, os técnicos deveriam substituir a ação por palavras e reflexões. As palavras podem libertar um atleta das correntes invisíveis que o prendem. Algumas sessões de treinamento podem ser substituídas por uma discussão, e essas são geralmente as que mais contam, especialmente quando ocorrem no momento certo. Dependendo do caso e dos problemas (demônios pesados ou clássicos, pensamentos parasitas), o trabalho sobre si mesmo pode ser realizado fora da estrutura do treinamento, com vários especialistas (consulte a Parte 6: A Floresta dos Druidas).

Os grandes campeões se expõem na batalha

Aqueles que não enfrentam seus problemas se esquivam deles, porque têm medo de tornar mais visíveis as fraquezas que eles superestimam. Para eles, investigar a si mesmos, sua história, mergulhar em seu espaço interior é uma admissão de fracasso. Pensam: "Desde que eu consiga resistir e não crie muitos problemas, estou bem". Tendem a acreditar que um campeão não tem problemas e que é exatamente por isso que ele é um campeão. Pelo contrário, aceitar suas fraquezas é um sinal de força. Os grandes campeões não se negam a nada para vencer. Eles se expõem na batalha, porque não darão desculpas se falharem, seja na competição ou em sua jornada. Aqueles que se escondem, ou escondem uma fraqueza, enfraquecerão no topo; aqueles que são "impuros" vacilarão na batalha, no momento crítico. Essa é a lei do combate, a lei do esporte de alto nível, um teste decisivo permanente.

Diz-se que os grandes estão presentes em grandes ocasiões. Estar no seu melhor quando a pressão está no auge não é a maior prova de uma grande liberdade mental? Prova de que os demônios foram transformados em anjos da guarda? Os grandes podem dar tudo de si, e isso é o que há de tão excepcional neles. Nada os detém; nada impede a expressão de seu talento e de seu sucesso. Nem tudo foi resolvido, mas o que os estava incomodando certamente foi. Não importa se eles resolveram seus problemas naturalmente, com a ajuda das pessoas ao seu redor ou com a ajuda de alguém de fora, desde que algo tenha sido feito. Pode ser tão simples quanto o desejo de parar de suportar as coisas; a coragem de falar e perguntar: "Qual é o meu ponto fraco? Como posso ser mais livre, mais leve, mais sereno, mais eficaz, mais fiel ao que quero?"; e depois encontrar a pessoa certa para conversar e poder dizer: "Há algo errado aqui, estou bloqueado".

A tenista Amélie Mauresmo já passou por isso: "Quando você atinge determinado nível técnico e físico, a diferença está em outro lugar, na sua cabeça. Não é o meu calcanhar de aquiles, mas algo em que venho trabalhando há mais de um ano com um psicólogo esportivo. De discussões a conscientização, fiz progressos, quebrei barreiras e me livrei de reflexos ruins".[9] Espera-se que essa conclusão dê coragem àqueles que temem ser os únicos com problemas. Os campeões não são os que não têm problemas, mas os que foram capazes de enfrentá-los.

---

9. Entrevista publicada na *Roland-Garros Magazine*, 2002.

Por terem sido capazes de reconhecer suas fraquezas técnicas, seus problemas de caráter e até mesmo suas deficiências físicas, foram capazes de corrigi-los e, às vezes, até os transformar em vantagens.

O dom de complicar as coisas

Seja qual for o caso, os esportistas geralmente não gostam de se preocupar demais. Eles estão errados e certos. Estão errados porque essa é a única maneira de vencer a batalha contra si mesmos. Eles não aprenderam a lidar com as preocupações de forma eficaz. Acham que isso vai durar, ser pesado e custar. Não percebem o efeito libertador e catártico que essa abordagem pode ter. Mas, ao mesmo tempo, eles têm razão em não se preocupar quando se trata de agir. No final das contas, se você não quiser pensar no trabalho, deverá ter pensado antes. E a pessoa que fecha os olhos para se esconder de si mesma não é a que tem mais chances de se atormentar no momento errado? Quantas surpresas nossa cabeça nos reserva! Ser vários personagens ao mesmo tempo, possuir qualidades regidas por reflexão, inteligência e julgamento, e outras mais instintivas, mais selvagens, que às vezes parecem fugir de nós quando as invocamos ou pensamos demais nelas! Essa complexidade explica, em parte, a confusão sobre a mente e a dificuldade que os esportistas têm em entender de fato o que está acontecendo com eles. A conclusão também é preocupante: ter uma "mente forte" é, no fim das contas, esquecê-la. É preciso dominar a mente para poder esquecê-la depois.

Cuidado, aconselhou o comediante Raymond Devos a um de seus colegas. "Se você continuar improvisando, brincará com seus próprios medos e não será livre. Quanto mais você trabalhar, mais alcançará a verdadeira liberdade."

Tudo fica mais claro quando você separa as duas fases. Vamos resumi-las da seguinte forma:

- Quando entro em minha cabeça, adquiro conhecimento e automatismos; trabalho para corrigir minhas falhas e destacar meus pontos fortes; identifico e enfrento meus demônios; elaboro meu plano; faço escolhas; experimento; se necessário, destruo para reconstruir; exploro; procuro em outro lugar; ajusto os detalhes. Estou em minha fase de pesquisa (Vale do Plano).
- Quando não estou mais na minha cabeça, eu me desapego do que está em jogo, do orgulho do Mestre e de seus pensamentos parasitas, se necessário com a ajuda do meu pensamento chamariz (para não pensar); estou concentrado e flexível; desisto de tentar controlar tudo; aceito ir aonde tenho que ir sem saber realmente aonde isso vai me levar; esqueço minha técnica para buscar a facilidade. Entrei na fase de desempenho ou liberdade artística (Campo da Criação). Como René Char, o grande poeta e jogador de rúgbi, costumava dizer: "Projete como um estrategista, aja como um primitivo".

Em sua pesquisa, você alimenta sua memória com informações de todos os tipos, então esse novo alimento será assimilado e naturalmente integrado ao gesto.

O trabalho do ator é, obviamente, uma boa ilustração desse caminho singular. Robert De Niro, um dos atores mais talentosos de todos os tempos, explicou seu trabalho mental nos seguintes termos:

> Antes de um filme, pesquiso o assunto e o personagem que vou interpretar, lendo tudo o que encontrar. Vou aos locais onde a história se passa, absorvo a atmosfera, conheço os habitantes do lugar.

> Depois, quando acho que já sei o suficiente, que estou pronto, não faço mais perguntas a mim mesmo, entro em ação.[10]

Para *Taxi Driver*, De Niro chegou ao ponto de trabalhar como motorista de táxi em Nova York nas semanas que antecederam as filmagens. Tendo conseguido entrar na pele do personagem, dizem que ele declarava, ao filmar as primeiras cenas, que seu trabalho naquele momento era deixar o motorista de táxi agir por ele. Atuar ajuda a distinguir o momento da preparação e o momento da ação, quando você precisa se desprender de suas amarras e aceitar o desconhecido. Kevin Costner descreveu esse momento nos seguintes termos:

> Ao filmar, o segredo para o ator é tornar-se *loose* [solto, desamarrado, afrouxado].[11]

Para concluir, você precisa encontrar o equilíbrio entre pesquisa (e força de vontade) e criatividade, entre domínio e controle. Quanto mais você se concentrar na preparação (quanto mais problemas tiver resolvido ou habilidades tiver desenvolvido), menos se concentrará na competição. Dessa forma, você poderá aproveitar a recompensa máxima: jogar, atuar, competir, ser livre!... com todas as chances de entrar no *flow*.

Estar no *flow*

No mapa mental, no final do Campo da Criação, você terá, de tempos em tempos, o privilégio de sobrevoar o Estreito do Estado de Graça. Você terá então alcançado um estado superior de desempenho, uma

10. Programa de televisão do Actors Studio sobre Robert De Niro.
11. Programa de televisão do Actors Studio sobre Kevin Costner.

mistura exacerbada de forma, concentração e sensibilidade; você estará no *flow*. Você estará no auge de suas competências técnicas, físicas e mentais, em momentos mágicos de harmonia entre a mente e o corpo, quando tudo flui naturalmente, tudo é fácil e tudo dá certo.

O estado mental perfeito

Não faltam palavras para descrever o fenômeno do *flow*: "Eu estava em um segundo estado", "Eu jogava em uma nuvem", "Era como estar em um sonho", "Eu estava no piloto automático", "Eu era outra pessoa", "Meus golpes vinham de uma parte de mim que ainda era desconhecida"... "Estar no *flow*" é sinônimo de desempenho, para um atleta, ou de inspiração, para um artista. É onde eles geralmente alcançam suas maiores vitórias e realizações. Mas, além do desempenho, o que está em jogo é o poder das sensações e o prazer da liberdade absoluta.

Qualquer atleta ou criador que tenha experimentado o *flow* vai querer reviver esse estado de graça. Depois de anos de esforço e luta, depois de tantos troféus e tanta glória, o que é que ainda faz os campeões correrem, se não, em grande parte, as sensações de *flow*? Não é a promessa de fuga que os faz sonhar? Eles não estão sempre procurando reviver o momento mágico em que saem de si mesmos para escapar de suas correntes, parar de pensar e voar para longe? O *flow* é uma fonte de fantasia, porque incorpora a perfeição, a quintessência das qualidades mentais, o ideal de concentração, confiança e criação. Mas é uma busca sem fim. O segredo do fogo é o mistério inviolável de nossa mente, o ponto nunca totalmente alcançado, em direção ao qual nos esforçamos. Aproximar-se dele já é uma vitória, como veremos no próximo capítulo.

Por enquanto, imagine-se entrando no *flow*. A confiança supera qualquer resistência, e você atinge o pico de sua concentração, de si mesmo.

O que realmente está acontecendo? O que se está sentindo?

Estou no *flow*

☐ **Não espero nada, não me arrependo de nada.**
Esvaziei minha mente de todo julgamento, esqueci de mim mesmo. Não há nada a provar, nenhum orgulho a lisonjear, nenhum olhar externo pesado, nenhum efeito espetacular a buscar.

☐ **Estou imerso em minha bolha de concentração.**
Tudo ao meu redor é silêncio. Há apenas a música do movimento, da bola, da corrida, que dá ritmo ao meu desempenho. Meus movimentos e sequências são fluidos, e meus gestos são puros.

☐ **Nada do que aconteceu ou acontecerá importa.**
Eu vivo o momento, só me preocupo com o que depende de mim. Tudo o que importa é o que eu faço e como faço. Nada representa um problema para mim. É claro que existem problemas, mas eu os aceito. Minhas qualidades e meus defeitos parecem se encaixar. As coisas fáceis não são fáceis, as coisas difíceis não são difíceis, cada uma merece ser feita por sua vez, à medida que surge. Se eu falhar, o desejo de tentar novamente é mais forte do que minha decepção.

☐ **Eu tenho tempo.**
Tudo é sensação e concentração, daí a capacidade de antecipar e reagir rapidamente, como se tudo fosse óbvio. Até mesmo a ação contínua parece estar acontecendo em câmera lenta. Sou rápido sem me apressar. Como tenho tempo, todos os meus lances, mesmo os mais ousados, parecem ter uma margem extra de segurança. Sinto que não posso errar, que tudo está funcionando para mim. As distâncias a serem percorridas parecem mais curtas; as bolas, maiores; as áreas a serem alcançadas, mais amplas.

☐ **Estou lúcido.**

É como se eu tivesse "antenas", que me dão uma visão clara e global do campo. Sou receptivo a tudo o que está acontecendo, à posição e às intenções do meu adversário. Essa lucidez me permite sentir o lance certo, a resposta certa.

☐ **Estou relaxado e comprometido ao mesmo tempo.**

É o casamento da água com o fogo: o fogo é agressividade, poder, força de ataque; a água é maleabilidade, a soltura que canaliza a força. Sou calmo e dinâmico ao mesmo tempo, como uma bomba adormecida! Todas as luzes do painel de instrumentos estão acesas. Quando estouro, a energia não transborda. Eu ataco com firmeza, sem forçar. Sei como usar músculos flexíveis e músculos explosivos para obter bons resultados.

☐ **Eu me torno um animal.**

Meus olhos têm a acuidade de uma fera. Minhas sensações são tão intensas quanto as de um animal selvagem. Tenho a destreza de um macaco, a flexibilidade de um gato...

A seguir, alguns exemplos de situações fortuitas em que você pode entrar no *flow*.

- Estou levemente machucado ou com cãibras. O Mestre está preocupado com a deficiência física e não com o resto, portanto não há nenhum pensamento, nenhuma dúvida, nenhuma resistência de sua parte. Ele deixa acontecer. Além disso, como tenho que economizar meus movimentos, minha técnica se torna mais econômica, mais fluida e mais refinada e, assim, mais precisa. A combinação desses dois fatores às vezes oferece um ingresso para o *flow*.

- Chego atrasado em uma competição. Como não tenho tempo para pensar e entender o que está acontecendo, eu me jogo de cabeça na batalha e tenho meu melhor desempenho de todos os tempos.
- No dia seguinte à festa, tudo estava fluindo, tudo estava funcionando para mim. Um pouco menos atacado por causa do cansaço, o Mestre se solta e deixa o Artista se expressar.

Seria inútil tentar reproduzir essas situações, pois, ao fazer isso, nos encontraríamos imediatamente do lado da vontade e do Mestre.

Aqui está um caso em que, ao retornarmos, os pensamentos do Mestre podem, em um piscar de olhos, nos tirar do *flow*.

- Estou prestes a vencer um importante torneio de golfe; até agora, tenho jogado como se estivesse nas nuvens, mas, de repente, o Mestre volta ao controle, porque ele percebe o que está acontecendo: "Se você perceber o que está fazendo, poderá vencer"; "Se você fizer esse buraco..."; "E se... você não errar...". Saída imediata do *flow*! É por isso que muitas vezes é mais difícil terminar uma partida.
- Ao mesmo tempo, para piorar a situação, o oponente muitas vezes faz o caminho inverso: ele está encostado na parede, não tem mais nada a perder; o Mestre, por despeito, se retira do jogo e permite que ele jogue livremente por algumas jogadas; isso geralmente resulta em algumas jogadas totalmente soltas e eficazes. Então, é comum que o jogador que estava atrás, tendo jogado bem por um tempo, depois de alcançar o jogador líder, comece a jogar mal novamente. É o Mestre voltando. Mais uma vez interessado no resultado e preocupado, ele acaba com os bons momentos.

Podemos controlar o flow?

Alguns campeões admitem encontrar o *flow* apenas algumas vezes em um ano. Outros dirão que estiveram lá três ou quatro vezes em toda a carreira. Isso corresponde aos momentos em que realizaram seus maiores feitos e experimentaram suas maiores emoções, quando todas as condições estavam certas. Eles estavam no auge de seus poderes e, sem dúvida, a sorte também estava do lado deles. Circunstâncias favoráveis, um pouco de sucesso, o adversário ideal etc. No treinamento, embora seja menos perceptível, é mais comum estar no *flow*, mas ainda é um fenômeno excepcional. A questão que obviamente interessa a todo atleta é como reproduzir esse estado na competição, como recriar o excepcional. Você pode induzir alguém a entrar no *flow*?

Aceitar os ciclos de forma e saber esperar o momento certo

A experiência mostra que os picos de forma ocorrem quando menos se espera. Como vimos, as qualidades que desempenham um papel no *flow* (confiança, concentração, inspiração, lucidez) ganham força desde que não sejam impostas. A forma em si é cíclica por definição; ela surge porque não estava lá antes. Como uma bateria, ela se desgasta. O corpo, os neurônios e as sensações se cansam e se regeneram em seu próprio ritmo, de acordo com leis que a razão ignora. É um fenômeno natural, como as estações do ano, as marés, a rotação dos planetas; ele vem, vai, e depois vem novamente. Não podemos nos opor à natureza ou à sua natureza, mas podemos trabalhar com ela.

Os atletas que passam por uma crise de confiança, que dizem que perderam todas as sensações, que se perguntam como recuperar a força, geralmente são aqueles que lutam demais, que se recusam a ouvir os ciclos e não sabem como esperar seu momento.

Pelo contrário, aqueles que não esperam nada, porque estão se recuperando de uma lesão ou porque não se esperava que participassem de uma competição (e que, portanto, acham que tudo o que acontece com eles é um bônus e uma felicidade), costumam ser os melhores candidatos para o *flow*. Quando você pula etapas, geralmente acaba voltando ao ponto de partida. Muitas pessoas não sabem como esperar, porque é preciso muita confiança para saber esperar. Elas querem demais e ficam presas. Então você ouve: "Fiz tantos sacrifícios e quero tanto que tudo dê certo, que fico tenso".

Portanto, precisamos aceitar este fato: não temos poder sobre o *flow*. Não há segredo. Não podemos controlar os picos. Então, o que podemos fazer?

Preparando o terreno

Não se trata de ficar de braços cruzados. Procurar não controlar ou saber esperar não significa não fazer nada. Talvez você não consiga provocar um estado de graça, mas pode se colocar na melhor posição possível para recebê-lo. Você deve estar preparado: se algo acontecer, você estará pronto para tirar proveito disso e decolar. Eles acontecem, mas você não deve esperar muito deles. Algumas pessoas acham que um clique resolverá seus problemas (por exemplo, vencer uma partida contra um adversário de alto nível) e lhes dará a confiança que lhes falta. Na verdade, as coisas funcionam de forma inversa: se você fizer a coisa certa, se resolver os problemas, as coisas vão se encaixar e a confiança virá. Isso deve incentivar todos a se concentrarem novamente em seus planos e trabalharem duro, ainda mais se estiverem passando por um período sombrio. Picasso disse: "O que eu faço quando não tenho inspiração? Eu trabalho!".

Essa é a margem equilibrada para a ação: por um lado, seja um pouco fatalista; por outro, aja criando as condições para o desempenho, sabendo que ele virá mais cedo ou mais tarde. Dessa forma, você pode almejar o *flow* – isso é o melhor que você pode fazer. Chegar perto dele, entrar na antecâmara do *flow*, pelo menos lhe dará a garantia de um bom nível de desempenho, regular e eficaz, enquanto espera algo melhor. O bom o levará em direção ao melhor.

Use seu nível médio como referência

Em termos concretos, um erro comum cometido por atletas em competições importantes para eles é mirar alto demais e usar seu melhor nível como referência. Eles esperam um alto nível de desempenho, quando deveriam esperar, durante parte do tempo, um desempenho mediano. A expectativa deve ser a de jogar em seu nível bom.

Um treinador pode dizer antes do evento: "Você não precisa estar sempre no seu melhor para vencer" ou "Mesmo quando você está na média, você ainda é bom". Não há melhor mensagem de confiança a ser enviada a um artista do que dizer a ele que seu nível médio é bom, que mesmo quando está na média, ele ainda é bom. Uma mensagem que geralmente tem um efeito libertador.

"Cinco vezes por ano, você será mágico na quadra. E cinco vezes por ano você será lamentável. O restante das partidas é o que faz de você um jogador de tênis."[12]

Na maior parte do tempo, você está em uma forma mediana. O que conta é o que você faz nesse estado. Isso é o que chamamos de jogar

12. Brad Gilbert.

(mal) bem (consulte item 21, p. 299). Um competidor é julgado por sua capacidade de obter regularmente o melhor de uma forma mediana, de "jogar seu jogo" apesar de tudo. O nível abaixo do qual ele não pode cair é o seu verdadeiro nível. Nesse sentido, vencer "jogando" mal é sempre um bom sinal. Qualquer pessoa que tenha um bom desempenho mesmo quando está jogando mal não é apenas um concorrente formidável, mas também estará sempre bem posicionada para receber picos de forma e alcançará o *flow* com mais frequência do que os outros.

A única coisa que podemos controlar é seu nível médio de desempenho. Então, você pode tentar aumentá-lo. É preciso fazer isso todos os dias nos treinamentos, melhorando seu domínio técnico, sua condição física e seu poder de concentração. Você também eleva seu nível médio de desempenho sempre que joga mal e acaba jogando bem, mantendo-se firme. Ter confiança suficiente para não se esforçar demais e "apenas" jogar bem as tacadas básicas resume a força mental excepcional de Tiger Woods, um dos maiores jogadores de golfe de todos os tempos. "Hoje não fiz nada de bom. Não queria fazer nada de especial, apenas colocar minha bola nos *greens* e, se possível, fazer apenas um *putt*, no máximo dois."

Woods está simplesmente seguindo o procedimento (ou seu plano): "Muitas pessoas querem ter um bom desempenho aqui. Vou me concentrar em manter a bola em jogo e nos *greens*. Espero fazer muitos *putts* em subidas". Por sorte, o jogador de tênis Pete Sampras parece compartilhar da mesma força tranquila; o mesmo fatalismo parece habitar nele: "Vou me esforçar o máximo que puder, fazer meu trabalho e deixar que os números (da roleta do cassino) saiam quando tiverem que sair".

Gerenciando a descida

Agora vamos ver o que acontece quando você sai do *flow*. Quando sentir o estado de graça se afastando de você, a nuvem na qual flutua se dissipando, você tenderá a resistir, a querer evitar que essas boas sensações o deixem. Isso também pode causar tensão. Alguns campeões ficam obcecados com a ideia de perder a confiança que trabalharam tanto para adquirir. Muitas vezes, eles se fecham em si mesmos, vivendo em angústia em vez de aproveitar o voo, e voltam a cair antes mesmo de terem tido tempo de aproveitá-lo.

Saber como manter a confiança e gerenciar sua forma é muito importante e requer o mesmo relaxamento e a mesma serenidade que lhe permitem escalar. A ciência da dosagem também permitirá que você estenda seus períodos de desempenho ideal. Cabe a cada um de nós saber como dosar treinamentos e competições, conhecer bem nosso corpo e respeitar os períodos de recuperação para manter certo nível de frescor.

A verdade é que você não pode evitar a descida, não pode ficar no topo por muito tempo. Você não pode lutar contra o tempo e os ciclos. Tentar se manter no topo é a melhor maneira de arruinar tudo. Esse princípio, quando aplicado numa prova, continua válido. Durante uma partida, uma luta ou uma competição, a concentração nem sempre pode permanecer em seu nível máximo. Quando você perde a concentração, tem a infeliz tendência de querer manter o nível de jogo que tinha alguns momentos antes. Infelizmente, essa é a melhor maneira de se frustrar e abandonar a partida, com todas as dificuldades que isso representa para voltar a jogá-la.

É preferível não começar uma partida muito forte, para que você possa aumentar sua força, mas a descida é igualmente importante. Quando você sente que a queda está chegando, precisa aceitar que vai ser um pouco pior. Gerenciar a queda significa não se deixar ficar para trás no placar, não perder o equilíbrio e aceitar que está jogando (mal) bem. Dessa forma, quando as coisas voltarem, você ainda estará na corrida. Você estará pronto para pegar a onda novamente.

Os atletas experientes sabem disso. Instintivamente, de acordo com suas necessidades, com o placar ou com suas intuições, eles administram sua concentração da melhor forma possível, sem pânico ou pressa, seja para cima ou para baixo, como se tivessem um termômetro interno.

Em conclusão, você precisa:

- ☐ aceitar os ciclos de forma e saber esperar;
- ☐ não almejar o excepcional, que você não pode controlar;
- ☐ tomar seu nível médio como referência;
- ☐ fazer bem as coisas simples e consolidar seu jogo básico, sua base;
- ☐ dizer a si mesmo que, mesmo quando estiver na média, você ainda é bom;
- ☐ permanecer eficaz quando estiver muito difícil, sendo capaz de jogar (mal) bem;
- ☐ resolver seus problemas para conhecer os gatilhos;
- ☐ agir sem querer controlar tudo, ousar *perder o controle*;
- ☐ preparar o terreno para receber...

Essas são as melhores maneiras de aumentar seu poder, de desfrutar de surpresas agradáveis e de estar em posição de tirar proveito do excepcional. No dia "D", todos nós precisamos desses pontos de referência para ter estrutura e segurança. Seu plano de jogo pessoal, na próxima página, foi projetado para fazer exatamente isso. É seu plano de jogo e também seu plano pessoal, pois contém pontos de referência técnicos, suas palavras, suas defesas, sua identidade, seu lema e assim por diante.

Ter um bom plano é a melhor maneira de gerenciar a pressão e passar de Mestre a Artista. É claro que a ideia é tê-lo em sua cabeça, mas vamos começar escrevendo-o. Esta é uma maneira de fazer isso; preencha apenas as seções que lhe dão um ponto de referência relevante.

MEU PLANO DE JOGO PESSOAL[13]

Não se preocupe muito com o resultado ou com todas as variáveis que você não pode controlar (o adversário, o público, o vento). Para permanecer no presente, concentre-se apenas no seu desempenho e no que pode controlar: sua pontuação técnica, sua atitude etc.

Pense no jogo, não nas dificuldades!

☐ Meu pensamento chamariz (uma pequena ação ou intenção) para me fazer entrar no clima.

____

____

____

☐ Meu plano de jogo, ou minha identidade de jogo (meus pontos fortes, no que sou bom, minhas táticas de vitória).

____

____

____

13. Esse plano pode ser aplicado a várias situações: apresentações no palco, provas, negociações etc.

- ☐ Meu pensamento chamariz em momentos críticos ou quando estou chegando ao fim (meu pensamento para evitar pensar, para afastar pensamentos parasitas).

____

____

____

- ☐ Meu ritual de tranquilização (ou boa atitude). Por exemplo: relaxar meus braços e respirar fundo.

____

____

____

- ☐ Meu nome artístico ou meu animal favorito.

____

____

____

- ☐ Meu lema. Por exemplo: "A abelha não espera, ela pica".

____

____

____

Fizemos juntos um primeiro passeio pelo mapa mental. Voltaremos depois para visitar determinadas regiões em detalhes (consulte a Parte 4). Por enquanto, vamos dar uma olhada nos dois polos do desempenho, as duas noções entre as quais qualquer projeto, e qualquer tentativa de elevação ou aventura humana, deve encontrar um equilíbrio: aprender a sofrer e a encontrar prazer!

CAPÍTULO 4

OS DOIS POLOS DO DESEMPENHO: O SOFRIMENTO E O PRAZER

A sociedade moderna foi construída com base no culto ao desempenho: todos precisam ter sucesso, todos querem vencer. Ao mesmo tempo, estamos cada vez mais sob a ilusão de que tudo pode ser alcançado de forma rápida e fácil.

A geração *zapping*

O hábito de ficar trocando de canal - na busca sistemática pelo que é mais atraente - fez com que se tornasse difícil para muitas pessoas se concentrarem longa e intensamente em um único assunto de cada vez. Ao querer estar em todos os lugares, o *zapper* não está em lugar nenhum!

Hoje em dia, as pessoas querem ser o Ronaldo ou a Beyoncé antes de se tornarem jogadores de futebol ou cantores. Muito dinheiro, poucos sonhos! Cada vez mais imagens espetaculares em nossas cabeças, cada vez menos gosto pela aventura e disposição para correr riscos e se esforçar! Essa é uma das contradições de nossos tempos. A televisão, por exemplo, se aproveita de nossa mediocridade para transformá-la em regra. É como se nossos defeitos se tornassem nossas qualidades! Quem nunca ficou chocado com *reality shows* como *The Bachelor*? "Quanto mais comum você for, melhores serão suas chances", eles nos dizem. "E em apenas algumas semanas faremos de você uma estrela." Esse desenvolvimento preocupante em nossa civilização poderia ser resumido na seguinte frase (que por si só justificaria este capítulo e, na verdade, todo o livro): "O comum é considerado um valor, quando na verdade é desesperador".[14] Somente a televisão pode criar a ilusão, fazer com que as pessoas acreditem no milagre do sucesso fácil e imediato. Os vencedores desses programas serão os futuros apresentadores que recrutarão os futuros candidatos à fama ou os futuros cantores produzidos pelos próprios canais de TV, um se tornando o convidado do outro.

Então, aqui está o novo sonho: tornar-se campeão em um mês! Tornar-se campeão com um blefe ou com um golpe de sorte! Esse sonho é uma miragem, que emerge do deserto da inteligência e do pânico das imagens, a fantasia de uma época que está procurando novos deuses, mais acessíveis porque são mais humanos, medíocres, manipuláveis, tranquilizadores e consumíveis. Os deuses desceram do céu ou o céu caiu sobre nossas cabeças? O que aconteceu com o transcendente, o excepcional, o único e o absoluto para o qual os verdadeiros campeões, os verdadeiros criadores, as verdadeiras estrelas convidam a humanidade a se elevar? O talento não é mais um critério, então por que dedicar tempo para construí-lo? Em uma ideologia como essa, em que a imagem e a fama são as únicas coisas que contam, ainda é possível viver uma paixão ao máximo e ter prazer nela sem se preocupar muito com o resultado?

---

14. Andrzej Zulawski, diretor de cinema.

Antigamente, você nascia fazendeiro e, na maioria das vezes, continuava fazendeiro, ou vinha de uma família de comerciantes e, salvo exceções, tornava-se comerciante, e assim por diante. A vida das pessoas estava sujeita a um destino específico das classes sociais; o indivíduo se contentava em obedecer, ao passo que hoje ele precisa agir, decidir, superar a si mesmo, realizar-se. Hoje, tudo é apresentado como acessível a todos. Essa aparente prosperidade pode causar um imenso desencanto, pois traz consigo promessas impossíveis de serem cumpridas. É difícil ser responsável por seu próprio destino, descobrir que você é o empreendedor de sua própria vida e conviver com a ideia de que depende de você ter sucesso, tornar-se um campeão, uma estrela ou uma celebridade - tudo isso, é claro, com a insinuação sorrateira de que, se não tiver sucesso, você não vale nada e a culpa é sua. Isso é em grande parte responsável pelo crescente mal-estar no mundo moderno. "A depressão é uma doença da responsabilidade", diz o sociólogo Alain Ehrenberg, autor de *Culte de la performanc*e (Culto ao desempenho). Ele acrescenta: "Toda a responsabilidade por nossas vidas está dentro de cada um de nós e, em vez de sermos governados por uma ordem externa, temos de confiar em nossas reservas internas, em nossas habilidades mentais".[15] Nesse tipo de existência, que incentiva o indivíduo a ser um eu heroico, cada pessoa se torna um fardo cada vez maior para si mesma.

E para aumentar a confusão, enquanto essa responsabilidade pela iniciativa individual está aumentando e há cada vez mais candidatos à glória e ao sucesso, paradoxalmente, a filosofia do esforço e as leis da excelência não estão na moda. As palavras "disciplina", "sacrifício", "restrição" e "rigor" são assustadoras. A autoridade não é mais um dado adquirido. Está se tornando cada vez mais difícil impor qualquer coisa. Para transmitir seu conhecimento e passar sua mensagem, professores,

15. Alain Ehrenberg. *Le culte de la performance*, Calmann-Lévy, 1991.

treinadores e pais estão tendo que encontrar novos métodos. Os alunos estão desorientados, e os professores, perdidos. O tédio na escola, por exemplo, tornou-se um assunto preocupante de debate, ao passo que não era um problema no passado, quando era, por assim dizer, parte do processo de aprendizado. A liberdade se torna a liberdade de não ter nenhum mestre além de si mesmo.

Em suma, hoje em dia não é politicamente correto falar sobre aprender a sofrer, concentrar-se, esperar, disciplina duradoura, repetição, comportamento e assim por diante. No entanto, essas são as leis imutáveis que vale a pena lembrar, as qualidades e os valores que não podem ser ignorados - o caminho, no mapa mental - que levam ao sucesso. Porque vemos muito do campeão, mas não sua longa, dolorosa, solitária e, em muitos aspectos, excessiva jornada... A verdade é que ser um campeão é um tipo de loucura que precisa ser cultivada.

Ao "*zapear*" as dificuldades, ao nos concentrarmos demais na fama, ao esquecermos que o sucesso é fruto de uma longa e intensa busca pessoal, ao ignorarmos que o sucesso é, na maioria das vezes, resultado daqueles que assumem riscos e estão dispostos a sofrer para explorar seu talento, ao esquecermos que o talento é conquistado, corremos o risco de perder o essencial e de amargar uma decepção.

A definição de conquista

A ideia do mapa mental é uma resposta à cultura do *zapping*, a materialização de um caminho ao longo do qual cada pessoa pode se construir, enriquecer seu ser, aprender a se conhecer, cultivar suas qualidades, superar seus medos, criar, extrair de si mesma o que não sabe. É fundamental libertar os jovens da pressão dos resultados e voltar a concentrá-los no que realmente está em jogo: seu próprio progresso, o prazer de aprender, o relacionamento com um professor, as exigências pessoais... Todos podem fazer essa jornada. Nem todo mundo tem pernas de campeão, mas todo mundo pode ter cabeça de campeão. O caminho para se ter uma cabeça de campeão leva à excelência, não ao status de estrela. Vamos parar de confundir excelência com triunfo!

O esporte competitivo, como todo projeto de excelência e toda criação excepcional, é uma jornada até o fim de si mesmo. A qualidade da jornada depende do grau de exigência do viajante. O objetivo real não é conquistar a grande e gloriosa montanha, mas dar a si mesmo os meios reais para ir o mais longe que puder. Você terá sido bem-sucedido se chegar ao cume de sua montanha pessoal (consulte o mapa mental: a Montanha da Realização), ou seja, se um dia atingir os limites de seu potencial.

Ser bem-sucedido é querer ver até onde você pode levar sua vida e um dia olhar no espelho e dizer: "Eu tentei, fiz o que pude. Tenho arrependimentos, é claro, poderia ter evitado certos erros, mas gostei da jornada e fui o mais longe que pude". Sucesso significa atender ao chamado de seus heróis internos e não os decepcionar. Significa ser um campeão aos seus próprios olhos.

Muitas vezes ouvimos que determinada pessoa "teve sucesso". Mas o que ela alcançou? Atingiu um bom nível? Ganhou dinheiro? Foi reconhecida? Ela foi bem-sucedida aos seus próprios olhos? Só ela pode saber. Alcançou suas metas internas? Cumpriu seu plano? Mesmo que você seja um campeão, não está livre dessas perguntas. Quantos campeões terminam suas carreiras com um sentimento de incompletude que, às vezes, pode se tornar amargo? Quantos se arrependem de não terem tentado tudo quando ainda havia tempo? Por outro lado, quantos competidores ou artistas menos conhecidos têm orgulho de suas conquistas, mesmo que não sejam reconhecidos?

Essa é a diferença entre valor e potencial. Valor é "o que eu posso fazer", potencial é "o que eu poderia fazer", e a luta é o que leva de um para o outro: e é essa luta que deve ser vencida. E quanto aos troféus, prêmios e diplomas que geralmente coroam o sucesso? Somente aqueles que já os conquistaram sabem que essas honrarias não contam tanto quanto as pessoas pensam. Mas de que vale a palavra do rico que diz ao pobre: "Se você tivesse dinheiro, não seria mais feliz"? Ou a do campeão que grita de seu pódio: "Muitas pessoas vivem para o momento de glória, quando o que realmente conta é a jornada"? Podemos acreditar neles? Pode compreendê-lo um jovem esperançoso, sedento por vitória, por reconhecimento, convencido de que essa é a única coisa que pode salvá-lo?

Será que os campeões teriam se tornado o que são se não tivessem sonhado com reconhecimento, recordes, façanhas e glória? Jean-Paul Sartre escreveu: "Eu queria ser um grande escritor e fui, queria ser famoso e fui, mas também queria algo mais e não sabia o que era, e nunca consegui".

Sim, sempre haverá algo faltando. Sempre haverá um vazio. As vitórias, as medalhas, as honrarias, o sucesso social, tudo isso preencherá lacunas, mas são apenas estágios. Assim que você responder a uma pergunta, outras surgirão. Nunca somos realmente bem-sucedidos, nunca completamente, e é isso que nos faz continuar. Mas, no fundo, que importância isso tem, se estamos orgulhosos do que tentamos?

Aprender a sofrer

Nem todo mundo consegue vencer a si mesmo e atingir os limites de seu potencial. Qualquer grande conquista, em qualquer campo (esporte, arte, estudos etc.), é inconcebível sem certa dose de sofrimento. O fato de que o sofrimento nem sempre é vivenciado como tal é uma questão que abordaremos mais adiante na seção sobre encontrar prazer.

A metáfora da montanha nos lembra que um passo à frente é um passo para cima, que devemos escapar do peso do conforto e da complacência, longe de todas as boas desculpas que as pessoas têm o engenho de inventar para não ter sucesso. Nenhum dos caminhos que levam à excelência corre em linha reta. Sua montanha pessoal ainda está intocada; você ainda não descobriu o caminho que leva ao cume. No mapa mental, também, o caminho passa por muitas provações. Você pode evitar as Brumas da Incerteza? Você terá de trilhar incessantemente o Caminho da Obstinação e atravessar o Deserto com frequência. É isso que leva à excelência. Tentar fazer isso é muito bom, mas quem realmente o faz? Quem se atreve a percorrê-lo até o fim?

A verdade é que a excelência tem um preço muito alto: tanto no treinamento quanto na competição, você deve regularmente se aproximar do seu limite, onde as coisas resistem, onde dói, onde os elementos são hostis, onde só se pode avançar sendo violento consigo mesmo e corajoso. A coragem tenta um acesso difícil. O princípio do treinamento é provocar dificuldades que estimulem as aptidões – como obstáculos na trilha de um cavalo. Se as dificuldades não existirem naturalmente, elas terão de ser inventadas e encenadas. Todo bom treinamento deve incluir sua cota de surpresas desagradáveis. Cada dia tem sua dificuldade, cada dia tem seu obstáculo. Portanto, a conclusão de cada sessão de treinamento poderia ser: "Dei um pequeno passo na minha montanha hoje?". Ou: "Ganhei minha medalha de ouro do dia?".

Cada guia tem seu próprio método de escalada, cada treinador tem sua própria técnica para ensinar seus alunos a sofrer. Um treinador, sem aviso prévio, trapaceia na pontuação para testar as reações do aluno. Outro impõe um tipo de treinamento em que cada sessão inclui um "momento da verdade" ou sua "sequência emocional" (podemos chamá-las como quisermos), ou seja, um exercício que é mais doloroso do que os outros. O desafio pode ser a intensidade ou a duração. Também pode envolver a repetição do exercício, dessa vez apesar da fadiga. Nesses momentos difíceis, o atleta terá de recorrer à sua reserva de força máxima, mantida apenas para emergências. Saber como "usar as reservas" é uma experiência que vale a pena experimentar com frequência, pois os finais exaustivos das partidas em geral são vencidos "nos nervos", independentemente de fadiga física ou lesão.

Para um esportista, o sofrimento é tão necessário quanto, para um empresário, fazer investimentos financeiros. É preciso fazer isso, o que não é dado a todo mundo. Mas para aqueles que têm a coragem de fazê-lo, se funcionar, pode render grandes dividendos.

Com efeito, a preparação do esforço deve ser perfeitamente calculada. Um treinador rigoroso tem de ser muito mais preciso do que os outros. Exigir o melhor é um trabalho em si, e nada se compara a ser um instrutor esportivo. Esse treinador não tem espaço para erros e anda regularmente em uma corda bamba. Pedir demais pode romper a corda, ou pedir com muita frequência pode fazer com que ele perca toda a credibilidade. Para justificar os trechos difíceis e fazer com que as pessoas os aceitem, é essencial oferecer sequências mais fáceis e saber como colocar os alunos em uma posição de sucesso. A simples repetição dos fundamentos e dos movimentos básicos também tem seus benefícios.

A dificuldade se esconde em tudo, até mesmo nos gestos mais simples e óbvios. O que parece fácil é sempre bastante difícil de fazer muito bem. A maior dificuldade não é proporcionar intensidade quando nada o pressiona? Será que as escalas realizadas sem concentração, comprometimento ou envolvimento realmente valem alguma coisa? As dificuldades estão por toda parte para quem tem padrões pessoais elevados. Uma delas é não se deixar cair na armadilha de uma rotina preguiçosa, como a do superatleta que treina bem, faz o que lhe é pedido, mas não investe em si de verdade. O "bem" é um falso amigo na escola da excelência, na qual a intensidade da concentração e do esforço é a referência, o rumo a não perder de vista, a garantia de que você está indo na direção certa e de que está colocando vento em suas velas. Ser intenso em vez de apenas concentrado, ser intenso quando não nos pedem para ser, ser intenso quando os outros não são, ser intenso quando nada dá certo, essa é a batalha que travamos todos os dias.

Concentração mediana, sensações vagas, má forma, fadiga, cansaço, nervosismo, fracasso e frustração são as adversidades usuais com as quais você tem de lidar no treinamento, porque você as encontrará novamente na competição, onde muitas outras serão adicionadas: o adversário, as dificuldades, o público, a arbitragem, a mudança de fuso horário etc.

Quando é difícil, sabemos que vale a pena

Nesse sentido, as sessões de treinamento ruins, aquelas em que as coisas dão errado, são interessantes. Às vezes, são aquelas em que você aprende mais e que, a médio prazo, trazem mais benefícios, desde que estes sejam entendidos. O objetivo do treinamento não é jogar bem, mas treinar bem. O atleta está no limite do que pode suportar. As sensações não respondem a uma nova situação. Uma barra extra no campo coloca um problema. Não funciona mais. Tanto melhor! Vamos descobrir! Como ele reagirá? Ele concordará em arregaçar as mangas? Procurará uma solução? Vai jogar (mal) bem? O esporte pode ser visto como um jogo que consiste em testar a relação de uma pessoa com a dificuldade, a capacidade de administrá-la. Poucos competidores sabem que esse jogo existe. Pelo contrário, a maioria espera que a partida seja fácil, que o adversário não seja muito duro, e vai para o treinamento despreparada para sofrer.

Com o passar dos dias, somos "treinados" a criar dificuldades e a buscar soluções. É uma ginástica mental, uma disciplina. Encontrar novos recursos dentro de você se torna um reflexo. Você precisa aprender a sofrer. E não apenas quando tiver vontade; caso contrário, não será mais um sofrimento de fato. No meio de uma competição, você não escolhe quando se esforçar. Podemos ver isso da seguinte forma: o treinamento se torna uma partida (é quando se aprende o essencial, portanto é quando se ganha ou perde), e a partida se torna um treinamento (é quando se testa o que foi aprendido: "Vamos ver se consigo resolver os problemas"; torna-se um jogo, pode-se ficar mais relaxado).

Os alunos de Robert Lansdorp[16] (treinador de quatro campeões mundiais de tênis, todos desde a infância até o topo: Pete Sampras, Lindsay Davenport, Tracy Austin e Maria Sharapova) costumam dizer: "Uma partida de torneio é fácil perto de uma aula com ele". Seu treinador é o amigo de sua força interior, mas amigo não significa amistoso. Para nutrir essa força, você precisa esperar que seu técnico também saiba ser duro e, às vezes, provocador.

Por causa da empolgação do que está em jogo, é mais natural em uma competição oficial aceitar a ideia de se criarem dificuldades. Mas esta é a armadilha: os competidores que não adquirem o reflexo da dor no treinamento, que não sabem como lidar com as dificuldades, acabarão admitindo a derrota. Os pais geralmente ficam surpresos e ofendidos ao verem que seu jovem campeão em ascensão não sabe como lidar com a adversidade em competições importantes. No entanto, permaneceram calados durante meses, sem dizer nada, assistindo a uma preparação medíocre e a sessões de treinamento medianas, e per-

---

16. Robert Lansdorp e François Ducasse são os criadores da Lansdorp-Ducasse Junior Tennis Academy (1996-2000).

mitindo que a complacência, as trapaças internas mesquinhas, a perda de controle, o capricho, as caronas etc. se multiplicassem.

No mapa mental, a Ponte da Facilidade leva diretamente ao Pântano dos Atalhos. Cada atalho, cada desculpa que damos a nós mesmos para evitar o sofrimento, cada falha em seguir nosso plano e nosso contrato moral terá um preço alto e resultará em uma infinidade de fracassos: um pouco de nervosismo em um momento crucial, uma falta de confiança ou lucidez, um começo ruim, uma queda, um chute na trave, um voleio fácil perdido. Yannick Noah fala sobre a "lógica da vitória" e afirma: "Nada do que acontece [em uma partida] poderia surpreender alguém que tivesse visto em detalhes como cada um dos adversários se preparou para o evento".[17]

É assim que ele explica a derrota de dois de seus jogadores na final da Copa Davis:

> Os pontos que eles perderam foram semeados ao longo do caminho: alguns na segunda-feira, mais dois ou três na terça-feira, mais um punhado na quarta-feira, e assim por diante. Eles receberam exatamente o que deram.

É verdade que o acaso existe no esporte, mas apenas em uma extensão muito limitada. É melhor entender que é a partida de preparação que você não pode perder. Consulte o capítulo sobre o plano: objetivos excepcionais = decisões excepcionais + restrições excepcionais. Não existe destino, existem escolhas. O talento tem a ver com escolhas. Lidar com a dificuldade, concentrar-se no assunto e aprender a ser paciente em um mundo onde tudo se move rapidamente e há muitas tentações para se distrair; respeitar o professor ou treinador que o lembra de ser exigente

17. Yannick Noah. *Secrets, etc.*, Éditions Plon, 1997.

quando o mestre e o discípulo se tornaram iguais, isso é o que complica a tarefa. Aprender a sofrer nesse contexto não é fácil. No entanto, durante toda a sua busca no Vale do Plano e quando estiver treinando, não perca de vista o fato de que seu progresso e o desabrochar de seu talento dependerão de sua capacidade de sofrer e, portanto, de sua força de caráter. Os campeões são pessoas que, quando eram jovens, tinham um dom e, em geral, um ou dois problemas de caráter. Tornar-se um campeão significa ser capaz de mudar, de resolver um ou dois problemas de caráter, tais como: não se esforçar o suficiente, não ser corajoso o suficiente, contentar-se com o que tem, ter medo de tudo, não conseguir controlar os nervos, não ter agressividade, ser bom aluno demais, não conseguir analisar seu desempenho, não ter ambição, não aceitar fazer o que não gosta, dizer não a tudo, ser muito disperso, não se interessar por detalhes, interessar-se demais por sua imagem, não dar importância ao relacionamento com o treinador etc.

Alguém que tenha um ou dois problemas de caráter desse tipo, que o impeçam de ser tão forte quanto poderia ser, pode um dia, com a ajuda de um mestre, de um "transformador de vida" ou por conta própria, mudar e se tornar excelente na área em que estava falhando. Pode haver uma percepção, um evento ou um "não sei quê" que crie uma urgência, mude a pessoa e forje seu caráter. Muitos campeões, aos dezesseis ou dezessete anos de idade, não sabiam como sofrer, não tinham o "espírito do difícil". Eles não viam sentido, estavam acostumados a conseguir tudo com facilidade, não se esforçavam o suficiente. Um dia, mudaram. Foi então que o que lhes faltava foi acrescentado ao projeto, e eles puderam alçar voo. Churchill disse: "Para progredir, é preciso mudar, e para ser perfeito, é preciso mudar com frequência". Digamos que, no esporte, quando um atleta muito talentoso é capaz de mudar o traço de caráter que o impedia de aceitar o sofrimento, que o atrapalhava, ele se torna um campeão.

Concluiremos dizendo que a pessoa mais mole e preguiçosa pode se tornar a mais trabalhadora e capaz de sofrer para ter sucesso. Se, além disso, ela não der ouvidos ao que lhe dizem, também pode mudar esse problema e se tornar uma pessoa precisa e diligente. Portanto, quando se deparar com um jovem que não tem a força de caráter necessária, não se desespere. Não podemos mudá-lo, mas seu caráter pode evoluir em alguns pontos cruciais e, uma vez que as amarras tenham sido quebradas, o atleta pode se tornar muito forte e surpreendente. Por outro lado, com mais de dois grandes problemas de caráter (que vão contra o projeto extremo de atingir os limites de seu potencial), será difícil, talvez impossível. Não se pode mudar um caráter inteiro.

Encontrar seu prazer

O capítulo anterior trata diretamente do Vale do Plano e do Campo da Criação. Entretanto, nenhum dos principais estágios pode ser considerado isoladamente: sua interdependência nos leva de volta ao primeiro, à Terra dos Sonhos, a terra onde nascem e vivem nossos desejos, nossos ideais, nossas motivações mais profundas, e o prazer que é tão fácil de esquecer uma vez que tudo se torna sério.

A criação é a recompensa pelos esforços feitos previamente, mas também nasce de um desejo que permanece intacto, um desejo que devemos tomar cuidado para não perder, como um fogo que deve ser constantemente reacendido. De certa forma, fechamos o círculo: tudo começa com o desejo, que leva à alegria de criar e passa pelo sofrimento que nos leva constantemente de volta ao nosso desejo. Quem poderia suportar o sofrimento por muito tempo sem paixão? Grandes sacrifícios sem motivação inabalável? Esforço físico repetido sem prazer? O mapa mental sugere este equilíbrio: prazer-sofrimento-criação. Para ir longe, para manter seu plano em um nível exigente, sua motivação deve permanecer sincera e inequívoca. Você resistirá se conseguir algo com isso, se isso lhe der prazer de uma forma ou de outra. O puro prazer do jogo (o prazer despreocupado dos primeiros dias, da infância), o prazer do "jogo bonito", o prazer de aprender, o prazer de um trabalho bem-feito, o prazer de um relacionamento, da cumplicidade com o técnico ou com os pais, o prazer do reconhecimento valem muito mais do que o sofrimento.

Na realidade, o prazer e o esforço geralmente estão ligados. E o rigor não é impedimento para a alegria. Da mesma forma, a disciplina nem sempre é uma coisa ruim: você se sente mais livre, mais tranquilo e mais criativo quando trabalha dentro de uma estrutura de regras firmes e claras que funcionam como muros de proteção. Disciplina é liberdade! Tudo depende muito da atmosfera. É mais fácil fazer um esforço quando a atmosfera é boa e todos estão fazendo o mesmo esforço. O sofrimento é medido em comparação: se todo mundo sofre no treinamento, ninguém sofre. Depende também do equilíbrio entre os momentos de dificuldade e os momentos de relaxamento, e da maneira como as dificuldades são apresentadas. Um treinador duro também pode ter senso de humor. "Torne as coisas mais difíceis e mais engraçadas"[18] seria um bom lema. Os obstáculos podem ser apresentados na forma de um jogo, um desafio, e as "surpresas desagradáveis" que mencionamos anteriormente podem ser incluídas no programa de treinamento, como uma maneira de incrementar a rotina.

A profissão de professor pode ser comparada à de um ator. Assim como o ator no palco, o professor existe por meio do interesse que desperta. A capacidade de transmitir sua mensagem inspirará seus alunos a quererem aprender e, talvez, até mesmo a se esforçarem mais por ele. Criar interesse é a maior das missões de um treinador. A forma, às vezes, conta mais do que o conteúdo, e a personalidade, o char-

---

18. Yannick Noah.

me, a imaginação, o carisma, o respeito que um professor demonstra por seus alunos e, por que não, sua bondade, são os motivos que farão com que eles queiram segui-lo, mesmo quando estabelece os mais altos padrões. Para um professor, o desafio não é tanto dominar, mas compartilhar. Fazer com que seus alunos sonhem, respeitá-los, levá-los a sério, maravilhar-se com o progresso deles, dar-lhes confiança - essas são qualidades de ensino sobre as quais não falamos muito; no entanto, o relacionamento emocional é crucial para a obtenção de resultados. Amar seus alunos é, sem dúvida, muito mais importante do que qualquer diploma. É o que faz com que os alunos queiram estar à altura para não decepcionar o professor. Como você pode trair a confiança de um instrutor que o vê como melhor do que você mesmo pensa que é? Por que decepcionar um treinador que acredita em você?

O prazer de agradar seus mestres deve, portanto, ser acrescentado à lista de motivações que levam à excelência. Você pode ter sucesso para agradar aos outros. Às vezes nos perguntamos: "Para quem é o sucesso? Para quem é o fracasso? A quem a pessoa bem-sucedida quer agradecer? E se você fracassar, quem você quer punir?". Muitos alunos trabalham essencialmente para o professor e pelo prazer do relacionamento. Todos precisam ser valorizados, reconhecidos e incentivados pelas pessoas que são importantes para eles. O desempenho depende de nossa motivação, e a motivação depende de nossa necessidade de sermos valorizados.

> O combustível de um indivíduo é a quantidade de estima que ele recebe de um terceiro. Quando a necessidade de estima não é satisfeita ou é frustrada, há desmotivação, falta de energia, queda no desempenho, fadiga e doença. Quando a necessidade de estima é satisfeita, ela leva à competência e à eficiência.[19]

19. Trecho de uma palestra do psicossociólogo Christian Lemoine.

Às vezes, os treinadores amadores são os melhores, porque se maravilham facilmente com o progresso do aluno e recompensam bem o esforço. Isso explica em parte o sucesso de muitos pais-treinadores (especialmente no tênis), que não tinham experiência como treinadores e, na maioria das vezes, nenhum conhecimento antes de levar as filhas ao topo (Monica Seles, as irmãs Williams, Mary Pierce etc.).

Por outro lado, o excesso de exigências de um especialista cansado e nunca satisfeito pode prejudicar o relacionamento e cortar as asas. Poucos técnicos estão cientes do efeito muitas vezes devastador de suas críticas e do fato de que os conflitos latentes com um atleta serão resolvidos na competição. O que um aluno maltratado por seu professor e com a confiança violada fará com sua humilhação e raiva? Se não souber como expressar seus sentimentos, pode começar a perder para punir o treinador: "Estou perdendo para mostrar ao meu treinador que ele me prejudicou e que é um mau treinador (pensamento inconsciente)".

Curiosamente, no mais alto nível, os raros pares mestre-aluno que perduram são aqueles cujo relacionamento é baseado no afeto (o que não significa, entretanto, que o mestre seja negligente ou que não deva manter a distância necessária). Se é impensável atingir os picos mais altos sem derramar suor e lágrimas, os treinadores que tiveram de brutalizar moralmente seu aluno para que ele atingisse um marco com certeza pagarão por isso um dia. As lágrimas, as sessões de choque, os vexames, as humilhações, mesmo que tenham sido considerados necessários, serão cobrados e, muitas vezes, resultarão em um rompimento repentino e injusto, em que o ressentimento e a culpa prevalecerão sobre a gratidão.

Seja qual for o caso, é melhor nunca perder de vista o fato de que os resultados nas competições, mas também o progresso, o condicionamento físico, a criatividade e o espírito de luta são bons indicadores da qualidade do relacionamento entre um técnico e um atleta. "Não é o treinador que desenvolve o aluno, é o relacionamento que o treinador estabelece com o aluno que o desenvolverá",[20] diz o filósofo Charles Pépin. O treinamento, assim como o trabalho psicológico, baseia-se em relacionamentos. Em geral, temos os alunos que merecemos. Não existem alunos ruins, apenas pares professor-aluno ruins. Alguns treinadores têm a capacidade de enxergar dons em vez de defeitos; eles veem seus alunos como talentosos, e estes acabam se tornando talentosos. O talento existe aos olhos do treinador.

A ligação entre sofrimento e prazer está agora claramente estabelecida. Sofrer sem ser pago em troca, sem motivação, trabalhar apenas por obrigação e não por prazer, não nos levará muito longe. "Com força de vontade, você move pedras; com motivação, você move montanhas."[21] Sofrer por sofrer pode nos levar a surpresas desagradáveis. Quantas vezes vimos uma carreira promissora ser destruída; um sofrimento não consentido, mal vivenciado, fazer um atleta implodir? O atleta aproveitará a primeira oportunidade (puberdade, casamento) para se voltar não apenas contra seus "algozes", treinadores ou pais, mas também contra seu esporte, em detrimento de si mesmo e do que começou, como todas as paixões, em um banho de prazer.

O senso de aventura

A imagem de uma motivação profunda e autêntica estaria incompleta se não fosse coroada com um prazer aventureiro. Não é incomum ver esportistas de alto nível sem motivação, perguntando a si mesmos: "O que estou fazendo em campo? Por que estou sofrendo, me machucando, qual é o objetivo?". Isso mostra que eles não sonham mais, não têm ideais

20. Extraído da conferência *La conquête de l'excellence, les ressources sont en vous*, apresentada como parte do encontro de treinadores nacionais e federais da Federação Francesa de Tênis, novembro de 2015.

21. Christian Lemoine.

a defender. É preciso ter imaginação para perceber que o que se está vivendo é excepcional. Mas eles não têm imaginação para se projetar no futuro, para encontrar uma causa pela qual valha a pena se sacrificar. Eles não conseguem mais dar sentido às suas ações, porque não conseguem aceitar a incerteza da aventura. Eles querem encontrar respostas prontas, inventar certezas. Não percebem as vantagens de ainda não ter todas as respostas, de ainda poder mudar, de criar seu próprio destino...

O empolgante na aventura é o mistério, o desconhecido, a promessa de outro lugar, de novos mundos cheios de "talvez" e "por que não?". Se você quiser se abrir para a vida, é com os pontos de interrogação que vale a pena trabalhar. "Não é a dúvida que o enlouquece, é a certeza", adverte o escritor Clément Rosset. Encontrar significado na beleza da aventura pode salvar os lutadores do tédio, todos aqueles que seguem em frente mecanicamente, de cabeça baixa, coração pesado, gestos vazios, porque não veem mais a chance que lhes foi dada de viver seu esporte, sua profissão e sua vida como uma aventura. Como você é sortudo quando vê sua chance!

O que aconteceria com os "conquistadores do inútil"[22] se eles não vissem mais a beleza do inútil? Nas palavras de Bertrand Piccard, que fez a primeira volta ao mundo em um balão, em 1999: "O benefício de um problema sem resposta é extraordinário! O que poderia ser mais estimulante do que permanecer com a mente e o coração abertos diante de um problema que ainda não tem solução? Assim que você encontra uma solução, se sente mais tranquilo e dorme".

Como não pensar também nos maravilhosos aventureiros das lendas da Távola Redonda e da busca do Graal, símbolos de um ideal impossível que sempre os ilude? A simples menção a eles é quase suficiente para dar sentido a todas as nossas buscas, para nos convencer de que também devemos partir para a conquista de nós mesmos, de nosso

22. Aventureiros radicais: montanhistas, navegadores, exploradores etc.

Graal (o tesouro escondido na alma humana), para nos dar a coragem ou a bela inconsciência de nos erguermos por um sonho que, no fundo, talvez não passe de um desejo de liberdade.

Portanto, vá em frente! Quando as coisas ficarem difíceis, não reclame, mas busque soluções. Aceite a dúvida, aproveite a luta e até mesmo as crises, que são sinônimos de mudança e, portanto, também de oportunidade. Ame esses momentos de verdade, porque eles se referem a você. Seja o que for que os outros queiram mudar em você, mantenha-se fiel a isso, porque é a melhor coisa sobre você. Abrace sua singularidade. Abrace sua originalidade. Não tenha medo do medo dos outros. Não tenha medo do fracasso. Ame até mesmo seus erros, corrija-os, pois eles o levarão ao sucesso. Um dia, você pode vir a considerar seus erros e seus caminhos equivocados como muito preciosos. Suas melhores lembranças podem ser aqueles anos de espera, de dúvida, de busca e até mesmo os difíceis, mas belos anos de dificuldades, quando tudo ainda estava para ser aprendido, quando tudo ainda era possível.

É preciso ter bons motivos para ir além de si mesmo e aceitar o sofrimento. A busca por aventura - esse ponto de interrogação constantemente renovado - não é o melhor motivo para um ser humano?

Os campeões - sejam eles atletas, artistas, empresários ou cientistas - são aventureiros. Aqueles que não têm a alma de um explorador ou um senso de aventura se impedirão de levar suas criações até o fim e um dia conhecer seu valor. A força daqueles que vão longe está no fato de aceitarem que não sabem para onde estão indo.

As maiores conquistas e jornadas humanas foram muitas vezes o trabalho de homens e mulheres que não tinham ideia do que estavam realizando. Eles não sabiam para onde estavam indo, mas isso não os impediu de serem surpreendentes, loucos em seu compromisso, belos em seu radicalismo. Seu projeto era sua identidade. Só então podemos dizer: "Era impossível, mas eles não sabiam disso; então fizeram...".

2

A AURA DOS VENCEDORES

“Não há nada a ganhar, nunca, com a moderação.”

Voltaire

CAPÍTULO 1

VOCÊ VENCE COM SUA PERSONALIDADE

Um jovem tenista conta sobre sua partida: "Quando estava 4 a 3, meu oponente jogou uma esquerda longa pela linha, a bola voou, eu contra-ataquei, tive azar: a bola bateu na fita... Com 0 a 30, aconteceu isso; com 30 iguais, aconteceu aquilo; empatados em 5 a 5, meu oponente cometeu uma dupla falta, seu técnico estava falando com ele... Quando estava 3 a 1 no segundo set, eu ainda acreditava; no 3 a 2 foi o enésimo ponto de virada na partida...". Os jovens atletas geralmente relatam suas vitórias e derrotas em uma profusão de detalhes e análises intermináveis, que muitas vezes obscurecem as questões reais. A maioria deles não sabe como falar sobre suas partidas, porque acha difícil chegar ao cerne da questão, para ver onde tudo aconteceu. Lá onde dói.

Um observador experiente (treinador, pai) certamente usaria um vocabulário menos técnico para descrever a mesma partida. Ele poderia dizer, por exemplo: "Você perdeu porque em tal e tal momento se submeteu, o que teve tal e tal efeito em seu jogo". Ele poderia até mesmo usar vocabulário esportivo: "Você perdeu porque tinha muito respeito pelo seu oponente". Ou, se fosse uma corrida: "Você ganhou antes da largada porque mostrou que não tinha medo". O que significam essas imagens: uma atitude submissa, ter "muito respeito" pela outra pessoa, não demonstrar que está com medo? Como a personalidade, a autoridade pessoal, a aura de um vencedor e, em alguns esportes, a atitude demonstrada antes da competição podem influenciar o resultado de uma partida?

Para ilustrar os pontos a seguir, escolhemos vários exemplos e comentários de campeões esportivos, muitos dos quais vieram do mundo do tênis, em virtude do confronto aberto que esse esporte apresenta e da diversidade de estilos e personalidades envolvidos.

Não há direito de vencê-los!

Em um nível igual, o vencedor não é aquele que joga melhor ou está em melhor forma, ou o mais ousado ou o mais espetacular: é aquele que tem a aura de um vencedor. O vencedor sabe como vencer porque tem uma vantagem psicológica sobre seus oponentes. Em determinados momentos importantes do embate, tudo se resume a uma sutil "batalha de nervos", e o vencedor geralmente é aquele que tem a personalidade mais forte.

Os vencedores nem sempre vencem, mas, por meio de seu carisma, sua aparência, sua presença e a confiança que demonstram, impõem respeito, impressionam, intimidam e fazem com que seus adversários duvidem deles. O que faz um vencedor não é sua autoconfiança, mas sua capacidade de fazer com que os outros acreditem que ele tem confiança em si mesmo. Os vencedores não apenas vencem seus oponentes, mas também os forçam a combater a si mesmos. Eles não apenas produzem vibrações positivas em si mesmos, mas também projetam vibrações negativas nos outros. Sua personalidade e confiança controlada dão a estranha impressão de que eles sabem melhor do que os outros o que estão fazendo, como se soubessem o que vai acontecer. Comportam-se como se não tivessem o direito de serem derrotados. O talento dessas pessoas é que você acredita nelas.

Respeito excessivo pelos adversários!

"Posso vencer adversários que são melhores do que eu?" é uma pergunta que todos deveriam começar a se fazer. A resposta dará uma indicação do grau de respeito que temos por classificações, hierarquias ou qualquer outro critério estabelecido. Respeitar demais o oponente, sua classificação, sua reputação ou sua imagem é um dos obstáculos mais difíceis de superar na competição e a causa principal de muitas derrotas. O respeito excessivo pelo valor do adversário (que não deve ser confundido com respeito moral) leva à incapacidade de se imaginar como um vencedor. Essa é a culpa daqueles que só vencem quando isso parece legítimo. Eles não se permitem vencer além de certo limite, artificial e psicológico, que impõem a si mesmos. Os vencedores, por outro lado, vencem adversários que têm a reputação de serem mais fortes porque não os veem como mais fortes. Jogam contra um adversário que é apenas tão bom quanto eles são no dia da partida.

Os vencedores têm a particularidade de não seguir nenhuma lógica além da sua própria. As classificações são feitas para serem abaladas, não respeitadas. Antes de entrarem em campo, os vencedores rasgam a ficha de jogo na qual está escrito o nome do favorito, o que tem o melhor ranking, o melhor histórico, o que merece mais, e assim por diante. Eles surpreendem, pois alcançam resultados além do que seu nível técnico ou sua experiência normalmente lhes permitiria esperar. Surpreender é o objetivo deles, assim como pular etapas e alcançar um resultado que ninguém espera. A aura de um vencedor está no ar; você a respira, sente e vivencia, especialmente em momentos decisivos. É como o talento especial dos bons jogadores de pôquer, que, independentemente de suas cartas, sempre dão a impressão de ter o melhor jogo. Algumas pessoas têm o dom, assim que entram em uma sala, de preencher o espaço, de criar uma perturbação, até mesmo um fascínio. Isso se aplica aos vencedores no campo de golfe, como Tiger Woods.

> Estar ao lado de Tiger Woods é como estar em uma tempestade e, enquanto os outros estão tentando salvar o barco, preocupar-se apenas com a visão de Cristo andando sobre as águas.[23]

Quando você joga ao lado de Woods (isso foi em 2002): "Você não só conhece todas as qualidades superiores dele, como também tem de lidar com as exclamações da multidão a cada uma de suas tacadas", garante um psicólogo esportivo, acrescentando: "Isso pode ser um grande tapa na cara da confiança de qualquer um". Woods é frequentemente citado como exemplo por campeões de outras modalidades, como Joe Montana, o lendário *quarterback* do San Francisco 49ers:

> Vejo isso estampado no rosto dos jogadores de golfe quando assisto a Tiger Woods na TV. Woods começa a entrar no jogo, e todos os seus adversários passam a olhar para a tela para ver o que ele está fazendo. Eles olham para a tela quando deveriam estar jogando.[24]

Mesmo antes de uma disputa, o atleta mais sereno e confiante pode, com um gesto, uma palavra ou um olhar, levar vantagem psicológica sobre seus adversários; no padoque, a área de aquecimento onde os cavaleiros ficam confinados antes de provas de hipismo; na sala de

---

23. Reportagem sobre Tiger Woods na *Newsweek*, 18 de junho de 2001.
24. Ibid.

chamada antes de uma prova de natação, o espaço onde todos os nadadores esperam juntos por cinco a dez minutos, onde todos se observam, olham uns para os outros, julgam uns aos outros e revelam uma parte de seu jogo. Como atesta o nadador Frank Esposito:

> Você conhece o campeão olímpico quando sai da sala de chamada. A prova geralmente é apenas uma confirmação.[25]

Falando sobre o Campeonato Mundial de 1991 em Perth, a única vez em que enfrentou seu ídolo Michael Gross (apelidado de "Albatroz" por causa do enorme alcance de seus braços estendidos), Esposito acrescentou:

> Eu não o vi chegar atrás de mim na sala de chamada. Tossi e imediatamente ouvi um grito às minhas costas. Era ele. Ninguém se atreveu a se mexer. Ele havia ganhado pela perturbação antes de entrar na água.

Entre dois vencedores, entre duas personalidades fortes que se conhecem perfeitamente, um pode dominar o outro por motivos que remontam ao passado comum e têm a ver com as representações que cada um tem do outro. Por exemplo, Pete Sampras, em seus anos de declínio, ainda conseguia vencer André Agassi nas grandes ocasiões, quando este último estava no auge de seu jogo e era o número um do mundo. Perguntado por um de seus primeiros técnicos[26] como isso era possível, Pete respondeu: "É porque André sabe que sou melhor do que ele".

---

25. *Le Monde*, 19 de março de 2000.

26. Robert Lansdorp, *Inside Tennis*, novembro de 2002.

O jogo técnico e o jogo mental

Pode-se dizer que, em qualquer competição (uma corrida, uma luta), há sempre dois jogos: o técnico e o mental. Você pode dominar o primeiro (ser técnica ou fisicamente superior, ser mais talentoso) e perder por causa do segundo (ter respeito demais, ser vítima de seus demônios, perder a coragem em momentos decisivos). Quantas vezes já presenciamos um claro domínio em campo, mas isso ser desmentido no placar porque o time mais forte (ou o melhor time) não conseguiu capitalizar sua vantagem ou fechar o jogo?

É o entrelaçamento dos dois "confrontos" que torna a leitura interessante. Para fazer uma avaliação e entender o jogo técnico, é preciso ler o que está acontecendo na cabeça das pessoas. Analisar um sem o outro, contentar-se em dizer: "Você errou" ou "Você fez uma escolha tática ruim", sem levar em conta o contexto emocional e o estado de espírito em que esses erros foram cometidos, privaria o autor de conhecer as causas e, portanto, de poder remediá-las. O desempenho técnico, as escolhas táticas e até mesmo a fadiga física geralmente são o resultado de um cabo de guerra psicológico e não podem ser analisados isoladamente. Um veredito do tipo "Você cometeu erros no momento crucial" naturalmente leva à pergunta do porquê. A análise do jogo mental (no relatório pós-jogo, por exemplo) fornece esse tipo de resposta (algumas positivas, outras nem tanto):

- ☐ Você conseguiu manter a calma, portanto foi mais paciente e mais preciso do que o normal em tudo o que fez.
- ☐ Você estava obcecado demais com o resultado em vez de estar obcecado com o processo; ou (o que é a mesma coisa) você estava com muita esperança de ganhar, portanto também com medo de perder (não há esperança sem medo).

- ☐ Você aplicou bem seu plano e sua conversa interna nos momentos importantes.
- ☐ No momento decisivo, você estava muito emocional, não conseguiu lidar com um pensamento parasita (identificá-lo) e começou a recuar.
- ☐ Muito bem, você jogou bem jogando mal!
- ☐ Você não foi autêntico. Você tentou ser como a outra pessoa e não foi fiel ao seu plano e ao que o torna forte.
- ☐ Você acha que precisa sempre dar o melhor de si para vencer e muitas vezes faz coisas que são difíceis demais.
- ☐ Você nunca caiu na armadilha da reclamação.
- ☐ Você se frustra com uma coisa à toa e fica com raiva em vez de procurar uma solução.
- ☐ Em determinado momento, você não viu um pequeno demônio chegando e não soube como lidar com ele.
- ☐ Você se esqueceu de aplicar seu pensamento de defesa.
- ☐ Você estava preocupado demais com a maneira como as outras pessoas olhavam para você, queria seduzir em vez de ser eficiente.
- ☐ Você soube como impor seu jogo.
- ☐ Você se preocupou demais com coisas que não pode controlar (por exemplo, o vento ou a bolha em sua mão).
- ☐ Você mostrou sinais de fraqueza que aumentaram a confiança de seu oponente.
- ☐ Você foi muito consistente, sua concentração nunca diminuiu.
- ☐ Você adicionou duas ou três jogadas de teste, algo que você nunca faz, o que o tirou de sua rotina.
- ☐ Você não foi inteligente, não percebeu quando deveria pressionar e aumentar a distância.
- ☐ Não percebeu que ele não estava em seu melhor dia.
- ☐ Entre outros.

Qual é o objetivo de uma análise de partida se não for para tentar entender as origens de alguns gestos, comportamentos ou escolhas importantes? A relevância da análise depende de sua brevidade e da capacidade de destacar os pontos principais.

Aqueles que "sentem o jogo" e que melhor descrevem uma corrida, um evento ou uma luta nem sempre são especialistas na disciplina. O excesso de tecnicismo ou de teoria às vezes confunde a análise e impede uma visão clara. Alguns observadores sinceros, que também têm uma boa experiência com pessoas (por exemplo, pais que conhecem bem seus filhos), às vezes são mais capazes de entender as causas de uma vitória ou derrota do que um especialista. Quanto ao técnico, quanto mais complexo for seu raciocínio, quanto mais profundo for seu conhecimento sobre sua profissão, o indivíduo e as muitas qualidades envolvidas, mais ele conseguirá chegar ao cerne da questão e manter as coisas simples. Quanto mais você sabe, menos pode dizer. Quanto melhor o técnico, menos ele fala. Alguns comentaristas esportivos também deveriam se interessar mais pelo jogo mental dos campeões, pelo porquê por trás do como e pela história da partida. Dessa maneira, eles encontrariam material para confrontos emocionantes nos quais novos personagens tomariam forma, menos mecânicos, menos perfeitos do que parecem, mais humanos, mais espirituais, revelando por trás da armadura as almas de "príncipes imperturbáveis", "pirralhos com nervos geniais", "robôs perfeitos e sem imaginação", "hipnotizadores", "ursos feridos"...

Uma partida conta uma história, o encontro de duas personalidades fortes. Para analisar uma partida adequadamente (ou para se preparar para ela do modo adequado), você precisa entender duas identidades, duas culturas diferentes, dois egos tentando dominar um ao outro, lançando olhares, caretas, gritos, silêncios, sinais de intimidação ou indiferença reenviados tão seguramente quanto bolas sobre uma rede, como mensagens codificadas de sua força interior. Vamos também adquirir o hábito de olhar ao redor antes da partida, durante os intervalos. Para entrar na história, vamos entrar também no corpo, na maneira como os competidores andam (consulte item 19, p. 297). Além dos belos movimentos técnicos, perceba rituais; observe as mudanças de atitude, as explosões de orgulho, os sinais de frustração, medo e pânico. Se você souber interpretá-los, todos esses sinais lhe darão uma melhor compreensão do que está acontecendo dentro da cabeça dos competidores e abrirão outra dimensão do esporte.

É nesse ponto que o esporte deixa de ser simplesmente esporte, uma história de passes, golpes de direita e corridas, para nos mostrar o que um homem, uma mulher ou uma criança, levados ao limite de si mesmos, são capazes de alcançar, como cada um de nós reage em uma situação crítica. O esporte é um pretexto para algo maior. Um confronto esportivo, por exemplo, uma partida acirrada entre duas equipes que não conseguem decidir entre si, não tem todos os ingredientes de uma tragédia humana? No decorrer de uma disputa cheia de reviravoltas, não vemos toda a gama de sentimentos humanos vir à tona, intensificados e sublimados pelos riscos, condensados no evento como em uma vida inteira? Autossacrifício, bravura, astúcia, dúvida, dignidade, impotência: todos os principais temas estão lá, e por trás desses movimentos e dessas corridas estão escritas as histórias de homens e mulheres que batalham para escapar de sua condição, com uma paixão e uma exaltação que muitas vezes faltam na vida cotidiana. Além do evento puramente esportivo, o que todos procuram e esperam nos estádios são esses momentos de verdade, essa luta, admirável ou patética, contra a adversidade.

Graças a essa visão inovadora e, acima de tudo, à análise do jogo mental, qualquer observador certamente terá uma melhor compreensão da história de uma partida e de seus jogadores, e poderá identificar com mais precisão as causas do sucesso ou do fracasso. Por fim, para conhecer bem um atleta, precisamos perceber os pontos fortes e fracos de sua personalidade, assim como fazemos no nível técnico, e elaborar perguntas sobre sua aura, sua identidade, mas também sobre a maneira como ele se comporta em momentos difíceis, seu cenário favorito… Qual é a personalidade dos campeões? Quais cenários retribuem? É isso que veremos a seguir.

Os campeões são campeões por causa de sua personalidade

Há muitas maneiras de vencer. Cada vencedor tem seu próprio cenário. Alguns, como os astros do rock, esquentam a arena com uma raiva controlada, uma atitude arrogante ou uma necessidade selvagem de sentir o "cheiro do combate". Eles invadem o mundo de seus oponentes, impotentes diante de tal exibição. Para outros, a dominação é estabelecida com calma, sua compostura gradualmente se torna insuportável, seu silêncio tem o dom de fazer tanto barulho na cabeça de seus adversários quanto os gritos de conquista. Outros ainda, mais extravagantes, irradiam sua alegria de jogar e sua audácia, criando um ímpeto impossível de ser combatido. A arma mental, no caso de alguns competidores mais modestos, mas não menos formidáveis, pode assumir a forma de uma indiferença enganosa, um aparente distanciamento do placar, mascarando uma presença aguda em todos os momentos.

Um competidor gentil e honesto - que temos o mau hábito no esporte de descrever como "bonzinho demais" - pode se impor permanecendo fiel ao seu caráter, desde que sua gentileza resista às provocações de adversários hostis ou trapaceiros. Até mesmo a suposta fraqueza de ser "bonzinho demais" pode se tornar um ponto forte se você souber como aceitá-la e usá-la. Esse é o caso de Sébastien Grosjean, o tenista número um da França em 2003: "Gosto de ser justo, sinto-me melhor ao reconhecer que meu adversário está jogando bem. Isso me ajuda a me concentrar ainda mais no próximo ponto".[27]

Outro campeão de tênis, o tailandês Paradorn Srichaphan,[28] não teve medo de ser ele mesmo e levou sua natureza jovial e seu senso de igualdade ao limite: nos pontos importantes, ele ria! Divertir-se, mostrar seu bom humor, fazer o adversário rir - era assim que esse jovem de 23 anos existia na quadra e jogava com mais liberdade. "Ganhar não é a coisa mais importante", diz ele, "para mim, a maneira como você faz isso importa mais." Quando ri, não significa que esteja perdendo a concentração. Para ele, pode ser um sinal de que está prestes a sacar para um *ace*!

É nesses vários traços de personalidade, dos quais souberam aproveitar para forjar uma identidade, uma reputação e uma aura, que devemos reconhecer os pontos fortes dos campeões ou futuros campeões. Como já dissemos, os mais talentosos não são necessariamente os mais técnicos ou os mais "simples": aqueles com habilidades naturais geralmente não têm a força de caráter para explorá-las. Então, por que não considerar que a força de caráter é o melhor talento para vencer? Propomos uma série de acréscimos ao "talento": o poder de concentração, o espírito vencedor, o amor pela pressão, a calma diante das dificuldades, a ciência do blefe, a capacidade de ignorar hierarquias e classificações, a loucura de se ver como vencedor quando parece impossível, a capacidade de encontrar soluções, a genialidade de inventar novos caminhos e assim por diante.

Vencer quando parece impossível? Inventar novos caminhos? Quem não se lembra do "milagre de Björn Borg" em Wimbledon? Borg venceu o Aberto da França aos dezoito anos, em 1975, e o fez novamente no ano seguinte. Naquela época, todos os especialistas esta-

27. Declaração após sua vitória em São Petersburgo, publicada no *L'Équipe*, 28 de outubro 2002.

28. Em novembro de 2002, ele foi nomeado embaixador cultural de seu país.

vam convencidos de que o novo campeão tinha o jogo ideal para vencer no saibro, uma superfície lenta, mas seu estilo, sua tática, sua falta de naturalidade no voleio, a ausência de um saque-voleio e, acima de tudo, as preparações amplas, os *loops* e os *swings* intermináveis adaptados a bolas altas e levantadas o prejudicariam em uma superfície rápida e, mais ainda, na grama de Wimbledon, onde o ressalto é tão baixo e rasante que o tênis se torna uma curiosa corrida contra o tempo. O que é construído em qualquer outro lugar com a ciência de um jogador de xadrez é ganho ou perdido em Wimbledon em dois golpes de raquete. É inconcebível sair dessa mesa de roleta do tênis sem movimentos ágeis, sem uma técnica voltada para o futuro e, acima de tudo, sem o voleio, que permite "roubar tempo". Em outras palavras, tudo tende a fazer de Borg o jogador antigrama.

Quando ele apareceu em Wimbledon em 1976, quem poderia ter acreditado em suas chances? Ele, e somente ele. Borg inventou não apenas sua técnica para jogar na grama, mas também uma maneira de vencer: uma combinação de paciência e contra-ataque. O voleio era o único caminho a seguir? Ele o contornou com seu chute de qualidade e muitos outros recursos, incluindo poder de concentração, consistência e compostura, capazes de derrubar os atacantes mais brilhantes. O título de Wimbledon estava reservado para a família real de atacantes puros? Ele não tentará se tornar outro jogador. Seu cenário como defensor será mais forte do que o cenário dos atacantes, só isso.

Nascia a lenda de "Iceborg". Ele ganhou seu primeiro Wimbledon sem perder um set e o venceu cinco vezes consecutivas, um feito que nenhum jogador de grama ou gênio do voleio jamais alcançou – provavelmente o maior recorde da história do tênis (em 1980)! Esse exemplo deve ser suficiente para nos convencer de que o principal talento dos vencedores geralmente não é técnico. Borg sabia como encontrar soluções. É disso que se trata o esporte de alto nível (no qual as diferenças de desempenho são mínimas): impor-se em vez de ser governado por outros e, como Borg, ignorar as teorias, as críticas e as previsões dos "especialistas"; sob os olhares de espanto que não tardarão a se tornar admiração, andar de cabeça erguida, como um príncipe, e impor sua personalidade.

Os truques dos campeões

Como acabamos de ver, os campeões foram capazes de cultivar e explorar certas qualidades, a partir das quais construíram uma singularidade, uma forte identidade - aquela famosa aura que é tão difícil de definir e que às vezes parece envolvê-los como um halo. Cada campeão tem seu próprio cenário, seu próprio método de vencer. Em uma palavra, cada um tem sua própria característica. No início deste livro, falamos sobre a luta contra seus demônios, o inimigo interno que gera dúvidas, perda de concentração e de oportunidades (veja a Parte 1). No jogo mental, se há demônios, também há anjos da guarda. Alguns campeões dão a impressão de que têm aquele pequeno algo a mais que faz a diferença em momentos críticos, que têm sua própria maneira de inclinar a balança a seu favor. Para ilustrar esses truques de forma concreta e mostrar sua diversidade, escolhemos uma família de campeões do mesmo esporte em determinada época.

As grandes personalidades da família do tênis masculino nas décadas de 1980 e 1990

As descrições são parcialmente feitas por John McEnroe. As citações de suas entrevistas e de seu livro, *You Cannot Be Serious* (Você só pode estar brincando), estão em itálico.

- ☐ John McEnroe, o *Rebelde*; sua característica era *ficar com raiva*.
- ☐ Jimmy Connors, *o cara que agitava a multidão*, aumentava deliberadamente a adrenalina e só jogava o seu melhor quando a tensão estava no máximo.
- ☐ Björn Borg, apelidado de Iceborg, *nunca mudava sua expressão, e isso se tornou uma arma*. Como Yannick Noah disse sobre Borg: "Tudo deslizava sobre ele, ele congelava a atmosfera".
- ☐ Ivan Lendl, o Ditador, *o robô de aparência assustadora que jogava tênis como se estivesse deslocando móveis*.
- ☐ Boris Becker, *o grandalhão com um grande saque; ele andava pela quadra com o peito inchado como se dissesse: "Vocês têm sorte de não termos vencido a Segunda Guerra Mundial"*.
- ☐ Yannick Noah, o Rock Star,[29] diz o seguinte sobre si mesmo: "Eu tinha a imagem do galã que tinha carros bonitos, que passava as noites bebendo gim em bares da moda e contra quem você não podia perder. Esse era o meu ponto forte, e eu jogava com ele".
- ☐ Guillermo Vilas, o touro argentino; seu truque era desencorajar os adversários, impondo-lhes a visão de uma massa muscular e um braço três vezes maior que o outro, projetado para quebrar pedras, como um convite para uma luta interminável, cuja mera perspectiva era assustadora.
- ☐ Ilie Nastase, o charmoso malandro ou Robin Hood das quadras; seu toque, sua imaginação, sua astúcia e fantasia pareciam ter como único objetivo dar prazer ao público e perturbar o decoro no reino da camisa branca.
- ☐ Michael Chang, o Missionário; o pequeno soldado mostrou seu orgulho em jogar não para si mesmo, mas para Deus, e

---

29. Os apelidos que não estão em itálico foram atribuídos por François Ducasse.

esse autossacrifício se traduziu em um sentimento de força impenetrável e no fato de que ele nunca concedia o menor ponto a seus adversários.

- ☐ Stefan Edberg, o Senhor Simpatia do tênis, a personificação do jogo bonito e repetitivo. Sua falta de imaginação e sua capacidade de repetir o mesmo jogo ofensivo várias vezes acabavam por derrotar seus adversários.
- ☐ Henri Leconte é conhecido como o Vingador Mascarado – mas Pistoleiro ou Homem do Braço de Ouro também seriam bons apelidos. Um braço tão talentoso e explosivo que não seguia nenhuma lógica. Seu braço precedia seus pensamentos. Seu truque era quebrar o ritmo com movimentos inesperados.
- ☐ Brad Gilbert, o Negativo, *tinha uma nuvem negra sobre sua cabeça e nunca parecia satisfeito, até o momento em que ele deixava o adversário igualmente sombrio e melancólico.*

Quem venceria? O ditador ou o rebelde? O inflamado Connors ou o frio Borg? O fantasioso ou o negativo? O touro ou o astro do rock? O bandido ou o missionário? Quem imporia sua lei ao outro?

O tédio de Edberg superaria o senso de diversão do Showman Noah? Será que o Robô Lendl conseguiria dominar a loucura do braço de Leconte (sua pedra no sapato)? Quem venceria? Aquele que ditasse o ritmo ou aquele que fosse bom em quebrar o ritmo?

Quem se envolveria no cenário do outro? Quem seria o dominador?

Quem mostraria muito respeito pelo oponente e se deixaria seduzir por sua aura?

Quem seria o bom aluno dessa vez? Essas eram as histórias que estavam acontecendo em quadra naquela época.

Fé em suas habilidades

O objetivo não é imitar determinado campeão, copiar determinado cenário ou desempenhar determinado papel. Interpretar o provocador quando você é tímido, por exemplo, não funcionaria. A maioria dos jovens se identifica com um ídolo, um campeão. Os deuses do estádio fazem sonhar, e é natural querer se parecer com eles, vestir-se como eles, jogar como eles, andar como eles e pensar como eles. O princípio é clássico o suficiente para impedir que você veja o erro, porque por trás da admiração, da identificação com esse ou aquele campeão, também podemos ver a recusa em nos levarmos a sério.

Há coisas melhores para fazer do que sonhar: leve seus sonhos a sério. E há coisas melhores a fazer do que copiar qualidades ou um estilo de outro: é preciso começar com suas próprias qualidades para encontrar seu próprio estilo. Levar a si mesmo a sério o suficiente para querer descobrir o que é autêntico, forte, interessante e original em sua personalidade é um desafio mais interessante do que admirar ídolos. Aqueles que se levam a sério podem mover montanhas. O sucesso não é tão fora de alcance e irreal como você pode pensar. No final das contas, o sucesso é uma questão bastante trivial e muitas vezes se resume a muito pouco. As pessoas bem-sucedidas nem sempre têm qualidades extraordinárias; o que é extraordinário é que elas levaram suas qualidades a sério.

Infelizmente, a maioria das pessoas não se leva a sério, provavelmente porque nunca foi levada a sério. Acreditar em si mesmo não implica arrogância, mas a coragem de resistir ao julgamento daqueles que não ousam se levar a sério e que, portanto, têm uma visão negativa daqueles que o fazem. Basicamente, o primeiro passo para se permitir fazer coisas na vida é parar de ter medo do medo dos outros. Ousar acreditar em si mesmo, com humildade, é a melhor resposta que você pode dar, a melhor maneira de progredir e se afirmar. Por mais estranho que pareça, a humildade é um sinal de confiança adicional. E não para bancar a estrela, o que ainda o deixaria em um falso papel.

E se alguém lhe perguntar quem você pensa que é, ouse pensar que é alguém, ouse estabelecer metas ambiciosas para si mesmo, não tenha vergonha de agir como se fosse ter sucesso. Você precisa começar por si mesmo, e essa talvez seja a parte mais difícil, porque nem sempre temos uma boa imagem de nós mesmos. Ou temos uma imagem embaçada e confusa; não sabemos realmente quem somos. Para se levar a sério, primeiro é preciso se perguntar quem você realmente é.

Definir sua identidade como lutador

É realmente tão simples assim saber quem você é? Não é esse o objetivo de uma vida inteira? É uma busca, um caminho como no mapa mental. O trabalho nunca termina, mas pelo menos podemos tentar definir nossa identidade em nossa disciplina. Podemos nos fazer estas perguntas: Qual é a minha identidade como lutador? Que tipo de competidor eu gostaria de ser? No mundo do entretenimento, essa busca de identidade é chamada de "encontrar seu palhaço". Originalmente, no circo, consistia em cada ator se perguntar que tipo de palhaço ele seria: o palhaço triste, o palhaço feliz...

Para afirmar sua personalidade em uma competição, você também precisa criar um personagem. Encontrar seu roteiro, seu artifício, uma atitude a ser adotada sob pressão - esses são os ingredientes que faltam àqueles que duvidam e hesitam em momentos cruciais, porque não sabem quem são.

Por que não dar a si mesmo um nome artístico, um nome de combate? Poker Face: "Em momentos críticos, ninguém sabe o que estou pensando". O Samurai: "Quanto maior a pressão, mais calmo eu fico". O Louco: "Cultivo meu talento para fazer movimentos inesperados em momentos críticos". Por que não dar a si mesmo o nome de um animal? A Vespa: a esgrimista Laura Flessel, famosa por seus "ferrões" relâmpagos no pé do adversário. O Albatroz: o nadador Michael Gross, por causa de sua grande envergadura. A Raposa: Rudi Völler, atacante do time de futebol alemão, o epítome da astúcia. O Galgo: Johan Cruyff, capitão da grande seleção holandesa de futebol, pela maneira como se movimentava e pela elegância de seus gestos; ou os Leões Indomáveis de Camarões etc. E em outros campos: O Rei (Elvis Presley); A Voz (Frank Sinatra); o Buldogue (Winston Churchill), por causa de seu físico e sua teimosia; Ricardo Coração de Leão, conhecido por sua coragem e franqueza, e assim por diante. Os indígenas também se deram nomes artísticos: Little Big Man, Crazy Horse...

Essa identidade, seja ela secreta ou pública, pode servir como uma luz orientadora que, em determinadas circunstâncias, dita nossa atitude, nossas escolhas e nossas ações. Tanto na vida como no esporte, no combate ou em conflitos profissionais ou familiares, aqueles que demonstram uma identidade forte, que sabem quem são (mesmo que isso nunca seja definitivo) e que parecem dizer aos outros "Eu sei o que quero e não há nada que você possa fazer a respeito", sempre acabam sendo respeitados. Depois de tomar uma decisão, é de nosso interesse dar a impressão de que sabemos o que estamos fazendo e que nada pode nos deter, pois é difícil atacar aqueles que sabem quem são.

Concentre-se em seu próprio cenário, e não no de seu adversário

Nas competições, muitos atletas se beneficiariam se se concentrassem em sua identidade e em seu cenário, em vez de se interessarem demais pelo jogo do adversário e se esforçarem demais para se adaptar a ele. A tendência de jogar de acordo com o adversário (ou com a pessoa à sua frente), muitas vezes vista como uma qualidade, pode refletir uma falta de consideração por seus próprios pontos fortes. Adaptar-se demais ao cenário do oponente é a melhor maneira de esquecer o seu próprio cenário, de desmoronar e perder o foco e a concentração.

Um nadador francês, Stéphane Perrot, admite que só entendeu a importância de ignorar os fatores externos para manter o foco em seu desempenho em seus primeiros Jogos Olímpicos (Atlanta, 1996):

> Para mim, a natação era matemática. Logicamente, você tinha que repetir na competição os desempenhos alcançados no treinamento. Em Atlanta, eu era o cara que ficava sentado e via tudo acontecer. Na sala de chamada, eu mal ouvia meu nome. Na saída, eu quase gritava USA! USA! com os quinze mil espectadores. Eu estava pensando demais. Estava me fazendo muitas perguntas sobre meus adversários, sobre mim mesmo. Sentia que estava esvaziando toda a minha força e toda a minha técnica. Como resultado, eu estava lutando com a água em vez de redescobrir o prazer de deslizar que eu havia experimentado no treinamento.[30]

Alex Dupont, técnico de futebol profissional, deposita toda a sua fé no repertório de sua equipe e optou por fazer do esforço próprio um princípio: "Sou obcecado pelo jogo da minha equipe, por dar a ela uma tradição de jogo". Ele diz que não se importa com a maneira como os adversários jogam, pois conheceu um técnico em seus tempos de atleta que os colocava para assistir às partidas dos adversários em fita cassete: "Eu sentia que estávamos jogando contra os campeões mundiais todos os sábados!".[31]

---

30. *Le Monde*, 19 de março de 2000.
31. *L'Équipe*, 25 de dezembro de 2002.

Na véspera do confronto na semifinal da Liga dos Campeões da Europa de 2003, Marcello Lippi, o famoso técnico da Juventus, em Turim, disse o seguinte sobre sua equipe e o Real Madrid:

> O Real e a Juve são dois grandes times, e o fato de jogarem em casa ou fora não faz muita diferença, porque ambos sempre jogam com seus próprios pontos fortes e características.[32]

Os vencedores têm seus próprios métodos para frustrar os planos de seus oponentes, mas intimidá-los ou desestabilizá-los geralmente é feito de forma indireta. Se eles dominam os debates, aqueles que são descritos como guerreiros ou dominadores e que têm o "instinto assassino" são, acima de tudo, dominadores de si mesmos. Seus cenários servem, sobretudo, para ajudá-los a se concentrarem melhor e ignorarem a aura da outra pessoa. Eles dominam porque têm autoconfiança suficiente para ficarem satisfeitos em fazer "seu trabalho", seguir o procedimento e não se desviar dele, mesmo quando a situação se intensifica. É uma forma sutil de dominação quando você não se preocupa com seu oponente, quando não muda sua atitude sabendo que é exatamente isso que forçará a outra pessoa a mudar, a ficar confusa.

Stéphane Diagana resume tudo de maneira maravilhosa:

> Em primeiro lugar, você precisa olhar para si mesmo, portanto o menor olhar para a pessoa ao seu lado significa que você já está prestando menos atenção ao que está fazendo. A performance se faz em sua própria raia.[33]

---

32. *L'Équipe*, 14 de maio de 2003.
33. Comunicação pessoal entre Stéphane Diagana e François Ducasse.

Afirmação da autoridade pessoal

A aura de vencedor e todos os pontos descritos neste capítulo não se limitam à competição. A autoridade que você demonstra na competição também vem da autoridade que você demonstra fora do campo. Uma mentalidade de campeão também tem a ver com classe, com a maneira como você dá autógrafos, como se veste, como trata seus fãs, como se expressa, como se dirige à imprensa; é saber quando se levar a sério, quando ser modesto e quando se divertir. Pequenos gestos também contribuem para a imagem e a reputação de um concorrente. Eles geralmente revelam quem você é na prática. A maneira como você aborda uma dificuldade, por exemplo, a maneira como lida com um conflito, dá uma ideia do que acontecerá na competição em uma situação crítica.

A imagem que você projeta para os outros na competição depende da imagem que você tem de si mesmo. É claro que você não pode fazer o que quiser com essa imagem. Não se trata de recorrer à autossugestão, de repetir constantemente "eu sou o melhor", mas nada o impede, no ambiente competitivo, de aproveitar as oportunidades para mostrar autoridade, demonstrar sua determinação aos outros e assumir sua originalidade. A autoridade pessoal não deve ser confundida com o desejo de dominar. Alguém com autoridade pode ser discreto e modesto. O objetivo é impor respeito. Confessar as fraquezas pode ser um sinal de força, como vimos. Mas esses momentos de sinceridade devem ser bem escolhidos, assim como as pessoas a quem confiamos nossas dúvidas. A maioria das pessoas não aprecia as fraquezas dos outros. Não é uma dádiva confidenciar nossas dúvidas e, infelizmente, ser sincero o tempo todo não é a melhor maneira de ganhar respeito.

Como diz a atriz Isabelle Adjani, você pode brincar com sua imagem e provar a si mesmo que pode superar seus medos, sua timidez e o respeito excessivo. Ela está se referindo aqui à famosa e intimidadora caminhada pelos degraus do Festival de Cinema de Cannes:

> Você também pode pensar nisso como um jogo. Não é essa a raiz da palavra de minha profissão? Você precisa de um pouco de coragem e muito prazer para desempenhar o papel de sua imagem.[34]

Não se trata de mentir, mas de jogar com as suas dúvidas ou com a sua autoridade pessoal. Esse jogo assume a forma de pequenos desafios a si próprio. Por exemplo:

- ☐ aceitar o fato de não se vestir como todo mundo;
- ☐ não querer ser conhecido ou apreciado a todo custo;
- ☐ despertar a curiosidade e deixar que os outros venham até si;
- ☐ não estar " feliz demais por estar ali" (impressionado demais, solícito);
- ☐ esconder suas fraquezas e dúvidas no momento oportuno.

Para qualquer ser humano, o inimigo pode ser a dúvida. Tendemos a pensar que os outros são mais seguros ou mais fortes do que nós. O pior é que eles têm os mesmos medos! Quem nunca mostrou timidez? Quem é que não sente, às vezes, falta de confiança? Quem é realmente forte? Algumas pessoas sabem "jogar" melhor do que outras. E se os outros pensam que temos confiança, é porque é verdade!

---

34. Entrevista publicada no *Le Figaro*, 20 de maio de 2003.

CAPÍTULO 2

O MAU ALUNO

Em um grupo, a melhor pessoa no fim das contas será aquela que for capaz, diariamente, de se destacar um pouco, distinguir-se, de enxergar de forma diferente, de ser criativa, de pensar mais longe, de ir aonde os outros não vão. Para se destacar da multidão, é preciso saber sair da caixa, dos modelos padronizados, e isso não é isento de sobressaltos e riscos.

Acompanhar a dinâmica do grupo

Um grupo que tenha a sorte de contar com um membro excepcional seria aconselhado a encorajar as suas diferenças e a utilizá-las para trabalhar com ele no sentido da excelência. O ideal num grupo seria defender o respeito pela diferença dentro do respeito do grupo e, por vezes, tolerar a "loucura" de um contra a verdade de todos. Mas isso nem sempre é possível. Muitos campeões, para realizarem o seu potencial, afastaram-se de estruturas estabelecidas – muitas vezes competentes e com recursos consideráveis à sua disposição – em direção a organizações mais confidenciais e personalizadas. A "diferença" do jovem campeão (instintivo, inventivo, exigente, por vezes caprichoso, incomum, imprevisível, até esquivo, temperamental, rebelde) pode colocar o grupo em perigo, assim como o grupo pode colocá-lo em perigo. Temos de ser nós mesmos, mas, quando somos nós mesmos, nem sempre isso é bom para os outros. "Cultiva aquilo de que os outros te censuram, porque és tu."[35]

Qualquer instituição, para funcionar, deve basear-se em regras coletivas e tende a controlar as cabeças fortes, a refrear os impulsos pessoais, os desejos incontroláveis, os excessos e, por vezes, as intuições brilhantes do "mau aluno". Tornar-se um campeão nunca é uma questão de aprovação geral. É um ato de resistência. "A força de um grande caráter reside nas suas recusas",[36] em particular a recusa de se deixar sugar pelo grupo, cuja lei leva implicitamente todos a quererem ser como os outros. É difícil para os treinadores jogarem a carta da individualidade e ao mesmo tempo a carta do grupo, quando apostam na coesão do grupo e tentam dar-lhe uma tradição, uma filosofia. Para uma instituição (uma federação, um clube, uma escola, uma empresa), encorajar o individualismo equivale a negar a si própria. Seria como dizer: "Faça o que os outros fazem e não faça o que os outros não fazem". Em alguns casos, o grupo é um ponto forte. Uma estrutura pode também gerar muitas exigências, e o nível médio de excelência pode ser bem elevado. Mas a "missão" do campeão não é, em grande parte, solitária? Os campeões não se tornam campeões porque, num momento ou noutro, saíram da multidão para explorar outros caminhos por si próprios, porque foram capazes de "ver o que não foram ensinados a ver"?[37]

Tomemos o exemplo de dois tenistas de dezoito anos que estão a caminho de se tornarem profissionais. Um é treinado pela federação, o outro é treinado por conta própria. O primeiro se beneficia das melhores condições de formação possíveis (instalações, programas, treinado-

35. Jean Cocteau.

36. Emil Cioran.

37. Sigmund Freud.

res). Para o segundo, tudo é um obstáculo: encontrar parceiros, quadras para treinar, encordoamento das raquetes. Ele tem de se deslocar à própria custa e comprar as suas próprias bolas. O primeiro tem de seguir as instruções dos seus treinadores, enquanto o segundo tem de ir buscar conselhos sobre o seu jogo aqui e ali. Um recebe, o outro pede.

A ideia não é desejar ao jogador mimado as dificuldades do artesão solitário, mas, mesmo assim, não é a busca individual que fortalece o caráter, que torna o homem mais responsável e o concorrente mais forte? Os artesãos são por vezes mais bem-sucedidos do que a elite, porque são constantemente confrontados com imprevistos e obrigados a olhar para si mesmos, a ser inventivos, maduros e adaptáveis. No fim das contas, quem estará mais bem preparado para a batalha senão aqueles que já estão treinados a encontrar soluções tão rapidamente quanto o jogo exige? É disto que se trata na competição, na quadra, quando as coisas se tornam difíceis: estar por conta própria, encontrar a solução e fazê-lo rapidamente!

Uma estrutura bem organizada demais, "perfeita" demais, pode também ter efeitos perversos. É difícil manter a curiosidade e o gosto pela investigação quando tudo está planejado e tudo o que é preciso fazer para conseguir o seu lugar é seguir. Por exemplo, um grupo de formação (ou uma escola) poderia, de vez em quando, oferecer sessões "desorganizadas", ou tempo livre, nas quais os alunos decidissem o que fosse bom para eles, fossem livres para escolher o que quisessem trabalhar e como. Isso teria o mérito de remeter cada indivíduo para as suas próprias vontades e responsabilidades, recordando-lhes que não são o grupo e que o grupo não pode fazer tudo por eles. Esse tipo de interrupção no programa e nos hábitos permite testar as ligações. Quando tudo está garantido, acabamos por esquecer aquilo que nos interessa. Os alunos que são deixados à sua sorte durante algum tempo podem apreciar mais a ajuda que recebem e respeitar mais os seus professores.

Este capítulo não é uma crítica à vida em grupo: isso seria inoportuno numa época como a nossa, em que temos tanta necessidade de pontos de referência e em que o sentimento de pertença a uma família - seja ela espiritual, política ou desportiva - é tão necessário. É apenas uma questão de estar atento para evitar que o indivíduo se perca no grupo e esqueça o gosto pela pesquisa e pela experimentação pessoais. Permanecer sozinho no grupo também requer cautela. Quando o grupo faz o seu trabalho, quando o padroniza ou o arrasta, é preciso certa coragem para não se deixar formatar e agir de acordo com as suas próprias exigências; por vezes, basta ousar fazer um esforço maior do que os outros, correndo o risco de ser visto como pretensioso, como alguém que se leva a sério ("Quem você pensa que é?"). A melhor recompensa será ver o grupo habituar-se à nossa diferença e ser adotado por ele. Eis o que se pode tentar: quando for um rebelde ou um contestador, inspire os outros e faça-os avançar.

Um caráter forte é, por definição, difícil de gerir; um líder, em busca de uma estrela visível apenas para si próprio, é difícil de seguir, a menos que, de repente, os seus defeitos sejam vistos como qualidades. Ser difícil de gerir ou um pouco louco é um bom sinal. Ter as suas próprias regras é um sinal de coragem. O excesso seria generosidade.

Essa loucura e essa coragem são o que muitas vezes falta aos bons alunos. O mau aluno não é quem pensamos que é. Pelo contrário, o inimigo público número um - no domínio da criação e do desempenho - seria o bom aluno, aquele que espera que lhe digam o que fazer, que nunca se rebela e nunca surpreende, que concorda sempre - o que não é estimulante para os seus parceiros ou para os seus professores -, que é demasiado acadêmico, que idealiza métodos, que respeita as teorias estabelecidas em detrimento da sua própria imaginação e que encontra no conformismo uma segurança que o afasta inevitavelmente de toda criatividade.

O que nos interessa no conceito de mau aluno não é, evidentemente, a recusa total e estéril, mas sim o potencial criativo. Do mesmo modo, ser rebelde não significa opor-se a tudo! Ser rebelde significa decidir por si próprio. A criação (a carreira de um campeão, uma empresa, um projeto excepcional) ocorre quando aparece algo que nunca existiu antes, algo que não conhecemos, que vai surpreender, talvez perturbar, romper os frágeis equilíbrios em que se baseia a nossa vida. "Criar é renunciar ao conhecimento. Há algo de perigoso no ato de criar, e é por isso que os verdadeiros atos de criação são tão raros na nossa vida."[38] Os maus alunos são, muitas vezes, os mais criativos, e têm carreiras excepcionais porque possuem a "boa loucura" de não obedecer sempre para seguir as suas intuições e convicções íntimas, de abrir novos caminhos, de avançar para territórios desconhecidos, de resistir a conselhos e julgamentos exteriores que nem sempre têm por objetivo encorajá-los e dar-lhes confiança.

Todos os que seguiram esse caminho dizem algo do gênero: "No início, ninguém acreditava em mim, todos diziam que eu era louco, que nunca iria conseguir, que estava errado em desistir do que tinha...". Aqueles que querem ter sucesso não devem dar ouvidos a ninguém! Que sejam maus alunos em certos momentos da sua vida! Que ouçam a si próprios e, se tiverem uma boa ideia, que deixem de passar o tempo perguntando aos outros como se faz. "Imponham a sua sorte, espremam a sua felicidade e arrisquem. Eles se habituarão a observá-lo."[39] É preciso coragem? O mau aluno não é mais corajoso do que os outros pelo simples fato de tentar ser excepcional. Talvez o faça porque tem a covardia de não poder fazer o que os outros fazem. Talvez porque têm

38. *Psychologies*, março de 2000.

39. René Char.

"mais medo de não ser nada do que de magoar".[40] Algumas pessoas têm tanto medo de estarem seguras como outras de correrem riscos.

Assim, se a presença de um mau aluno pode representar um perigo para a serenidade do grupo por sua diferença, suas recusas ou seus excessos, pode também ser uma boa forma de encorajar todos, alunos e professores, a questionarem-se e a afastarem-se das certezas que os fazem sentir segurança. A força do grupo dependerá da sua capacidade de suportar esse tipo de perigo. A solução para o problema de um grupo seria fazer com que o mau aluno desempenhasse um papel. Em troca, cabe a ele jogar o jogo, impor o seu novo papel, trocar o lugar do rebelde, do incompreendido, do solitário, pelo do líder; cabe a ele dar o exemplo aos bons alunos, sem arrogância, sem desprezo pelo grupo, mostrar-lhes o caminho da ousadia e da intuição.

Os grupos que têm sucesso são talvez aqueles em que o mau aluno se torna um bom exemplo. No entanto, seria ilusório fazer disso uma regra, e o sucesso depende também da personalidade dos professores. Para tolerar e formar maus alunos, não é preciso ser também um pouco "mau professor"? Um professor capaz de ser diferente, de surpreender, de utilizar métodos ousados e, portanto, de dar o exemplo?

Mestre, ensine-me a não o obedecer

Todos nós nascemos escravos, impotentes e dependentes. Temos de aprender a nos tornar autônomos. A busca do campeão envolve um paradoxo: ele deve aprender com seus mestres, mas ao mesmo tempo deve se tornar insubmisso. Para se destacar da multidão, desenvolver sua personalidade e resistir melhor a seus oponentes em meio à competição, o campeão também precisa saber como resistir a formas exter-

40. *Slogan* publicitário.

nas de autoridade. Esse paradoxo pode ser expresso da seguinte forma: "Mestre, me ensine a não o obedecer!".

A insubordinação pode ser aprendida. Por exemplo, se as pessoas à sua volta forem muito exigentes, de cima para baixo, autoritárias ou incapazes de satisfazer, você deve resistir. Outra tática seria fingir que está se submetendo e, ao mesmo tempo, resistir secretamente. Às vezes, é difícil estabelecer sua identidade! As pessoas que cercam o atleta devem ter cuidado ao impor seus padrões e sugerir soluções que possam criar problemas. Em sua vontade de ajudar, as pessoas podem fazer demais e, às vezes, o professor também pode ser um fardo. Se ele se afastar de vez em quando, mostrará que o aluno pode confiar na pessoa que lhe deu confiança.

Ser um campeão é justamente recusar-se a ser "uma não pessoa ou um robô social",[41] e o papel do técnico também é ensinar ao aluno que eles podem passar um sem o outro, mas que devem fazê-lo em momentos específicos, com total lealdade. A confiança é a dádiva do mestre que tem maior probabilidade de diminuir a tensão antes do evento esportivo. Portanto, combinar que o treinador ficará ausente por uma ou mais horas antes da partida decisiva pode permitir que o atleta sinta essa confiança e aproveite ao máximo a solidão, acostumando-se a decidir por si mesmo o que fazer no momento da disputa.

O mestre Touretski e o aluno Popov: "Não fazer o meu aluno à minha imagem"

Para ilustrar essa estranha missão dupla do técnico – treinar atletas e, ao mesmo tempo, "ensiná-los a não obedecer" –, provavelmente não há exemplo mais eloquente do que o de Gennadi Touretski (dono de

41. Carl Whitaker (tradução de Michel Horet), em *Génération* 1998, edição 14.

quarenta recordes mundiais na natação), técnico de Alexander Popov, recordista dos cem metros livres, quatro vezes campeão olímpico em 1992 e 1996.[42]

Eles se conheceram em 1988. Touretski havia sido procurado pela Federação Soviética para criar um programa dentro de quatro anos, capaz de pôr fim ao domínio dos americanos no *sprint*. Foi nessa época que Touretski descobriu Popov, ainda jovem, e decidiu adicioná-lo à sua lista. No entanto, Popov só se juntou ao grupo dois anos depois, porque, ele explica: "No sistema soviético, tínhamos muito cuidado para garantir que os jovens se desenvolvessem primeiro em sua categoria da idade antes de jogá-los no fundo do poço. Empurrá-los cedo demais, longe demais, é comprometer seu futuro".

Mas depois de dois anos e milhares de quilômetros de piscina, dessa vez sob o olhar atento de seu novo treinador, Popov se tornou o arquiteto da conquista do espaço aquático, e os americanos foram derrotados! Missão cumprida! O nadador admite: "Longe da piscina, eu me sinto inútil e preguiçoso, mas, na água, sinto como se tivesse renascido". Ele se lembra de seus primeiros contatos com Touretski:[43]

> Como atletas soviéticos de elite, estávamos acostumados a trabalhar muito duro. Nossos treinadores eram muito exigentes. Com Gennadi, percebi imediatamente que a abordagem era diferente. Em primeiro lugar, não nadávamos muito em comparação com os outros grupos. Por outro lado, fazíamos várias caminhadas nas montanhas e tínhamos bastante liberdade. Ele nem sempre estava

---

42. A carreira de Popov ao lado de Touretski também é notável por sua longevidade. Quando ele reconquistou o título mundial dos cem metros em 2003, tinha 31 anos de idade.

43. Os trechos a seguir foram extraídos de uma entrevista com Alexander Popov em *Sport et vie*, edição especial nº 17, 2003.

presente nas sessões de treinamento. O aquecimento também era livre. Costumávamos passar a bola de um para outro! Tudo isso era muito confuso para mim.

Popov descreve o relacionamento deles em um nível humano:

Era difícil. Assim que eu tentava abordar um problema técnico relacionado ao treinamento, ele mudava de assunto e direcionava a conversa para literatura ou música. Só percebi muito mais tarde que, ao fazer isso, ele estava na verdade tentando me libertar do treinamento relativamente autoritário que eu havia recebido e me incentivando a cultivar minha independência. No início, seu problema não era me treinar, mas desenvolver minha personalidade! Se eu começasse a cumprir suas ordens como um robô, nossa colaboração estaria fadada ao fracasso!

Ele acreditava que um esportista só pode se desenvolver em total liberdade, e não sob restrições. Portanto, ele fez tudo o que pôde para não me influenciar demais. Para Gennadi, o verdadeiro perigo seria nos aproximarmos demais um do outro, ele me moldar à sua própria imagem e nos tornarmos codependentes. Além disso, ele tinha o cuidado de não me dar muita atenção, apenas um terço de seu tempo, e incentivava todas as minhas iniciativas pessoais.

No início de um relacionamento, Gennadi sempre se concentra mais nas características psicológicas de seus atletas do que em suas qualidades físicas. Por exemplo, ele me classifica como um “poste”. Para ele, esses são atletas formidáveis que funcionam de maneira muito cerebral. Eles analisam tudo até o ponto da obsessão. E quando estão um pouco perturbados, você pensa que eles são gênios! Na verdade, sua principal preocupação é de ordem intelectual.

Popov então relata suas primeiras competições com Touretski:

> No dia da prova, Gennadi sempre encontra uma maneira de escapar. É impossível encontrá-lo. Ele nunca está por perto! E não se trata de superstição. Sua convicção mais profunda é que, de qualquer forma, a sorte foi lançada, e ele não pode mais contribuir com nada para o atleta. Não quer nem que pensem nele. Um dia, ele me disse que se algo lhe acontecesse no caminho para a competição e fosse parar na prisão, isso não deveria influenciar meu comportamento. Ele teme ser um fardo para o atleta.

A colaboração entre eles continuou mesmo depois que Touretski foi contratado pela federação australiana, embora tenham se tornado adversários.

> Quem mais, além dele, poderia ter encontrado as palavras certas? Ele também tinha autoridade para me proteger dos conselhos excessivamente zelosos dos outros técnicos da equipe russa.

Esse tipo de treinamento ou gerenciamento requer uma sabedoria surpreendente e uma grande dose de ousadia. Se Touretski ficou em silêncio ou não respondeu a certas perguntas, certamente não foi por falta do que dizer, nem por falta de conhecimento por parte desse verdadeiro "poço" de ciência, que sabe absolutamente tudo sobre natação, que estudou biomecânica, fisiologia, dietética, psicologia, leu inúmeros livros sobre peixes e passou incontáveis horas observando-os para melhorar o deslizamento de seus nadadores.[44]

---

44. Trecho de 100 champions pour un siècle de sport, *Éditions SNC L'Équipe*, 2000.

Saber como se afastar de vez em quando para promover a iniciativa individual e desenvolver a personalidade talvez seja o passo definitivo para se tornar um bom professor. Nas palavras de Donald Winnicott, um excelente terapeuta familiar que é um pouco como um treinador:

> O momento importante da terapia não é aquele em que faço uma interpretação brilhante, mas sim aquele em que a criança surpreende a si própria.

Vamos encerrar nosso elogio a esse desenvolvedor de talentos e apóstolo da autonomia com um antiexemplo que ilustra uma das causas mais comuns de fracasso nas relações entre técnico e aprendiz: a recusa do atleta em assumir a responsabilidade. Gennadi Touretski cita o caso de Michael Klim, grande nadador australiano que ele treinou. Ao contrário de Popov, Klim não resistia a questionar constantemente seu mentor antes de uma prova. "Eu sempre tentava encontrar as palavras-chave", diz Touretski. Na Olimpíada de Sydney, Touretski ficou sem argumentos. Como resultado, Klim não conseguiu ganhar nenhum título individual.

> Antes do início de uma bateria, explica Touretski, Michael sente a necessidade de colocar peso em seus ombros. Ele se apoia em você, é uma forma de fugir das responsabilidades dele e passar a responsabilidade para o treinador no caso de um desempenho ruim.[45]

Em um contexto como esse, os relacionamentos se desgastam rapidamente. Depois da saída de Touretski, Michael Klim mudou de técnico três vezes em um ano!

---

45. *Sport et vie*, edição especial nº 17, 2003.

O tempo para construir a confiança

O mestre também precisa aprender a "abrir mão" em determinadas circunstâncias, o que lembra o processo criativo descrito no início deste livro. É necessária muita autoconfiança por parte do treinador para que ele não imponha seus pontos de vista ou mostre o quanto é indispensável. Não estar presente em todas as sessões de treinamento, ficar em segundo plano nas competições - tudo isso só é possível se você conseguir conquistar a confiança do aluno, o que leva tempo.

Tempo! Infelizmente, o tempo para criar confiança também é o que falta aos técnicos e atletas. Relacionamentos duradouros são raros em um mundo atormentado pela ansiedade da próxima partida, onde a histeria do sucesso e dos resultados provoca uma permanente disputa entre atletas, técnicos, pais e dirigentes, especialmente nos esportes de mídia. "Está indo mal? Vamos trocar de técnico e as coisas vão melhorar" - isso resume bem os costumes esportivos. É verdade que essa situação permite evitar fazer avaliações reais, evitar ter que olhar muito para si mesmo, fugir de suas responsabilidades, e reflete a natureza superficial do relacionamento entre certas duplas treinadores-treinados, unidos apenas pelo cimento dos resultados.

As colaborações raramente se baseiam em um contrato moral, "de homem para homem", no qual, em caso de dificuldades, cada um deve demonstrar a honestidade que preserva a tentação de culpar o outro por tudo. É somente quando o respeito e as pessoas vêm antes dos resultados que podemos superar as crises e dar uns aos outros a oportunidade de testar plenamente as qualidades que cada um pode trazer para o outro. As grandes colaborações conseguiram atingir esse nível, essa qualidade de confiança em que se torna possível trabalhar duro com serenidade, superar problemas com calma, visar a uma bagagem técnica que compensará a longo prazo, assumir certos riscos, construir um plano real com objetivos e valores que foram amadurecidos durante um longo período e que, uma vez compartilhados, selarão uma cumplicidade que é mais forte do que todas as pressões do mundo.

A eficácia depende desse tipo de acordo em que, se nos conhecemos bem, às vezes podemos passar sem palavras e até mesmo um sem o outro; em que técnicos e atletas podem trocar ideias sobre outros assuntos que não o esporte e em que o afeto acaba presidindo o relacionamento e superando os desafios. Quando o que está em jogo se torna o próprio relacionamento, tanto o atleta quanto o técnico, tendo o direito de existir em outro lugar que não seja o placar, tendo o direito de cometer erros ou perder sem correr o risco de perder aos olhos do outro, podem então desfrutar da confiança e da solidariedade que são as marcas registradas das grandes conquistas.

Um exemplo de um aluno ruim: Mister Dash or Crash (Senhor Brilha-ou-quebra)

Bode Miller é um superastro do esqui, bicampeão mundial nas provas gigante e combinada em 2003 e campeão olímpico em Salt Lake City, em 2002.

> A desobediência é a maior das qualidades humanas. Em tempos conturbados ou sob regimes injustos, quando é vital não escolher o lado errado, já vimos provas disso milhares de vezes; em questões mais triviais, como a realização pessoal por meio de um trabalho ou uma vocação, Bode Miller faz sua própria contribuição.
>
> O esquiador americano foi ridicularizado durante todos esses anos quando "explodia no ar". Especialmente no slalom, onde ele queria ir mais rápido do que a música, sentindo essa velocidade ex-

cepcional em si mesmo, mas não querendo esperar até que tivesse as habilidades técnicas que lhe permitissem liberá-la sem desintegrá-la.

Nos Estados Unidos, as desistências de Miller foram até contadas: de 26 de fevereiro de 1999 a 25 de novembro de 2001, ele não apareceu em nenhum dos dezessete rankings de slalom dos quais participou, caindo onze vezes! Um dia, o Doutor DNF (*Do Not Finish*, Não Termina) e o Senhor DNQ (*Do Not Qualify*, Não Se Classifica) inspiraram um colunista a fazer esta saborosa avaliação: "Para encontrar qualquer vestígio de Bode nos rankings da Copa do Mundo, é preciso um sistema de GPS. Outros lhe deram o apelido de *Dash or Crash* (Brilha-ou-quebra), enquanto outras pessoas evocavam sua mentalidade de que *o céu é o limite*.

Por querer esquiar nas fronteiras do possível, por repetir que queria "viver livre ou morrer", por perseverar no que acreditava ser o certo para ele, por irritar gerações de treinadores com sua visão individualista e original das coisas, por desobedecer, Miller acabou tendo razão. Porque o que conta é apenas o resultado, no esporte mais do que em qualquer outro lugar. "Não me importa se um erro me faz perder tempo, se ele pode me ajudar a vencer a prova." É assim que ele justifica suas trajetórias radicais e o fato de se arriscar constantemente.

Nem Chip Cochrane, seu treinador quando ele ainda era criança ("Bode sempre tinha seu próprio plano"), nem Jesse Hunt, há alguns anos diretor alpino da equipe de esqui dos EUA, mas que já foi seu treinador ("Há caras que querem receber instruções, outros que preferem bater a cabeça, Bode era um desses"), nem Phil McNichol, o gerente da equipe masculina ("Bode é especial, então ele faz coisas especiais"), lamentarão ter deixado um pouco solto da coleira esse puro-sangue disfarçado de burro.[46]

Bode Miller, em Saint-Moritz, no gigante do Campeonato Mundial de 2003, "graças a todos esses anos de experimentos *in vivo* sobre si mesmo, provavelmente sabia melhor do que os outros até onde arriscar, até onde se esforçar". Portanto, ele tentou um verdadeiro milagre na segunda corrida: recuperar 87 centésimos de segundo em relação ao primeiro competidor, com uma má identificação, na neve onde alguns buracos desagradáveis haviam se formado.

"Só havia uma maneira de surfar o impossível. E desobedecer novamente. Recusar uma história que estava indo na direção errada por uma questão sombria de neve que era muito profunda, ou muito fria, ou ambas. Bode Miller sabia o que tinha de fazer. Viver livre ou morrer. Passar ou cair. *Dash or Crash.*"

Um minuto, vinte e seis segundos e trinta centésimos depois (1:26.30), Bode Miller era campeão mundial.

46. Extraído de um artigo de Nathalie Vion publicado no *L'Équipe* em fevereiro de 2003, por ocasião dos campeonatos mundiais em Saint-Moritz.

CAPÍTULO 3

A FORÇA EMOCIONAL

A pressão é boa ou ruim? Às vezes ouvimos que precisamos dela para jogar bem, às vezes que ela nos faz perder. É preciso "administrá-la", "livrar-se dela", "suportá-la", "superá-la", "sofrê-la" e assim por diante. O que essas expressões escondem? Quando falamos de pressão, estamos nos referindo aos desafios de uma final? Da obrigação de alcançar um resultado? Estamos nos referindo à pressão exercida sobre nós por outras pessoas (nossa comitiva, o público, nosso país), à pressão que exercemos sobre nós mesmos ou à pressão que se acumula repentinamente em momentos decisivos? Dependendo da situação, a palavra "pressão" pode ser substituída por tensão, ansiedade, estresse, implicação ou perigo. Em resumo, a pressão está em toda parte, como um pequeno demônio que brinca de se disfarçar, mas por trás das máscaras é sempre a mesma coisa: o medo. A pressão gera o medo de ser observado, de decepcionar, de não estar à altura, de ser ridículo, de fracassar. O que podemos fazer com esse medo? O que os campeões fazem com o medo?

Amantes da pressão, esse medo necessário

O surpreendente é que, em algumas pessoas, o medo galvaniza a energia e o talento, enquanto em outras ele tem um efeito paralisante. O medo pode lhe dar asas ou tirá-las. Seria errado pensar que os campeões - e todos aqueles que são capazes de dar o melhor de si sob pressão - não têm medo. Na verdade, é exatamente o contrário: eles precisam ter medo. Eles têm uma relação íntima, quase carnal, com o medo. Este os excita, estimula suas habilidades. Os campeões têm medo, mas o adoram! Os aventureiros radicais, por exemplo, quando se encontram em montanhas, oceanos ou blocos de gelo, são obcecados pelo desejo de triunfar sobre a morte. Gérard D'Aboville costumava dizer: "Estar vivo é sair ao encontro da morte".[47]

O campeão esportivo enfrenta o medo da derrota da mesma forma que um alpinista enfrenta a morte: para não precisar mais temê-la. Essa obsessão dá origem ao desejo de superar o fracasso, de exorcizá-lo. Ambos tentam se aproximar do medo para domá-lo. Estranhamente, o fato de se aproximarem do medo, enfrentando-o, é a maneira de se protegerem dele. É um hábito curioso que algumas pessoas têm de viver com o risco a fim de descobrir uma "segurança interior". Embora o medo seja uma barreira para a maioria das pessoas normais, os campeões não têm medo de ter medo.[48]

O objetivo deste capítulo não é dizer a você como gerenciar a pressão. Para isso, existem técnicas ou procedimentos a serem seguidos (consulte item 27, p. 306, e item 28, p. 307). O objetivo aqui é compreender melhor a psicologia daqueles que chamamos de vencedores e sua atitude em relação à pressão. As técnicas não serão eficazes se não

47. O primeiro homem a remar sozinho pelo Atlântico e depois pelo Pacífico.
48. Epicteto, o filósofo estoico, escreveu: "Não devemos ter medo da pobreza, do exílio, da prisão ou da morte. Mas devemos ter medo do medo". Livro 2, xxxix.

entendermos que os campeões lidam melhor com a pressão porque gostam de flertar com o medo, o que lhes dá o poder de transformar a tensão em relaxamento, em capacidade de jogar. Nesse sentido, poderíamos chamá-los de "amantes da pressão". Entre eles estão os aventureiros radicais e os grandes esportistas, mas também atores, empresários e todos os criadores e artistas que precisam se desafiar constantemente, colocar-se em perigo, recriar esses estados de sobrevivência e tensão extrema, dos quais esperam que a inspiração venha mais uma vez em seu socorro.

Todos esses competidores vivem com a pressão, buscando-a tanto quanto a temem. Eles esperam aquele momento em que entram em contato com a violência de seus instintos primitivos, quando sentem "a fragilidade da vida em face da grandiosidade dos elementos".[49] Somente em combate ou no palco, na corda bamba, no ponto de não retorno, como equilibristas, presos entre o vazio e os aplausos, na correnteza, eles se sentem vivos.

Os amantes da pressão adoram dançar à beira do vazio. Por que eles fazem isso? Para fugir do tédio, para agradar, para ganhar autoestima, para serem notados? Ou simplesmente para desfrutar o despertar total dos sentidos no *flow*, "aquele estado especial de consciência que invoca recursos insuspeitados"? Excitação, êxtase, tensão, clareza em meio ao caos, sensação de fuga do tempo, vertigem. Essas são as sensações que os amantes da pressão procuram. Como podemos deixar de ver a vantagem que esses competidores têm sobre seus adversários? Que diferença! Alguns suportam, sofrem, entram em pânico; outros se divertem!

Sem pressão, os campeões têm dificuldade até para se motivarem e se concentrarem. Eles não gostam de estádios vazios. "Prefiro jogar

49. Éric Escofier, ás do parapente. Extraído do dossiê "Que cache le goût du risque" *Psychologies*, julho-agosto de 2000.

com cinco mil pessoas contra mim do que na frente de ninguém", disse John McEnroe durante a final da Copa Davis contra a França em Grenoble, em 1982. O medo acrescenta tempero ao jogo deles. É o companheiro necessário para a façanha. Um campeão que não tem medo nunca se esforça ao máximo e pode até cair no tédio. É por isso que os grandes campeões são mais vulneráveis no início das competições, tornando-se "alcançáveis" em torneios pequenos, em um estádio pequeno, em uma quadra secundária.

Tenho uma escolha: pressão paralisante ou pressão transcendente

A solução não é nos livrarmos da pressão, mas usá-la. Seria inútil negar a pressão ou tentar fazê-la desaparecer – nossos demônios internos têm o talento de nos lembrar exatamente daquilo que queremos esquecer. A pressão estará lá de qualquer forma, então é melhor tentarmos conviver com ela e usá-la para progredir. E não são apenas os grandes campeões que sabem aproveitar a pressão.

A pressão não é boa nem ruim em si mesma. É verdade que é opressiva, porque implica a obrigação de obter resultados, e nos sentimos um pouco presos a ela, mas sempre temos a opção de transformá-la em algo estimulante. É aí que reside nossa margem de liberdade. Somos nós que transformamos a pressão em algo bom ou ruim. Tudo depende do relacionamento que temos com ela, e de como queremos vê-la.

Para concluir, vamos resumir duas abordagens possíveis:

- ☐ A pressão paralisante: eu a sinto. Vejo acima de tudo o que tenho a perder. Isso me faz pensar demais no que está em jogo. Sob sua influência, preocupo-me com coisas que não posso controlar: o resultado, o que os outros vão pensar etc. A pressão se torna pesada, fico ansioso, indeciso e desajeitado.

- [ ] Pressão transcendente: eu a uso. Quero me encontrar em uma situação crítica, porque a vejo como uma oportunidade de mostrar o que valho. Esse tipo de pressão me faz lembrar do jogo. Estou no puro presente.

A primeira abordagem é defensiva, a segunda é conquistadora. Em um caso, defendo um resultado, jogo para não perder; no outro, vou em busca do resultado, jogo para vencer. O que antes era estressante se torna emocionante. O sinal vermelho fica verde.

> Há algo que sempre pergunto aos meus nadadores. Quando você está no bloco de largada antes de uma prova importante, em plena concentração, você seria capaz de sorrir? Se sim, então está tudo bem.[50]

Aqui está uma última dica a ser lembrada: no momento crítico, lembre-se de sorrir internamente. Torne-se um amante da pressão. Sorria para ela, e ela sorrirá de volta para você.

O controle da força

Os vencedores sabem como jogar com o medo, portanto sabem como se controlar, manter a calma nos momentos críticos, suportar o estresse, transformar a emoção ou a agressividade em energia positiva e voltar à calma assim que necessário, quase instantaneamente. O que eles têm em comum é a rara capacidade de permanecer uma "bomba adormecida"

---

50. Entrevista com Gennadi Touretski publicada no *L'Équipe*, 26 de julho de 2003.

no calor do momento. As instruções para usar essa qualidade são simples: tudo funciona ao contrário: quanto mais as coisas se movem, mais equilibradas elas ficam; quanto mais as coisas esquentam, mais frias elas parecem; quanto mais tensa a situação, mais relaxadas elas se tornam!

> Os campeões são aqueles que mantêm os nervos sob controle nas situações mais tensas, e é por isso que eles vencem.[51]

Se existe algo chamado força mental, trata-se do controle de suas emoções. Não importa quão forte seja seu desejo, quão talentoso seja, quão bem possa se concentrar, o competidor que for muito emotivo e ansioso perderá a coragem. Essa é a falha mais grave em um lutador. Não basta ter força, é preciso controlá-la. Chamamos essa força, que garante um equilíbrio psicológico notável na ação, de "força emocional".

Vamos citar as palavras de alguns campeões esportivos famosos:

Quanto maiores os riscos,
mais calmo eu me sinto.

Wayne Gretzky, hóquei

Fiquei à vontade porque senti que
os outros estavam nervosos.

Reggie Jackson, beisebol

51. Serena Williams, pouco antes de se tornar a número um do mundo.

Mais cedo ou mais tarde, seu oponente vai mudar alguma coisa, se precipitar e cometer um erro. E eu não vou fazer isso.

Reggie Jackson, beisebol

O que eu adoro em uma partida é a sensação de combate.

Patrick Rafter, tênis

Foi intenso, foi dramático. Você podia literalmente sentir a eletricidade no ar.

Pete Sampras, tênis

É para momentos como esses que jogamos.

André Agassi, tênis

O que caracteriza os grandes campeões é que eles atingem seu "melhor" nas grandes ocasiões, mas também elevam seu nível quando necessário: um jogador de basquete marca uma cesta de três pontos no último segundo da final; um corredor bate o recorde mundial no dia da final olímpica; um jogador de hóquei marca um gol na prorrogação; e assim por diante. Esses campeões têm o poder de lidar com a pressão com um espírito de conquista, com audácia, o que lhes permite ter sucesso nos gestos mais difíceis, mas a audácia suprema, em momentos críticos, às vezes pode ser uma questão de não fazer muito. Quando seria normal ficar nervoso, ser levado a acreditar que é absolutamente necessário fazer algo a mais ou diferente, ser mais agressivo ou mais cauteloso, os grandes têm a força para não mudar, para permanecerem eles mesmos.

Não mudar, sabendo que a outra pessoa provavelmente mudará

Dizem que os campeões são aqueles que jogam melhor nos momentos importantes. Um olhar mais atento revela que, na verdade, muitas vezes é o contrário: são os outros que apresentam um desempenho pior. O adversário acaba mudando algo, se empolgando, se precipitando ou, ao contrário, retendo suas jogadas, mesmo que seja apenas uma. Os grandes competidores sabem disso e têm um bom motivo para não mudar seu jogo. Isso lhes dá a confiança e a coragem para fazer o que estão acostumados a fazer em circunstâncias normais, e esses lances parecem excepcionais para nós. Como não tentam fazer muita coisa, eles têm espaço para aprimoramento e aceleração, que usam com sabedoria.

A melhor maneira de jogar bem os pontos importantes é, taticamente, jogá-los como os outros pontos (completa e calmamente) e, psicologicamente, permanecer o mesmo (concentrado e flexível).

Os dominadores usam o nervosismo da outra pessoa a seu favor

Vamos voltar ao capítulo sobre o *flow*. Nós o incentivamos a confiar em si mesmo o suficiente para não jogar demais, a se dedicar a fazer bem seus gestos e lances básicos e a esperar estar no seu melhor. É a partir dessa plataforma tranquilizadora, na qual você mantém seu rumo, que, de tempos em tempos, você decola.

Citamos dois dos maiores dominadores da história do esporte, Tiger Woods e Pete Sampras. Para Tiger Woods, façanhas e proezas são inversamente proporcionais à simplicidade das metas que ele estabelece para si mesmo durante a ação. “Não tente fazer nada grande ou especial [...], quando eu sei que os outros têm uma boa tacada, tento apenas colocar minha bola no *green*.” E Pete Sampras, o jogador mais famoso e espetacular de todos os tempos, tão formidável no final das partidas, diz que só quer fazer seu trabalho e nada mais! Acrescentemos esta anedota do nadador Alexander Popov:

> Meu treinador me pediu para observar como Biondi, então recordista mundial nos cem metros livres, se preparava para suas provas. Era a primeira vez que eu o via. Ele estava sentado sozinho em seu canto da piscina, com um livro na mão, esticando as pernas. Sereno, relaxado. Ele ainda não estava pensando na disputa. Ele me deu a impressão de que não estava realmente pensando nisso até chegar ao bloco de partida. Na chegada, ele venceu com a marca de 47,8 segundos. Que iniciação![52]

A força dos grandes, sua força emocional, é a qualidade que significa que ninguém pode desviá-los de seu objetivo. Por trás das máscaras, os guerreiros podem ser exuberantes ou introvertidos, apaixonados ou calculistas, todos eles podem estar lutando por diferentes motivos, com diferentes armas e talentos, mas, quando chega o momento fatídico, há apenas uma lei que conta: não deixe nada transparecer, esvazie-se de todos os sentimentos humanos.

A questão aqui não é defender a anestesia das emoções - o que seria equivalente a uma forma de loucura - mas sim saber como gerenciá-las, o que é a marca registrada dos campeões. A qualidade mais

---

52. *Sciences et vie*, edição especial, número 17.

extraordinária desses competidores é seu incrível equilíbrio mental diante do perigo.

Eles podem não ser todos homens equilibrados em suas próprias vidas, mas certamente são homens de ação bem equilibrados. Quando a casa está pegando fogo, eles são os únicos que sabem como resolver.

O ponto de ruptura

No jogo mental, cada combatente testa a força do outro. Nunca fica claro quem tem o melhor domínio sobre ela, e as aparências podem enganar: a situação pode mudar, às vezes de forma espetacular. Todo dominador continua sendo um dominador enquanto não for forçado a atingir seu ponto de ruptura: os limites de sua resistência psicológica. O oponente pode ser eficaz e autoconfiante até esse ponto sensível, além do qual ele pode mostrar uma face completamente diferente. Até então, tudo está bem, o atleta parece estar no controle e, de repente, tudo pode mudar. Depois desse ponto, nada dá certo: a concentração se desfaz, as emoções vêm à tona, o corpo não consegue mais contê-las; então a confiança pode entrar em colapso, a autoconfiança se transforma em desordem, e até mesmo os gestos mais simples se tornam ansiosos. Depois desse ponto, todos os pontos fracos começam a aparecer um a um, como pequenos demônios escapando de uma caixa.

Tudo o que resta é chegar a esse ponto, criar a rachadura na carapaça do oponente, e isso depende do cabo de guerra psicológico que descrevemos detalhadamente, em que cada jogador deve influenciar a partida com a força de sua personalidade, não ceder nada, permanecer compacto e manter a pressão sobre o oponente por meio de sua concentração. Por trás do ponto de ruptura, descobrimos outro competidor, um que nunca imaginamos antes, vulnerável como todos os outros. O valor de um competidor está na distância que o separa de seu ponto de vulnerabilidade, a distância entre o lutador que não cede nada e aquele que volta a ser humano (que relaxa, duvida, se desintegra, olha em volta, perde a compostura, faz concessões).

Quanto maior a distância, ou seja, quanto mais longe o ponto de ruptura, mais difícil é vencer o competidor. O número um em sua disciplina é aquele que ninguém consegue tirar de sua zona de serenidade. Ele é o melhor porque ninguém consegue atingir seu ponto de ruptura, ninguém consegue empurrá-lo até o ponto em que ele se torna humano novamente (atrás da parede onde se esconde sua vulnerabilidade). Essa distância pode parecer uma montanha psicologicamente intransponível para os outros competidores, mas, às vezes, basta que um deles vença o campeão uma vez para que os outros comecem a acreditar em suas chances. Quando tomam conhecimento de pontos fracos até então desconhecidos, quando veem sinais de fraqueza, os pretendentes ao trono perdem imediatamente o respeito e se permitem atacar o ponto de ruptura do campeão, finalmente identificado e, portanto, desmitificado.

Um exemplo: no início dos anos 2000, Serena Williams já era uma das melhores jogadoras de tênis do mundo. Ela estava ganhando tudo e colecionando torneios de Grand Slam. Sua força e confiança eram indestrutíveis, e ela parecia estar jogando uma partida que os outros desconheciam, ou contra a qual não havia nenhuma resposta possível. A mera visão de sua massa muscular, aquela constituição quase irreal para uma jogadora de tênis, ajuda a desencorajar a maioria de suas adversárias, que já estão perdendo. O tênis feminino é uma vítima dessa imagem, reconhecidamente difícil de esconder. Por exemplo, quando você passa por ela na troca de bola, ela parece estar dizendo: "Você quer me atacar, mas olhe para meus ombros, meus braços, minhas coxas!". Em resumo, Serena é imbatível, todo mundo diz isso, todo mundo pensa assim.

Em 2003, Amélie Mauresmo, quinta colocada no ranking, venceu Serena pela primeira vez nas semifinais do torneio de Roma, depois de uma partida intensa que não deixou dúvidas quanto ao domínio da francesa e seu mérito de ter levado a campeã ao limite, a ponto de ela voltar a ser uma jogadora normal. Essa vitória foi um alerta: sim, é possível, você pode vencer Serena em seu próprio jogo, com força, desde que se permita desafiá-la em seu próprio terreno, sem complexos, com pretensão de perturbá-la para vencer e sem temer represálias.

Uma rachadura foi feita na armadura de Williams. Não demorou muito para que outras jogadoras começassem a explorá-la. Quinze dias depois, nas semifinais do Aberto da França, a frágil, mas não menos agressiva, Justine Hénin, quarta colocada no ranking mundial, começou a atacar a campeã com braços de ébano e derrotou Serena pela primeira vez, por 7 a 5 no terceiro set.[53] Mauresmo havia aberto o caminho para ela, e Justine pode lhe agradecer.

Em conclusão, o treinamento serve principalmente para aumentar a distância que leva a esse ponto de ruptura. Para muitas pessoas, o treinamento se limita a ajustes técnicos e à criação de esquemas táticos. Mas o treinamento é, antes de mais nada, a prática da concentração e o desenvolvimento da resistência mental, ou seja:

- ☐ tratar cada sessão de treinamento como uma partida;
- ☐ ter momentos mais longos de concentração intensa;
- ☐ recuperar-se rapidamente quando perder a concentração;
- ☐ não perder o foco, abstrair o que está acontecendo ao seu redor;
- ☐ não perder a calma e trabalhar sua linguagem corporal;
- ☐ não se desintegrar quando estiver cansado.

53. Justine Hénin venceu o Roland Garros naquele ano, seu primeiro Grand Slam.

O valor do treinamento depende da intensidade do trabalho. Essa qualidade garante não apenas o progresso, mas também as habilidades essenciais na competição para que você seja eficaz, ou seja, a capacidade de:

- ☐ entrar na partida;
- ☐ permanecer na partida;
- ☐ não desistir;
- ☐ jogar bem mesmo quando estiver jogando mal;
- ☐ evitar lapsos de concentração ou administrá-los bem;
- ☐ exercer pressão sobre seu oponente mantendo a concentração;
- ☐ manter-se mentalmente presente.

Resistência psíquica

A resistência mental é mais difícil de adquirir do que a resistência física. É mais fácil fazer flexões ou dar voltas na pista, mesmo quando se está cansado, do que se concentrar em um exercício difícil, "entrar" no exercício quando sua cabeça está "em outro lugar". É mais fácil forçar o corpo de um atleta do que forçar sua cabeça. O suor escorre mais facilmente do que os impulsos nervosos. O condicionamento físico é frequentemente usado como uma rota de fuga do difícil trabalho mental do treinamento. Muitos atletas passam por isso em algum momento de sua carreira, achando que podem resolver tudo com um novo programa físico draconiano, listando orgulhosamente todos os sacrifícios que estão dispostos a fazer. Às vezes, seria uma boa ideia fazer esses jovens atletas entenderem que estão se concentrando no físico porque esse é um álibi para evitar a questão da qualidade do treinamento e que isso lhes permite, por exemplo, esquecer seus problemas de concentração.

Estou me "destreinando"

Um atleta talentoso que adquire o hábito de treinar sem concentração intensa não progredirá tão rapidamente quanto seus recursos permitiriam e ficará cada vez mais estagnado, por mais tempo, com a sensação de estar preso, sem saber como reagir, como se portas invisíveis tivessem se fechado à sua frente. Uma hora de treinamento intenso é melhor do que três horas medíocres, e se você perder o desejo de nadar, correr, jogar e se movimentar, o treinamento não terá sentido. Todo mundo sabe disso, e é tão óbvio que muitas vezes é esquecido.

Na verdade, quando você treina sem intensidade, você "destreina". Você acaba perdendo o que adquiriu, não o movimento, mas a qualidade dele. Você se torna lento com o olhar. O corpo desenvolve hábitos ruins de lentidão e imprecisão que são difíceis de romper. As sensações são aproximadas, o tempo de reação é longo, o *timing* é irregular. Os limites que o atleta encontrará mais tarde são traçados nessas sessões de treinamento em que nada acontece e, a longo prazo, os limites se tornam indeléveis.

Mesmo que você saiba a classificação do seu oponente, você não sabe o valor dele no dia do evento ou da partida. É somente o valor no dia que conta. Quando estiver enfrentando um atleta altamente classificado, lembre-se de que não é a classificação dele que você está enfrentando, mas o que ele é capaz de fazer naquele dia. É por isso que é tão importante tentar levá-lo ao ponto de ruptura. Essa é a única maneira de saber quem você está enfrentando, de conhecer o verdadeiro valor do seu adversário. Com os jogadores mais jovens, o ponto de ruptura pode ser revelado com uma velocidade surpreendente. Não é incomum, em uma competição, ver um jovem vigoroso e conquistador entrar em colapso repentino. No tênis, por exemplo, isso às vezes acontece com 3 a 0 no primeiro set. Naturalmente, os profissionais sabem como se manter longe de seu ponto de ruptura por mais tempo. As grandes partidas são aquelas em que nenhum dos adversários cede. A decisão é tomada nos momentos finais, às vezes por causa de um gesto, um ponto...

Essa resistência mental, fruto da força emocional e de uma capacidade excepcional de concentração, é um recurso tão essencial quanto a resistência física. Em ambos os casos, aplica-se o mesmo princípio: na competição, você só pode confiar em sua resistência se a tiver testado até a décima potência nos treinos. Os famosos limites que os campeões testam constantemente ao longo de suas carreiras, aqueles em que eles colocam tanta energia, teimosia e conhecimento para ir além do que é possível, não dizem respeito apenas ao corpo, à capacidade de respiração e ao que os músculos podem suportar. Não podemos nos esquecer de que "superar seus limites" também se aplica à força emocional.

CAPÍTULO 4

OS CAMPEÕES SE DÃO O DIREITO DE PERDER?

Antes de uma competição, a lógica ditaria que nos déssemos o direito de perder. Por que você faria isso? O competidor que aceita a ideia da derrota fica mais leve, aliviado de parte da pressão. Ao imaginar o pior (perder), ele se distancia dos riscos (não é tão ruim perder) e se dá o direito de cometer erros (tenho o direito de não ser perfeito). Esse tipo de desapego acalma a mente, neutralizando a parte de você que "pensa demais". Quando o Mestre contempla a derrota, ele se tranquiliza e fica mais disposto a "deixar para lá". E isso é lógico. Mas será que é tão simples quanto dizer a si mesmo: "Se eu perder, não vou morrer por isso"?

E se, ao contrário, os maiores feitos, as maiores conquistas - na vida e no esporte - acontecessem quando você sentir que sua vida depende disso? Não é quando você é forçado a ter sucesso que você tem mais sucesso e usa seus próprios recursos inimagináveis? Porque assim não há espaço para erros? Não é porque os campeões se comportam como se estivessem jogando por suas vidas e se sentem obrigados a vencer que eles atingem níveis tão altos de desempenho? A pergunta está lançada.

O sentido da vitória

Ganhar, é disso que se trata. É uma frase simples, talvez simples demais, para definir o esporte competitivo, mas em alguns países (os Estados Unidos, por exemplo) se tornou um princípio de educação. Temos que reconhecer a importância da vitória para todos aqueles que competem no mais alto nível. Vencer é muito mais do que o objetivo do jogo. E que jogo é esse? Ainda podemos falar de um jogo? Faria sentido dizer a um jovem que está prestes a disputar sua primeira grande final: "Não se preocupe, é apenas um jogo"?

Para muitas pessoas, vencer é uma forma de ser reconhecido, de existir, de ganhar respeito, a começar pelo respeito próprio. Vencer, muitas vezes, está repleto de significado, impregnado de história, é sinônimo de reparação. Aqueles que sentem a necessidade de se superar têm motivos que nem sempre querem revelar. Uma deficiência, uma doença, um complexo que eles tentam compensar dando tudo de si. "Ao vencer, eu me vingo da vida, lavo minhas humilhações." Esse é o tipo de raciocínio inconsciente que geralmente está por trás das ambições grandiosas dos "loucos por competição". Para eles, vencer é mais do que um prêmio: é um elixir da vida.

Ganhar e perder. Morrer e renascer. Essa é a lei do esporte para esses cavaleiros modernos. O troféu que todos eles sonham em ostentar, a taça do vencedor, é uma reminiscência do Graal a que nos referimos anteriormente. Uma taça mítica que, no passado, os cavaleiros mais valentes só podiam esperar encontrar por meio de uma busca solitária na qual tinham de dar tudo de si. O Graal tinha o poder de salvar a Terra de uma maldição, de restaurar a harmonia no mundo e até mesmo de ressuscitar guerreiros que haviam morrido em batalha. Não é isso que os campeões buscam na vitória? Na taça?

> Eu estava perseguindo meu sonho. Se eu não tivesse vencido o Roland Garros, ainda o estaria perseguindo.[54]

Há muitas maneiras de vencer, e é isso que tentamos demonstrar neste livro: confiando no jogo bonito; impondo a própria personalidade, o próprio cenário; lutando por amor à luta, e não por ódio ao outro; confiando no autocontrole perfeito. Alguns caminhos são mais criativos do que outros, é claro, mas vencer continua sendo o remédio para um sentimento de falta que nenhuma outra gratificação ou satisfação pode preencher.

Michael Johnson, campeão olímpico nos quatrocentos metros em Sydney, em 2000, comenta a "derrota" (medalha de prata) de Marion Jones:

> Marion foi bastante gentil e uma boa perdedora. Isso é mérito dela, mas acho que, uma vez em seu quarto de hotel, ela deve ter esmagado tudo em seu caminho com raiva: uma grande campeã só pode se contentar com um lugar, o primeiro.

Aqueles que fingem o contrário e acreditam que vencer não é tão importante, ou que você pode ser feliz mesmo quando perde, estão negando a realidade do mundo dos vencedores. Tiger Woods disse certa vez: "Se você encontrar um perdedor que caia em seus braços e diga 'foi ótimo, tivemos uma boa luta', é melhor que ele mude de profissão".

54. Yannick Noah, quinze anos após sua coroação.

O vício dos vencedores

A maioria dos esportistas, quando vence, parece surpresa por ter vencido. Os vencedores não: eles esperam vencer. Napoleão escreveu: "Se você não quer se surpreender com as vitórias, não pense apenas nas derrotas". Entre os maiores, a satisfação da realização raramente dura muito tempo. Os vencedores têm dificuldade em saborear suas vitórias, enquanto suas derrotas podem obcecá-los: "Não há equilíbrio em suas sensações: eles esperam vencer e muitas vezes vencem, de modo que a vibração da vitória não é tão forte quanto costumava ser. Mas quando perdem, as profundezas da derrota são maiores".[55] Para os campeões, vencer é um vício (como o vício em uma droga). Perder é asfixia. O nível de estímulo exigido é cada vez mais alto, e a expectativa, cada vez maior. A necessidade de aumentar as doses para reviver o êxtase de uma nova vitória, a "injeção de adrenalina", leva-os a uma espiral de insatisfação sem fim.

Vencer ou nada. Essa é a força dos grandes vencedores? Uma obsessão? Uma forma de cegueira? Um "estado de limite" permanente e criado por eles mesmos, em que você vence porque não tem escolha? É uma fúria desumana de vencer, nascida do medo, que o leva ao topo?

Não vamos cair na caricatura: o campeão procura querer a todo custo para preencher o vazio dentro dele. Ou o campeão não gosta de si mesmo, portanto não tem nada a perder, daí o fato de assumir riscos, daí a criação, daí as façanhas. Mas vamos nos atrever a fazer a conexão entre um sentimento de impotência (ou fragilidade) e um ego superdimensionado, um "eu grandioso"; entre o sofrimento psicológico e a explosão de doação; entre a ansiedade da derrota e a necessidade de acumular feitos. Ousemos chamar seu desejo de vencer de "fúria".

55. John Madden, técnico de futebol americano e comentarista de televisão.

O dramaturgo Daniel Emilfork conta a história de como um dia ele ousou perguntar: "'Mamãe, é verdade que sou feio?' E essa mulher maravilhosa, que nunca mentiu para mim, disse: 'Sim, Daniel, você é feio'. Naquele dia, decidi conquistar o mundo!". As melhores performances, portanto, geralmente ocorrem em um estado de extrema tensão, quando o campeão se sente investido de uma missão, quando é uma questão (simbolicamente) de vida ou morte, e ele não se dá o direito de perder.

Por que uma pessoa feliz deveria fazer mal a si mesma e ultrapassar seus limites? Vamos dar uma olhada em alguns casos extremos. Em primeiro lugar, John McEnroe falando sobre sua carreira vinte anos após sua aposentadoria:

> Tudo girava em torno do fato de que eu tinha que vencer e, por quatro anos, fui o maior vencedor do tênis.

No entanto, ele parecia incapaz de desfrutar de suas conquistas: "Se eu sou o melhor jogador de tênis do mundo", disse a si mesmo na época, "por que estou tão vazio por dentro?".

> Por trás de minha fachada havia partes sombrias. Havia um demônio dentro de mim que eu tinha de combater. E esse demônio era o medo do fracasso. Eu fazia coisas das quais não me orgulhava. Agi como um idiota, machuquei pessoas. Eu era louco, tinha medo. Escondi meu medo atrás de bravatas. Já era muito difícil nutrir respeito por mim mesmo.

Jérôme Thomas, campeão mundial de boxe amador, diz:

> Nasci com deformidades (braço esquerdo mais curto; mão esquerda menor que a direita; ausência de músculos peitorais esquerdos, o que tornava meu coração vulnerável a pancadas). Foi por isso que me revoltei contra o destino. Hoje, não importa quantas pessoas me digam que sou campeão mundial, parece que não consigo superar isso. Sempre escondo minha mão esquerda no bolso e nunca mostro minha camisa. Tenho medo de que as pessoas não vejam em mim o esportista, mas sim a pessoa com deficiência.

Vamos apostar que, quando Jérôme Thomas subiu ao ringue para disputar o título mundial, ele não se deu o direito de perder.

Como diz o psicanalista Franck Chaumont: "Há pessoas que fazem coisas maravilhosas com seus sintomas e há pessoas que fazem coisas horríveis com sua normalidade". Essas observações podem parecer decepcionantes para aqueles que esperavam uma receita mais humana e mais construtiva - na linha de "como ser feliz e vencer" - ou uma dose inteligente de "sucesso/bem-estar" que você mesmo pode administrar para fortalecer sua mente. Cada um funciona de maneira diferente: uma pessoa quer vencer pela mãe, outra pelo irmão, outra porque é muito pequena; mesmo assim, é isso que podemos dizer conscientemente a nós mesmos. Mas, no final, será que realmente sabemos por que e para quem estamos ganhando? Seja como for, essa mentalidade - de vencedores "atormentados" - não deve ser imitada. Ela vem da vida. É o que outro boxeador, Leon Spinks, também campeão mundial, tinha a dizer quando afirmou: "O boxe talvez seja menos difícil que a vida".

Mas há outra abordagem para a competição. Depois dos jovens campeões *obrigados a vencer*, vamos dar uma olhada nos campeões filósofos.

Os campeões filósofos

Primeiro, há o campeão no final de sua carreira. Com o tempo, ele adquiriu uma filosofia de luta e de vida. Vamos tentar estabelecer seu perfil psicológico. Esse campeão alcançou algumas das coisas com as quais sonhava, e isso o apaziguou. Ou talvez tenha se conformado com as decepções e os fracassos de sua carreira. Não é mais onipotente. Se ele quiser continuar, é mais para aproveitar seu talento, sem a cegueira dos primeiros dias, que o impedia de considerar suas oportunidades, sentir prazer e saborear o momento. Ele se deu conta do que estava perdendo. As coisas que vivenciará e conquistará competindo serão um bônus. O resultado não é mais colocado em primeiro lugar, o resultado agora é o que vem depois, de acordo com uma nova lógica: "Se eu fizer a coisa certa, se meu plano estiver correto e se eu fizer as escolhas adequadas, o resto virá depois".

Ele pode se abrir para outras pessoas que não via antes. Ele pode renunciar a parte da energia que costumava se esforçar tanto para não desperdiçar, ao custo de um isolamento que muitas vezes é interpretado como o famoso egoísmo do campeão. Ele pode receber. Outros lhe dão nova energia. Seu desejo evoluiu. Ele quer outra coisa, está procurando outra coisa. Ele se sente melhor, sua fúria é menor. Se é menos competitivo e irritado, é mais criativo. Ele pode ganhar de um lado o que perde do outro.

Terminar uma carreira sob estes auspícios (mais saudável, mais equilibrado, mais desapegado) às vezes traz algumas surpresas agradáveis. Outro campeão filósofo é o ex-campeão que, após o término de sua carreira, a avalia em retrospecto. Ele precisa compartilhar seu conhecimento e quer poupar outras pessoas dos erros que cometeu na juventude. O que esses campeões que se distanciaram do jogo, que não são mais obcecados pela derrota, esses homens e essas mulheres que se *desprenderam*, têm a dizer?

Desde que conquistei o título,
todo o resto tem sido um bônus.
Agora eu só corro para me divertir.

Muriel Hurtis, atletismo

Agora gosto de jogar para jogar,
não para ganhar.

Yannick Noah, tênis

Cheguei com um desejo imenso de saborear cada momento com todo o meu ser. Queria que esses últimos dez dias de minha carreira fossem de pura felicidade. Na minha cabeça, eu não estava pensando no resultado, não: eu queria tocar, sentir, desfrutar, absorver tudo... Porque este era o fim.

David Douillet, judô (nos jogos de Sydney,
quando conquistou sua segunda medalha de ouro)

Não importam os tempos, não me sinto mais como um idiota na piscina. Minha meta não são títulos ou recordes, são as sensações. Estou gostando. Enquanto eu estiver feliz com isso, vou continuar.

Franziska Van Almsick, natação
(24 anos, tendo sido uma estrela aos 14)

Houve uma época em que minha motivação era a raiva. Eu precisava desse estado de espírito para ter um bom desempenho. Também tive períodos em que a motivação era o dinheiro ou a inveja. Motivações como essas podem permitir que você vença, mas não são saudáveis, pois geram um processo destrutivo. Minha motivação hoje [enquanto me preparo para os Jogos de Sydney] é progredir, superar a mim mesmo, tentar fazer melhor a cada vez. E para manter essa motivação, escolhi o prazer como meu combustível. Divertir-me se torna o objetivo de um evento. Se eu me sair bem, fico satisfeito, mesmo que não ganhe.

Michel Robert, equitação

"O caminho conta mais do que o destino" é uma frase que poderia resumir a filosofia desses campeões. O caminho é a maneira de chegar ao resultado, o longo período de pesquisa que prepara o caminho para um resultado (consulte a Parte 1). Mas em que momento você se torna capaz de se concentrar em sua busca, em seu caminho, em vez de em sua meta? Na maioria das vezes, no ponto de chegada. Você não precisa ter chegado a algum lugar, ou pelo menos percorrido um longo caminho, para perceber a importância da jornada? Você não precisa ser rico para perceber que a riqueza não é tudo? Não é preciso ter o troféu em suas mãos para perceber que ele não é tão importante assim? Leva tempo para conseguir desviar o olhar do resultado e dizer a si mesmo, como os campeões filosóficos: quero me divertir; não se trata mais de desempenho acima de tudo; não vou sacrificar minha vida pelo meu esporte; vou ganhar se aprender alguma coisa, e assim por diante. Só nos damos o direito de perder quando já ganhamos o suficiente para nos permitir fazer isso.

Algumas descobertas só podem ser feitas em determinados estágios da vida, e é praticamente impossível aplicar ideias ou princípios "filosóficos" sem antes passar pela experiência de vida que os torna compreensíveis e necessários. E, em cada estágio, nos arrependeremos de não termos nos beneficiado desse conhecimento antes - "Ah, se eu soubesse!". Tentar acelerar o processo de amadurecimento dos jovens é inútil. Os treinadores geralmente ficam frustrados por não conseguirem transmitir suas mensagens, aqueles famosos princípios que eles sabem que são importantes, mas que seus alunos parecem não conseguir ouvir. Há coisas que não podem ser explicadas, coisas que precisam ser vivenciadas para serem compreendidas. Não é possível reconhecer o caminho certo até que você mesmo tenha tomado o caminho errado. Portanto, não devemos nos mover muito rapidamente. Pelo contrário, é quando o instrutor desiste do desejo de acelerar, quando concorda em deixar seu aluno ir - enquanto o acompanha, mesmo que isso signifique deixá-lo cometer erros - que o jovem terá espaço para acelerar a si mesmo e amadurecer.

Para concluir, os grandes feitos esportivos geralmente ocorrem quando o atleta tem vinte anos e não trinta, quando, porém, tem melhor controle da mente. Parece que esses feitos dependem mais da força do desejo e da inconsciência da juventude do que da sabedoria. A força da juventude é justamente a tempestade que a impulsiona e, às vezes, a cega. Há coisas que é melhor não entender se você quiser alcançá-las. Há sofrimentos que jamais suportaríamos se pudéssemos escolher, obstáculos que jamais ousaríamos enfrentar se não fossem impostos. Então, qual é a resposta? Com que estado de espírito é melhor entrar em um evento esportivo que promete ser assustador? Não há uma resposta simples para essa pergunta; não há uma atitude padrão. Podemos nos lembrar de que há uma idade para tudo. E tentar colocar a mente de um filósofo na cabeça de um jovem leão é uma ilusão. Seria a sonhada "boa medida", mas, como mostramos, a maioria dos vencedores extrai sua força justamente do excesso.

As palavras que dão vida

E há também o papel que cada um de nós pode desempenhar. Embora não exista uma fórmula mágica para programar a vontade de vencer, sempre podemos ajudar um atleta incentivando-o a ser mais sereno, relaxado e lúcido. Seja qual for a idade, todos deveriam ser capazes de dizer a si mesmos antes de uma competição: "Farei tudo o que puder para vencer, mas também aceito o risco de perder".

É dever de todo técnico dar a seus alunos o direito de cometer erros ou perder, especialmente quando eles não querem nada além de ter sucesso. Um técnico sábio, além dos ajustes táticos e do plano de jogo, pode dizer antes de uma final, por exemplo:

- "Aproveite o momento e viva intensamente sua final."
- "Comece fazendo as coisas simples corretamente."
- "Você não está aqui para ter esperança, está aqui para lutar."
- "Se você jogar contra a situação (final do Roland Garros), você se coloca em um grande problema, se você jogar contra Nadal, você se coloca em um grande problema; se você jogar tênis, você tem uma chance."
- "Concentre-se no que você controla. Você não pode controlar o outro jogador, as condições do campo ou o futuro. O que você pode controlar é sua atitude, seu diálogo interno, sua estratégia, seu nível médio de desempenho."
- "A vida se passa em poucos centímetros... Os centímetros de que precisamos estão ao nosso redor, em cada oportunidade de jogo, em cada minuto, em cada segundo... Neste time, lutamos

por esse centímetro... Despedaçamos uns aos outros por esse centímetro... Lutamos com unhas e dentes para alcançar esse centímetro... Porque sabemos que, quando somarmos todos esses centímetros, é isso que fará a diferença entre ganhar e perder! Entre viver e morrer" (discurso antes do jogo [Super Bowl], de um técnico de futebol americano interpretado por Al Pacino no filme *Um domingo qualquer*).

- "No calor da batalha, não se esqueça de comer e beber."
- "Quando você estiver com medo, bata ainda mais forte."
- "Quando chegar a hora de terminar, dê a si mesmo permissão para vencer."
- "Jogue bem, concentre-se nisso e faça as contas depois."
- "Quanto mais altos os riscos, mais importante é voltar ao básico."
- Entre outros.

Tudo se resume a encontrar as palavras certas no momento certo (instantes ou uma hora antes da partida), as palavras que libertam, as palavras que dão asas. Para alguns, "Pense no jogo, não no que está em jogo" pode funcionar; para outros, pode ser: "Faça-o sentir que você é quem mais quer e imponha sua vontade". Cabe a cada pessoa encontrar suas próprias palavras: "Não se esqueça de quem você é..."; "Lembre-se de seu lema: a águia não espera, ela voa" etc. As palavras que dão asas também podem ser um gesto ou um olhar, refletindo serenidade ou confiança. Tudo deve ser orientado para ajudar o competidor a desviar sua mente da vitória ou da derrota para o confronto consigo mesmo e com seu próprio desempenho. Como Gennadi Touretski disse a Alexander Popov, que acabou vencendo o campeonato mundial de 2003: "Antes da final, eu lhe disse novamente o que esperava dele. 'Não me importa se você vai terminar em primeiro, segundo ou quinto lugar.

O que me interessa é que você melhore seu tempo na semifinal'. Esse é o único segredo para o sucesso".[56]

Ideias e palavras como essas podem fazer muito bem, acalmando os ânimos impetuosos que podem explodir a qualquer momento. Canalizar a fúria. Administre um pouco do medo que leva os atletas a se destacarem, mas que também pode fazer com que eles se quebrem. A ideia de se dar o direito de perder antes da luta pode, em alguns casos, proporcionar uma força extra. Por outro lado, refugiar-se na onipotência (não posso perder, sou o mais forte, nada pode me acontecer) é a armadilha que aguarda os adeptos da autossugestão e do pensamento positivo e, no dia a dia, pode impedi-los de se libertarem. Um jovem leão ouvirá as palavras tranquilizadoras do treinador? Um jovem campeão pode ouvir as palavras da razão quando se trata de sua primeira grande final? O que ele fará com elas só cabe a ele.

Amanhã apostarei minha vida...

Como saber, por exemplo, o que estava passando pela cabeça de Yannick Noah na primavera de 1983, no dia em que ele jogou a final do Roland Garros, o torneio dos seus sonhos? A anedota, por si só, contém todos os ingredientes para este capítulo: na véspera da partida contra Mats Wilander - sua primeira e única final de Grand Slam -, em que estado de espírito estava Noah?

> Estou com fome. Um desejo incrível de comer tudo. Não sei de onde vem, mas sinto que preciso comer. Sou como um animal. Sou aterrorizante. Amanhã colocarei minha vida em risco por pouco mais de uma hora, e serei julgado pelo meu valor.

---

56. Entrevista publicada no *L'Équipe*, 26 de julho de 2003.

Durante a noite, ele sonha com a partida. E ele perdeu. "A partida durou oito horas, e eu não aguento mais. Estou com dor. Estou morrendo, estou morrendo..." E então seu pai o acordou. Que dia é hoje? É segunda-feira? Não, domingo de manhã. A final ainda vai ser jogada.

> Conheço o gosto do fracasso e sei que em nenhuma circunstância poderia suportá-lo. Já vi a partida. Sinto-me liberado, como um candidato em um exame que conhece a matéria antecipadamente.[57]

Talvez liberado, mas certamente não desligado do desafio, a julgar pelos pensamentos em sua cabeça pouco antes da final:

> Lembro-me de ter entrado em quadra com este pensamento - e foi a única vez em minha vida que pensei isso: ou eu ganho ou eu morro. Não vou sair desta quadra como perdedor. Para que esse cara me vença, ele terá que pisotear meu corpo.[58]

Naquele dia, ele venceu o Roland Garros. Será que Noah venceu porque se viu perdendo em seu sonho, porque, sem querer, deu a si mesmo o direito de perder, ou porque, quando entrou na quadra, não conseguia se ver "saindo da quadra como um perdedor"? Vamos apostar que, naquele dia, o leão levou a melhor sobre o sonhador...

---

57. Yannick Noah. *Secrets, etc.* Éditions Plon, 1997.

58. *Inside Tennis*, maio de 1997.

3

OS BELOS CAMPEÕES

"Se você puder enfrentar o triunfo e a derrota e
receber esses dois impostores com um único olhar,
Se conseguir manter sua coragem e sua cabeça
Quando todos os outros as perderem,
[...]
Você será um homem, meu filho."

Rudyard Kipling

CAPÍTULO 1

OS VALORES DO ESPORTE

"O esporte pode mudar o mundo", disse o ex-presidente da África do Sul, Nelson Mandela.[59] Falamos cada vez mais sobre os "valores do esporte". "O esporte faz parte da cultura... O esporte, um verdadeiro instrumento de integração... O esporte, uma escola de tolerância...", ouvimos nos discursos e programas de vários ministérios e organizações humanitárias que estão cada vez mais focados no esporte.

Um fenômeno social importante e um dos novos substitutos da religião e da política (e das guerras), o esporte brilha como um letreiro em neon que diz: "Ainda estamos sonhando!".

Quem levava o esporte a sério ainda ontem? No entanto, em apenas algumas décadas, ele se tornou indispensável. Hoje, é um verdadeiro império onde o sol nunca se põe, cortejado como se fosse a única maneira de transmitir mensagens de respeito, civismo e solidariedade, sem o risco de ser "apagado" muito rapidamente.

Políticos, líderes empresariais e publicitários estão cada vez mais tentados a usar os valores do esporte e, é claro, seus campeões, como

59. Na inauguração do Prêmio Laureus, em 2000.

porta-vozes para educar, motivar e vender. Basta dar uma olhada em todos os anúncios que apresentam Roger Federer e Rafael Nadal para confirmar isso!

Mas o esporte também é um mundo de ilusão, que promete maravilhas. No passado, o esporte era um convite à excelência por meio do jogo; hoje, para muitos, é uma obrigação ter sucesso. E a pressão dos resultados matou parcialmente o esporte. Embora o esporte ainda seja praticado com simplicidade em diversos lugares, na imaginação ele mudou muito. O esporte agora evoca imagens de glória, mídia, entretenimento e dinheiro, tanto quanto imagens de superação, humildade e coragem.

O esporte pode transmitir valores, sim, mas quais?

Não existem "valores esportivos", existem valores bons e valores ruins. Vamos redefini-los, porque eles não são mais evidentes. Quando você pratica um esporte competitivo, não necessariamente encontra valores educacionais.

Competições juvenis

Para se desenvolverem, os indivíduos precisam se comparar com os outros. A competição esportiva oferece um ambiente codificado para essa necessidade de confronto. Supõe-se que ela forneça a estrutura e os limites necessários para nos lembrar até onde podemos ir para vencer. O esporte é mais do que apenas uma válvula de escape para nossa má vontade. A competição é um teste de verdade que pressupõe honestidade consigo mesmo e certo nível de exigência pessoal. A competição é, antes de tudo, um relacionamento consigo mesmo: qualquer um que trapaceie nas regras está enganando a si mesmo. Ao não respeitar o oponente ou as regras, ao escolher o caminho da vitória a todo custo, imediatamente, ao escolher o "lado escuro da Força",[60] o trapaceiro se isola de uma parte fundamental de sua busca e corre o risco de nunca atingir seu potencial máximo.

O esporte não se resume a desempenho físico, inclui também o desempenho moral. Ele não pode ser concebido sem esse equilíbrio: pressupõe justiça na força. A luta só pode ser legitimada em nome da ética. No entanto, em certas modalidades, sobretudo nas de baixo nível e entre os jovens, o esporte transmite sorrateiramente a ideia de que as regras de conduta e o *fair play* podem ser relegados a segundo plano, desde que se ganhe.

Fora de vista, os truques sujos são quase parte do jogo. Os pais costumam dizer: "Se ele trapaceia, você também deveria trapacear", ou (como o Sr. Woods disse a seu filho Tiger): "Mate-os, que se dane o *fair play*!". Alguns técnicos chegam ao ponto de dizer: "Você não tem ódio suficiente para vencer". Os "bastidores" do esporte (a ascensão à proeminência e as competições juvenis) são mais impiedosos do que o "palco" (o nível mais alto), que é exibido para todos verem e onde, apesar da competição acirrada e das grandes apostas, geralmente há respeito entre os campeões.

Entre os jovens, as tradições mais básicas estão se perdendo. Dizer ao adversário o quanto ele jogou bem, oferecer um brinde ao perdedor, conhecer uns aos outros antes ou depois da competição - isso quase não acontece mais. Essas tradições são ridículas quando tentamos timidamente relembrá-las. Elas parecem ter saído de um sótão empoeirado. Muitas vezes, deixamos as coisas de lado, a estrutura implodiu sob a pressão da ganância. E quando não há mais nenhuma estrutura moral, os agressores se soltam, brandindo os punhos e olhando com ódio. Os pais

60. A tentação do mal, à qual o cavaleiro Jedi deve resistir para manter seu espírito puro e controlar a Força, no filme *Guerra nas estrelas*.

sem cultura esportiva dobram a aposta e usam seus filhos para redimir seu próprio passado inglório. Eles continuam a afirmar que o esporte competitivo é uma escola da vida que contribui para o desenvolvimento pessoal do indivíduo. Mas o quadro para os jovens aspirantes é mais confuso. Em vez de dedicar tempo para conservar suas paixões, o ambiente empurra os jovens para o ritmo de seleções, sanções e outras exigências de resultados. O atleta, o artista em potencial, tem precedência sobre a pessoa em formação. A pressão nem sempre é saudável. O prazer geralmente está ausente. O esporte, que imaginamos ser divertido e livre, tornou-se tão sério que, muitas vezes, nas disputas, os "aspirantes" estão tristes. Para alguns, a liberdade vem quando saem de lá.

Tolerância zero

Os jovens são treinados para o sucesso, raramente para o fracasso ou para aceitar a derrota.

"Tolerância zero" é o lema de alguns técnicos, que acreditam que os atletas não têm mais o direito de cometer erros quando estão vestindo as cores de seu clube ou país.

Aqui está um exemplo radical. Céline Lebrun, campeã mundial de judô em 2001, conhecida por suas qualidades morais exemplares, teve a infelicidade de cometer um deslize durante um torneio em Havana. Diante de uma oponente que estava socando-a ilegalmente no rosto, usando "pequenos socos maldosos nas maçãs do rosto ou no queixo durante tentativas de estrangulamento", ou "chutes insignificantes durante varreduras simuladas" durante as imobilizações, "a ícone nacional ficou abalada e irritada com o estilo exaltado de sua oponente a ponto de decidir abandonar a luta, em lágrimas, e sentar-se no meio do tatame".[61]

---

61. *L'Équipe*, 7 de outubro de 2002.

A reação dos dirigentes da federação: suspensão de três meses "em nome do espírito esportivo"!

> Não havia dúvida de que deveríamos deixar uma marca. Em nome da comunidade e do espírito esportivo, não poderíamos simplesmente varrer o assunto para debaixo do tapete. O esporte de alto nível também envolve sofrimento. A cubana a machucou, mas e daí? Pobrezinha! Não me importo que ela esteja passando por um momento difícil, não me importo que ela tenha problemas, e não aceito essa maneira de fazer as coisas. Ela deveria ter cerrado os dentes e deixado as lágrimas escorrerem sob o chuveiro.[62]

> Queremos guerreiros. Aqueles que fazem muitas perguntas a si mesmos, que precisam de um psiquiatra, precisam fazer outra coisa.[63]

É tão difícil ter sucesso e sobreviver nesse nível quanto manter os relacionamentos humanos. Guerreiros não têm espaço para serem fracos! Esse pode ser um mundo implacável. Tais valores do esporte de alto nível podem até levar ao doping, como explica muito bem o Dr. Lagarde, especialista em medicina esportiva:

> Há uma ligação entre a loucura do doping e a incapacidade de muitos esportistas em aceitar a derrota. É um tabu dizer isso em uma sociedade de vencedores, mas insisto: saber perder é uma virtude, não um defeito. Um grande campeão sabe como se manter de pé mesmo quando não ganha a medalha de ouro ou a camisa amare-

62. Comentários de Stéphane Traineau, chefe das equipes francesas de judô, publicados no *L'Équipe*, 7 de outubro de 2002.
63. Outro funcionário da federação de judô, entrevistado por um técnico sob condição de anonimato.

la.[64] O pânico e o horror da derrota levam os esportistas à espiral do doping. Reaprender a minimizar desempenhos ruins e a se encaixar em uma boa dinâmica de grupo os livrará dessa armadilha.[65]

Nossa sociedade tem o esporte que merece. Isso deve incentivar as pessoas envolvidas a se levantarem e darem o exemplo. Modelos positivos só podem vir dos educadores. Saudemos aqueles que sabem como ensinar que é possível perder e, ao mesmo tempo, ganhar algo. Saudemos os educadores que trabalham com os fundamentos do indivíduo tanto quanto com seu desempenho, que também lhe ensinam valores morais e princípios de vida.

E vamos encerrar este capítulo com uma bela homenagem ao adversário:

Você é meu oponente, não meu inimigo
Seu espírito de luta me dá força
Sua vontade me dá coragem
Seu desafio me inspira
Vencendo ou perdendo
Eu o honrarei
Porque é você que me faz crescer

---

64. A "camiseta amarela" no ciclismo geralmente se refere à camisa que o líder geral de uma corrida por etapas, como o Tour de France, usa para indicar sua posição de destaque na classificação geral. É um símbolo de liderança e prestígio na competição. A frase sugere que um verdadeiro campeão é capaz de lidar com a adversidade, mesmo quando não está na posição de liderança. (N.T.)

65. Dr. Jean-Marie Lagarde, especialista em medicina esportiva, chefe da equipe francesa de ciclismo de pista; trecho da reportagem do *Figaro* "Le culte de la performance" (O culto ao desempenho).

CAPÍTULO 2

OS GRANDES DESEMPENHOS TÊM ESTÉTICA

O esporte adora extremos. Em nenhum outro segmento o desejo de vencer é tão abertamente expresso, a importância do resultado é tão claramente exibida. Em um campo, uma pista, uma quadra, tudo é feito para vencer. Em outros lugares, onde você vê anos de preparação sendo colocados em uma partida, uma bola, um gesto, um segundo? Em que outro lugar você vê "interesses pessoais" defendidos com tanta energia, paixão, conhecimento, método e estratégia? O esporte se torna exemplar quando a batalha, por mais feroz que seja, revela lampejos de humanidade, honestidade, elegância e beleza, e nos lembra que a vitória não justifica tudo, que sempre haverá algo mais precioso do que o resultado de uma partida; que um homem deve temer mais a vergonha do que a derrota. No final, a maior vitória de todas é superar a própria mediocridade.

Os campeões e o ideal de perfeição

É senso comum que, para ser um vencedor, é preciso ser um matador. Essa confusão se reflete em toda uma série de clichês contundentes: "Ele não é mau o suficiente para vencer". Na política e nos negócios, esses clichês se tornam máximas: "Para ter sucesso, você não pode ter escrúpulos"; "Se ele é tão bem-sucedido, é porque não é honesto". Na verdade, os jogadores que são elegantes, que amam o belo jogo, que são estetas (isso muitas vezes anda junto) muitas vezes vão mais longe, quase sempre se tornam mais eficazes, mais notáveis, maiores!

> O *fair play* não implica, de forma alguma, uma renúncia ao desejo de vencer ou uma redução do espírito de luta. Ele simplesmente implica equidade na força. Longe de exigir qualquer tipo de fraqueza ou suavidade sentimental, ele exige, ao contrário, mais força moral e, muitas vezes, até física.[66]

O que os grandes campeões têm em comum? Quase todos são campeões bonitos e esteticamente agradáveis.

Os exemplos falam por si:

- Pelé, o artista do futebol, a personificação do prazer de jogar, da generosidade, do gesto bonito. Os resultados desse prazer e dos belos movimentos: mais de mil gols marcados e três vitórias na Copa do Mundo entre 1958 e 1970.
- Muhammad Ali, esse magnífico estilista, para quem o boxe se tornou um balé, onde "era obsceno receber golpes".

66. Trecho de um discurso de Jean d'Ormesson, da Académie Française, proferido na cerimônia anual de *fair play* na sede da Unesco em 1978, publicado no *L'Équipe*, 18 de novembro de 1978.

- Pete Sampras e Martina Navratilova, dois dos jogadores de voleio mais tecnicamente talentosos e bonitos de sua época, que sempre se comportaram de maneira impecável. O resultado: dois dos melhores recordes da história (treze e dezoito vitórias em Grand Slam, respectivamente).
- Michael Jordan, apelidado de "guerreiro sorridente", era incapaz do menor comportamento ou linguagem inadequados. Raramente um campeão dominou seu esporte (basquete) como esse atleta espetacular, cujo desprendimento natural dava a impressão de que ele estava escapando das leis da gravidade. Ele disse sobre si mesmo: "Dizem que eu como igual a um pássaro, e é verdade: eu como apenas o suficiente para poder voar".
- Nadia Comaneci e suas sete notas perfeitas em ginástica na Olimpíada de Montreal em 1976, quando tinha apenas quinze anos. Seu primeiro 10 bloqueou o sistema do computador e demorou muito para aparecer no placar, onde estava escrito: 1,00! Os computadores, céticos quanto à capacidade humana de atingir a perfeição, hesitaram. A campeã comentou: "Foi bom, mas não perfeito".
- Peter Blake, vencedor de todos os eventos náuticos imagináveis, desde regatas clássicas até grandes batalhas oceânicas (America's Cup, Jules Verne Trophy, Whitbread Round the World), que fez do lema de seu pai o seu próprio lema: "Se você der o melhor de si, pode vencer sem necessariamente ser o primeiro".
- Jonathan Edwards, conhecido como "a gaivota", cavalheiro do salto triplo, queridinho do público, tão leve em seus lendários voos quanto na derrota.

- Tiger Woods, o "messias negro" do golfe, cuja presença serena nos gramados hipnotizava multidões e transformava adversários em espectadores (veja a Parte 3).

Poderíamos citar muitos outros. A simples menção dessas lendas é suficiente para entender que a elegância e o esteticismo andam de mãos dadas com grandes performances. Mesmo que tenham se tornado monstros da eficiência, esses campeões são mais artistas do que meros técnicos de desempenho. Para eles, a verdadeira batalha está em outro lugar. Eles buscam o absoluto em seus feitos. O que os levou ao topo não é diferente do que leva o pintor diante de sua tela ou o músico diante de sua partitura: uma aspiração à perfeição que os faz buscar a beleza do gesto.

Esta é a lição a ser aprendida, a mensagem que eles estão nos enviando: coloque seu talento a serviço de um ideal de estilo e de uma bela técnica, não a serviço do resultado, e os resultados virão. Essa abordagem é difícil de defender e certamente não é adotada por todos. Significa olhar para a frente, para além dos problemas imediatos. Ela requer um senso de excepcionalidade e, provavelmente, pelo menos para alguns campeões, um senso de destino. "Não é uma questão de vitória, é uma questão de perfeição", como ensinam as artes marciais, disciplinas nas quais a arte do combate existe e é ensinada! Mas essa filosofia pode ser aplicada em qualquer lugar:

> O resultado se tornou muito mais importante do que o jogo. Para mim, deveria ser o contrário. Uma partida de futebol é uma festa, um espetáculo, não um funeral.[67]

---

67. *L'Équipe*, 25 de fevereiro de 2003.

Quem está falando assim? Sobre uma festa, aparentemente ignorando a pressão de uma partida de futebol profissional? Quando sabemos quem está falando, podemos nos perguntar. Trata-se de Johan Cruyff, o melhor jogador de futebol da década de 1970, um dos mais espetaculares e populares, que se tornou técnico do grande time do Barcelona, a quem transmitiu sua filosofia.

O caminho do jogo bonito também pode ajudar a tornar as pessoas mais desprendidas e mais livres para se expressarem. Os jovens que seguem esse caminho se sentirão admirados, respeitados e orgulhosos - todos os motivos para se sentirem mais fortes e superarem mais facilmente as dificuldades.

Vamos concluir este capítulo citando Stéphane Diagana, um dos campeões que melhor teorizaram sobre seu caminho para a excelência e melhor falam sobre isso:

> Durante muito tempo, ouvi: "Ele não odeia seus adversários o suficiente para vencer". Essa frase incrível me motivou a me tornar campeão mundial. Sem ódio e sem trapaça. Para mim, o esporte é um lugar onde você ainda quer ideais, eu diria moral. Nos negócios, a moral, francamente, não vejo onde está! Os grandes intelectuais rejeitam a ideia de confronto, luta, classificação e hierarquia no esporte. Mas o esporte é, antes de tudo, um confronto consigo mesmo! Você está se olhando no espelho: o que vou fazer? Como vou olhar para a outra pessoa? Como vou me posicionar em relação à minha moral, à minha ética, à minha prática, para que eu possa vencer? Para mim, o oponente é a melhor desculpa para me impulsionar em direção à excelência, à existência. Agradeço aos meus adversários. Eles me ajudaram a ser quem sou. O esporte é uma ferramenta fantástica para o desenvolvimento pessoal. Como todas as ferramentas,

> ele não é ruim em si mesmo. O que pode ser ruim é o nosso relacionamento com o esporte.[68]

Os comentários de Stéphane Diagana são sobre elegância moral. Aqui estão algumas palavras de Zinédine Zidane, que, por sua vez, estava muito preocupado com a elegância dos gestos e a beleza:

> Meu gesto favorito é a "pedalada", é o meu gesto e eu o considero muito moderno, mas também muito bonito, elegante e simples. O "domínio no ar" é o meu controle favorito. É bonito de se ver. Gosto quando é agradável de se ver.

Ele tem razão. É bonito assistir a grandes apresentações. Os maiores campeões quase sempre são esteticamente agradáveis.

Famosos atos de cavalheirismo na história do esporte

Vamos ver a seguir alguns atos de cavalheirismo famosos e seus surpreendentes autores. Estes exemplos ilustrarão alguns dos valores de cavalheirismo do mapa mental.

A honestidade

Mats Wilander, jogador de tênis sueco

A cena se passa durante a semifinal do Roland Garros de 1982, entre José-Luis Clerc e Mats Wilander. Jacques Dorfman, o árbitro do tor-

68. Entrevista publicada no *L'Équipe*, 19 de agosto de 2003.

neio na época, concordou em descrevê-la. Como testemunha privilegiada, ele estava na cadeira de arbitragem naquele dia.

Mats estava vencendo por 2 sets a 1. José-Luis, talvez irritado com a irrigação da quadra, teve um início ruim no quarto set. Ele estava perdendo, eu acho, por 5 games a 1, mas voltou para 5. Wilander normalmente ganha seu saque. O próximo game: 30-40, *match point* para Mats.

Na troca, a bola de Clerc flerta com a linha à minha direita, do meu lado. Deixei que Jean Guillon, um excelente fiscal de linha, anunciasse a bola de José-Luis. Três segundos depois, ele fez o gesto e marcou a falta.

Eu vi como ele viu, com ou sem razão, então anunciei: "Game, set e match Wilander" e saí da minha cadeira. Não para verificar um rastro (não é meu estilo), nem para conversar com os jogadores, mas para avisar ao público, que queria fazer valer o seu dinheiro, que o jogo realmente havia terminado.

Fiquei muito surpreso com a atitude do José-Luis, que gritou que a bola dele era boa, atravessou o campo e veio me mostrar um rastro. Na minha opinião, o Mats não viu nada. Ele estava a três metros da bola. Jean-Paul Loth, que estava comentando, disse na televisão que eu não voltaria atrás na minha decisão, especialmente porque o placar havia sido anunciado.

E ainda assim! Mats (que tinha exatamente dezoito anos de idade, não era o favorito nessa partida e estava chegando às semifinais de um Grand Slam pela primeira vez), sem chegar ao ponto de me dizer que a bola de Clerc era boa, simplesmente me disse: "Não quero ganhar com uma bola contestada".

Passei toda a minha vida dizendo aos meus árbitros que, quando os jogadores concordam, você não deve se intrometer. Portanto, não hesitei em voltar à minha cadeira e anunciar que, a pedido de Mats Wilander, o ponto seria jogado novamente.

José-Luis ganhou o ponto repetido; Mats, o seguinte. E, após um longo rali, Mats venceu no novo *match point*.

Fui perseguido durante anos por causa dessa decisão. No início, não fiquei feliz ao saber que havia cometido um erro. Mais de vinte anos se passaram, e agora acho que não importa muito como era aquela famosa bola, já que os vestígios dela foram apagados há muito tempo, mas que, por outro lado, não devemos esquecer a reação de Mats que, ao longo de sua carreira, lhe rendeu imensa e merecida popularidade em Roland Garros e em outros lugares.

Naquele ano, Mats Wilander venceu a final contra Guillermo Vilas e ganhou seu primeiro Aberto da França.

A lealdade

Jan Ullrich, ciclista alemão

Os espectadores do Tour de France de 2003 não poderiam ter sonhado com um centenário melhor. Naquele verão, a fada do ciclismo estava presente para reunir todos os ingredientes que fizeram o Tour ser lendário: brio, suspense, drama, campeões excelentes e demonstrações de grande caráter. Logo na primeira etapa, Tyler Hamilton quebrou a clavícula, mas se recusou a desistir. Uma imagem incrível de um guerreiro ferido que se recusa a desistir, agora lutando contra quimeras com o único objetivo de terminar o Tour. Nos últimos dias, ele conseguiu o milagre de vencer uma das mais belas etapas após uma fuga solitária de mais de cem quilômetros! E, é claro, o Tour de France de 2003 foi marcado pelo magnífico duelo entre os dois maiores ciclistas do momento, o americano Lance Armstrong e o alemão Jan Ullrich. Armstrong esperava vencer seu quinto Tour consecutivo. Tudo estava pronto para o confronto, que ocorreu no momento decisivo.

Estamos nos Pirineus, na segunda-feira, 21 de julho, o dia da décima quinta etapa: Bagnères-de-Bigorres-Luz-Ardiden. A subida para Luz-Ardiden, a última etapa de montanha, será o cenário das emoções mais loucas. O duelo está em seu auge. Armstrong e Ullrich sabiam que as montanhas logo desapareceriam e, com elas, as oportunidades de aumentar a distância, de ganhar aqueles minutos que só seriam concedidos aos poucos nas planícies. Naquele dia, todos sabiam que algo aconteceria nas montanhas, no auge do esforço humano, onde até mesmo os melhores podem se quebrar. Todas as atenções estariam voltadas para os dois primeiros colocados, que estariam lado a lado na classificação geral (com um minuto de diferença), assim como estiveram na estrada, roda a roda, durante vários dias.

Faltando 10,3 quilômetros para a chegada, Armstrong encurtou uma curva e prendeu o guidão na bolsa de um espectador. Foi um acidente! Em seu rastro, Ullrich desviou para evitá-lo. O episódio pôs um fim abrupto à luta que estava apenas começando. Ullrich poderia ter se aproveitado da situação para atacar e aumentar a diferença, mas ele imediatamente reduziu a velocidade, e esperou por Armstrong! A corrida recomeçou algumas centenas de metros depois, com um cenário absolutamente idêntico: os poucos ciclistas na liderança da fuga estavam todos lá na mesma ordem, todos esperaram o retorno do mestre e podiam legitimamente começar a assediá-lo novamente.

Mas então, no espaço de poucos segundos, Armstrong se viu perdendo, e essa sensação de fragilidade era insuportável para ele. Aborrecido com sua queda, ciente de que havia chegado tão perto do desastre, ele rosnou como um urso ferido. Tudo isso está lá para que o campeão acenda aquela lâmpada misteriosa em sua cabeça que dá o sinal para uma façanha. Subitamente animado, enquanto os outros pilotos ainda estavam pensando no acidente, o campeão decolou como uma flecha e escapou sozinho nos últimos quilômetros das montanhas. Quanto a Ullrich, que era conhecido por não tolerar mudanças de ritmo e certamente foi penalizado por ter interrompido seu esforço e quase parado para esperar o rival, terminou em terceiro lugar, quase um minuto atrás de Armstrong.

Ullrich perderia o Tour alguns dias depois. Ele sabia que poderia ter vencido na subida para Luz-Ardiden, após a queda de Armstrong, mas não queria uma vitória barata no final de um Tour como aquele. Ele simplesmente disse: "No ciclismo é assim: vi que um espectador foi responsável pela queda de Lance e não vejo por que eu deveria ter atacado. De qualquer forma, Lance era o mais forte e só há uma coisa a fazer: parabenizá-lo."[69] Deve-se lembrar também que, dois anos antes, o alemão se meteu em apuros, na descida de Peyresourde, e Armstrong havia esperado por ele.

Respeito às regras não escritas

O time de futebol Arsenal (Londres, Inglaterra) e seu técnico Arsène Wenger (França)

Em 12 de fevereiro de 1999, o Arsenal jogou contra o Sheffield na FA Cup. Faltando quinze minutos para o fim do jogo, as duas equipes estavam empatadas em um gol cada. Um jogador do Sheffield se machucou, e o goleiro foi expulso. A tradição diz que o time que recebe o arremesso deve devolver a bola ao rival. O Arsenal fez exatamente isso.

Naquele momento, um dos substitutos do Arsenal havia acabado de entrar em campo. Ele não tinha visto nada sobre o incidente e não sabia que a bola estava destinada ao adversário. Por acaso, ele se deparou com a bola que "não era para ser jogada" e cruzou para um companheiro. Um gol para o Arsenal! Os jogadores do Sheffield ficaram

69. *L'Équipe*, 22 de julho de 2003.

furiosos e os londrinos pediram desculpas. Protestos contra o árbitro, que foi forçado a conceder o gol.

Não há nenhuma regra no futebol que diga que é preciso devolver uma bola que foi deliberadamente chutada ao goleiro para tratar um jogador lesionado. Somente uma tradição bem estabelecida garante esse gesto de bom senso. Portanto, a partida terminou com a equipe do Arsenal saindo mais envergonhada do que feliz. O técnico Arsène Wenger subiu ao palco, pediu desculpas ao Sheffield e se ofereceu para repetir a partida!

A federação concordou imediatamente, paralisada pela sugestão do francês. A primeira vez em 127 anos de competições!

A generosidade

Pedro Zaballa, o Dom Quixote do futebol

Zaballa tinha, como se diz, um gol aberto à sua frente. Era 2 de novembro de 1969, aos 50 minutos de uma partida do campeonato espanhol no estádio Bernabéu, em Madri, entre o Real Madrid e o modesto time do Sabadell. Zaballa era o ponta-direita do Sabadell, e as duas equipes ainda estavam empatadas em 0 a 0. De posse da bola, ele avançou em direção ao gol adversário e viu o goleiro do Real e um de seus laterais caírem juntos na sua frente. A colisão foi tão violenta que ambos caíram inertes no chão (o goleiro teve a mandíbula fraturada).

O atacante então bateu na bola com toda a sua força, não na direção do gol vazio, mas para longe, em direção à linha lateral...

"No final da partida, vencida pelo Real por 1 a 0, a torcida de Madri deu uma das mais vibrantes ovações que já subiram ao céu do Bernabéu", comentou um jornalista na época.[70]

---

70. Jacques Ferran, em *L'Équipe*, 15 de maio de 1970.

Você pode imaginar as discussões que surgiram em toda a Espanha sobre a atitude do jogador de futebol catalão. Alguns o elogiaram, mas outros o condenaram, argumentando que "Dom Quixote não tem lugar no esporte moderno". E o que Zaballa tinha a dizer? "Agi por instinto, naturalmente. Achei que não poderíamos vencer daquela maneira." Algum tempo depois, o jogador soube da importância dada pela Unesco a esses gestos "naturais", quando recebeu o Troféu Internacional Fair Play em Paris, diante de ministros e embaixadores, "por ter, com seu exemplo", declarou o diretor-geral da Unesco, "fortalecido nossa fé no ser humano e em sua capacidade de domar suas paixões e sacrificar seus próprios interesses e a própria vitória em prol de um ideal de dignidade". Zaballa, que também não era desprovido de humor, confidenciou a um dos responsáveis pela cerimônia: "Se eu soubesse que meu gesto atrairia essa multidão, essas personalidades, essa pompa e circunstância, eu teria colocado a bola na rede".

O autocontrole

Stan Smith, jogador de tênis americano

Durante a final da Copa Davis de 1972, em Bucareste, quando os Estados Unidos enfrentaram a Romênia em circunstâncias particularmente difíceis, diante de uma multidão fanática, e apesar de uma campanha organizada de erros de arbitragem, Stan Smith, líder da equipe americana, demonstrou um autocontrole extraordinário que "evitou incidentes graves que poderiam ter contribuído para desacreditar o tênis e comprometer o entendimento entre as duas nações concorrentes".[71] Foi essa compostura que o fez vencer as três partidas.

71. Trecho das atas do Comitê Internacional de Fair Play.

Jogado aos leões na arena do estádio Progresul, diante de seis mil espectadores dispostos a fazer qualquer coisa para ajudar seus heróis a vencerem, cercado por um grupo de árbitros duvidosos, o grande Stan logo entendeu que não havia nada a fazer a não ser jogar, jogar apesar de tudo e dar tudo de si. Durante os três dias da competição, ele não contestou uma única decisão do árbitro, mesmo quando suas bolas, dez centímetros dentro da quadra, foram consideradas "fora"! Para apreciar melhor a proeza de Smith, veja a seguir uma descrição da partida mais louca, feita por um jornalista[72] que assistiu à final. Estamos na segunda partida de simples entre Smith e Ion Tiriac no terceiro dia (nesse momento, os EUA estão vencendo por 2 a 1):

> Com uma atitude, um gesto e um movimento de bigode, Tiriac convocou o público e os fiscais de linha para ajudarem. Ele havia mobilizado todos, e as condições de jogo estavam prestes a se tornarem insuportáveis para Stan Smith. Por quase três horas, a multidão gritava aos berros: "Ti-riac! Ti-riac! Ti-riac!". Toda vez que ele marcava um ponto, era preciso esperar pelo menos um minuto para que os aplausos cessassem. Na troca de bola, Tiriac lança insultos contra o adversário. Toda vez que uma bola está próxima, é julgada como boa para Tiriac e ruim para Smith. Tiriac ficava cada vez mais tempo sem jogar para descansar e bancar o mártir. A compostura de Smith nessa partida de tênis é admirada pelos observadores. A guerra de nervos entre o bandido e o cavalheiro lembra os melhores filmes de faroeste. Mas, além dessa atitude culpada, havia a fúria inconcebível de Tiriac. No quinto set, com os joelhos sangrando e o bigode coberto de poeira e suor, ele devolveu todas as bolas da

72. Christian Quidet, autor de *La fabuleuse histoire du tennis* (A fabulosa história do tênis), O.D.I.L.

melhor maneira possível. Os fiscais de linha não tinham consciência, e os erros de Tiriac não eram mais marcados. Quanto a Smith, ele devolve todas as bolas que caem na pista de duplas. Essa partida insana e sem lei da Copa Davis terminou com a vitória de Stan Smith em cinco sets.

Ion Tiriac, que foi suspenso por oito semanas após os incidentes em Bucareste, disse: "Pelos vinte milhões de romenos que estavam contando comigo, eu teria feito qualquer coisa para vencer aquela partida; eu teria aceitado ter minha mão cortada". Stan Smith, por sua vez, recebeu a Medalha Fair Play e será considerado um dos maiores vencedores da Copa Davis. Quanto ao romeno Ilie Nastase, então número um do mundo, perdeu toda a coragem na final: com sua natureza generosa e caprichosa, ele não conseguiu expressar seu talento nessa atmosfera de guerra fria e emboscada, em que seu companheiro de equipe desempenhou o papel principal. Esmagado pelo peso de suas responsabilidades, transformado para a ocasião em um soldado (as autoridades aparentemente colocaram guardas em sua porta para impedi-lo de sair à noite!), o artista, que não podia se permitir a menor fantasia, jogou contra sua natureza. Eles queriam controlar tudo para essa final, assim como poderiam controlar o destino de um país com sentinelas, mas isso custou ao campeão a liberdade de sua raquete.

CAPÍTULO 3

QUALIDADES E IDEAIS DA CABEÇA DE CAMPEÃO, DE ONTEM PARA HOJE

Mentes de campeão

O objetivo deste capítulo é usar exemplos para ilustrar alguns dos temas abordados no livro.

São retratos de homens e mulheres que foram campeões em suas categorias. Cada um deles incorpora uma qualidade ou valor no mapa mental (prazer, questionamento, gosto por desafios etc.). Todos são ótimos campeões.

A escolha dos personagens não tem a intenção de ser representativa de todas as civilizações. Embora a maioria desses heróis venha da cultura ocidental, as qualidades que eles incorporam são universais. Não se trata aqui de analisar consciências, mas de relatar personagens e fatos surpreendentes.

Henri Guillaumet

Um pensamento que salva

Raramente os limites humanos foram levados tão longe quanto durante a dramática aventura de Henri Guillaumet. Ele inspirou Saint-Exupéry a escrever seu livro *Terra dos homens*, cujos trechos são reproduzidos aqui. Naquela época - início da década de 1930 - o famoso escritor e Henri Guillaumet faziam parte dos pioneiros da Aéropostale,[73] na rota França-América do Sul. Eles compartilhavam uma amizade inabalável, como sabem muito bem aqueles que compartilham o mesmo destino aventureiro.

A história se passa nas cordilheiras dos Andes. Foi lá, em pleno inverno, que Guillaumet, inteiramente dedicado ao serviço postal, foi pego por uma tempestade, perdeu o controle de seu avião e desapareceu. Durante cinco dias, o próprio Saint-Exupéry participou da busca por seu companheiro, sem descobrir nada em meio ao amontoado de rochas e gelo: "Parecia-nos que cem esquadrões, navegando há cem anos, não haviam terminado de explorar esse enorme maciço cujas cristas se elevam a sete mil metros".

As caravanas de resgate locais se recusaram a se aventurar nas montanhas. Saint-Exupéry escreveu: "No inverno, os Andes não devolvem os homens. À noite, lá em cima, quando passam sobre um homem, transformam-no em gelo". No final do sétimo dia, um homem abriu a porta e gritou: "Guillaumet! Vivo!". Dez minutos depois, Saint-Exupéry e seus companheiros decolaram para se juntarem ao amigo.

73. Trata-se de uma companhia de correio aéreo francesa que surgiu em 1918. Além de pilotos importantes da história da aviação, incluindo Antoine de Saint-Exupéry, foi a maior companhia aérea do mundo nas décadas de 1920 e 1930, até ser adquirida por outras quatro companhias francesas que já estavam fusionadas. As cinco companhias se tornaram a Air France, que até hoje está em atuação no mundo. (N.E.)

"Foi um belo encontro, todos nós choramos e o abraçamos forte, vivo, ressuscitado, autor de seu próprio milagre." Guillaumet então disse: "O que eu fiz, eu juro, nenhum animal jamais teria feito".

O que ele fez? Como Guillaumet conseguiu sair vivo do inferno gelado? Eis o que ele contou a Saint-Exupéry: seu avião estava nas encostas do Monte Maipu, a uma altitude de mais de seis mil metros. Ao conseguir se libertar da cabine, Guillaumet, ileso, foi imediatamente jogado no chão pela violência da tempestade. Incapaz de se levantar, ele se arrastou para baixo da aeronave a fim de cavar um abrigo na neve e se enrolar em sacos postais. Nessa posição, ele esperou 48 horas. Quando a tempestade finalmente diminuiu, ele caminhou por cinco dias e quatro noites sem machado de gelo, sem cordas, sem comida, escalando passagens de 4.500 metros de altura ou avançando ao longo de paredes verticais, sangrando por pés, joelhos e mãos, a -40 °C.

Guillaumet sabia do que dependia sua vida: não parar nem por um momento, porque ele nunca se levantaria de sua cama de neve. Saint-Exupéry reconta em seu livro: "Quando escorregava, tinha de se endireitar rapidamente para não se transformar em pedra. Por ter desfrutado de um minuto a mais de descanso, tinha que usar seus músculos mortos para se levantar". Por que continuar? Para persistir? Para resistir à vontade de se deitar na neve e fechar os olhos? "Para conquistar a paz no mundo. Para eliminar do mundo as pedras, o gelo e a neve." Guillaumet passou por vários estágios psicológicos. No segundo dia, sua situação era desesperadora demais. Seu "maior trabalho" era parar de pensar para ter coragem de caminhar.

Mais tarde, ele diz a si mesmo que se sua esposa pensa que ele está vivo, deve imaginar que ele está andando, e da mesma forma seus companheiros. Eles confiam nele; ele seria um "bastardo" se não andasse. Todos os dias ele faz mais e mais buracos em seus sapatos para que seus pés, congelando e inchando, possam caber neles. Seu coração oscila, hesita, bate descompassado e depois volta a funcionar. O andarilho se agarra aos batimentos cardíacos como um piloto se agarra ao ruído fraco do motor. Ele lhe diz: "Vamos, faça um esforço. Tente bater de novo...". Pouco a pouco, ele perde a memória. A cada parada, ele esquece algo; aqui uma luva, ali o canivete, depois o relógio, a bússola. "Toda vez que eu parava, ficava mais pobre."

Por fim, o último estágio parecia ter sido alcançado. Depois de cair de cara no chão em uma encosta íngreme de neve, ele desiste de tentar se levantar novamente. Os chamados de sua esposa e seus companheiros não o alcançam mais, ou melhor, "transformam-se em chamados de sonho" aos quais ele responde com "uma caminhada de sonho". E então, quando tudo parecia ter acabado, quando nada no mundo poderia fazê-lo se levantar novamente, nos últimos segundos que lhe restavam de vida, a coisa mais incrível aconteceu: um pensamento veio em seu socorro! Ele pensou em sua esposa e em sua apólice de seguro de vida, cujo prêmio salvaria sua esposa da miséria! Ele só consegue pensar nisso e percebe que sua esposa não receberá o dinheiro se o corpo dele não for encontrado.

Ele era obcecado por este detalhe: tinha que dar a eles uma prova de sua morte, para o seguro! No entanto, onde ele estava, seu corpo, no verão, "rolaria com essa lama em direção a uma das mil fendas dos Andes". Ele viu uma rocha cinquenta metros à frente. A rocha! Este era seu objetivo: alcançá-la, encostar seu corpo na rocha e morrer ali, na esperança de que seu corpo fosse encontrado. Ele alcançaria a rocha, depois outra, e assim por diante. Ele continuaria assim, não mais para salvar sua pele, mas para alcançar a próxima rocha, mais perto dos homens, a cada cinquenta metros, um pouco menos longe do esquecimento. Morrer um passo adiante resume a busca do homem que, levado pela força de um único pensamento, foi capaz de extrair forças inimagináveis de seu interior e fazer o que "nenhum animal jamais teria feito".

Foi assim que Henri Guillaumet conseguiu se livrar das garras do inferno branco, como ele sobreviveu, mirando apenas o objetivo a alguns metros de distância, sem pensar em sua vida, que já lhe parecia perdida. "O que salva", explica ele, "é dar um passo. Mais um passo. É sempre o mesmo passo, uma e outra vez".

Tiger Woods

O questionamento

"Deixe o messias terminar a lição de casa, depois ele pode ir jogar golfe!" Foi isso que disse a mãe de Tiger Woods. "Tiger" foi o apelido dado a Woods por seu pai em homenagem ao companheiro que salvou sua vida durante a Guerra do Vietnã, no meio da selva, e esse apelido se tornou o primeiro nome oficial. É uma combinação perfeita para esse menino prodígio, descrito desde o início como o "Pequeno Jesus Negro do golfe".

Nascido em 30 de dezembro de 1975, em Long Beach, Califórnia, Woods é metade afro-americano, um quarto chinês e um quarto apache por parte de pai, e tailandês, chinês e branco caucasiano por parte de mãe. Sua primeira tacada foi observada aos nove meses. Aos 18 meses, ele bateu suas primeiras bolas. As primeiras multidões; os primeiros aplausos. Aos 2 anos e meio, seu primeiro programa de televisão. Aos 3 anos, ele jogou em um campo de nove buracos em 48 tacadas.

Aos onze anos de idade, ele havia conquistado trinta títulos de cadete e júnior. Ele nunca havia sido derrotado. A lenda nasceu, e os recordes começaram. Listar todos seria tedioso. Vamos resumir tudo com esta frase de Tiger: "Eu gosto de ser único. Gosto de fazer coisas que nunca foram feitas antes".[74] Vencer é ser o primeiro; estabelecer um recorde é ser o único. A busca de Tiger Woods é por recordes. Aos vinte anos, ele era simplesmente o maior amador de todos os tempos. E o que dizer de sua estreia profissional! Ele venceu dois de seus cinco primeiros torneios. Incrível!

E então, alguns meses depois, em 13 de abril de 1997, veio a bomba do Masters. Naquele dia, Tiger fez mais do que apenas vencer um dos principais torneios, um daqueles famosos Grand Slams que os campeões "perseguem" durante toda a vida para entrar para a história. O evento foi descrito como uma "bomba", porque Tiger adicionou brio à mistura e quebrou todos os recordes: de vencedor mais jovem, do campo e de maior diferença em relação ao segundo colocado (doze pontos!). "Conseguimos, pai! Conseguimos!", sussurrou ele ao ouvido do pai ao final do último buraco, deixando escapar uma lágrima...

O que você acha que Tiger decidiu fazer no dia seguinte a essa vitória? Comemorar com seus amigos? Tomar o doce coquetel da conquista por alguns dias? Nada disso. Nos dias que se seguiram, ele foi encontrado sozinho, trancado em seu quarto, assistindo à televisão por horas a fio. No programa: Tiger Woods! Ao sair do Masters, ele pediu as fitas do torneio. As imagens passam repetidamente. Ao que parece, ele decidiu reviver cada momento, cada movimento. Mas certamente não por prazer. Com certeza, ele está procurando algo. Enquanto seus entes queridos estão ocupados, seus adversários estão treinando, o mundo está girando, ele está sozinho em seu quarto, procurando, imaginando. Ele sente que

---

74. As citações e a maioria das informações foram extraídas de André-Jean Lafaurie. *O mistério de Tiger Woods*, Éditions Solar, 2001.

algo está errado. O *timing* é propício, o *putting*[75] também. Mas, no final, o veredicto é duro e rápido: foi o *swing*![76]

"Não está indo bem", diz ele ao telefone para seu técnico, que não acredita no que escuta. "É o *swing*, tem que mudar tudo!" Há apenas algumas horas, Woods havia vencido o torneio mais prestigiado do mundo, e da maneira mais deslumbrante possível, mas agora as coisas não estão bem! O que o está incomodando? Um pequeno grão de areia em seu *swing* que só ele pode ver.

No fundo, ele já está se fazendo uma grande pergunta: "O que estou procurando? Ganhar muito dinheiro nos profissionais, continuar sem mudar nada, esperando fazer mais algumas grandes jogadas como essa? Ganhar alguns *majors* e me aposentar em alguns anos para contar meu dinheiro?". Concordar em fazer concessões com um jogo que agora é eficaz, mas imperfeito? Em pouco tempo, o desgaste e a competição revelarão rapidamente seus limites. Será que ele se deixará embalar pelo canto da sereia e pela bajulação da opinião pública, quando conhece seus próprios erros? Será que ele não prefere viver a aventura até o fim, não poupando esforços para descobrir seu verdadeiro valor um dia, para conquistar o lugar que é seu por direito?

Ele estabelece suas condições: quer recomeçar do zero. Sem compromissos, aconteça o que acontecer, e ele impõe uma cláusula ao seu técnico: "Reconstruir tudo, em tempo integral. Nenhum conselho aqui ou ali, nenhuma ida rápida ao campo de golfe. Manhã e tarde, noite e dia, à minha disposição. E isso tem de ser feito em sigilo absoluto". O

---

75. *Putting* refere-se ao ato de suavemente jogar a bola com o *putter*, próximo ao buraco. É uma habilidade crucial no golfe, que requer precisão e controle para finalizar o buraco com o menor número de tacadas. (N.E.)

76. Refere-se ao movimento de balanço do taco realizado pelo jogador para acertar a bola. Um *swing* bem executado é fundamental para atingir a bola com precisão e distância. (N.E.)

treinador concorda, mas adverte seu protegido de que essa mudança pode levar dois anos. Tiger desliga o telefone; ele acabara de tomar a decisão mais importante de sua vida. Woods não ganhou praticamente nada nas duas temporadas seguintes. Seria uma longa jornada rumo à natureza selvagem. No início, os resultados foram catastróficos. "Revisar um *swing* como aquele, que estava enraizado em seus nervos e músculos havia pelo menos vinte anos, era como desmontar um relógio. Todas as molas e peças estão lá, espalhadas sobre a mesa, mas nada mais funciona."

Qual é o problema? É difícil descrever. Não temos a linguagem para decifrar o ajuste fino do corpo humano. Os atletas de alto nível falam a linguagem das sensações. Todo o trabalho consiste em torná-las concretas, colocando palavras nelas: evitar compensações, apagar gestos parasitas, concentrar-se nos segmentos-chave do *swing*, nos poucos centímetros a partir dos quais todo o resto fluirá, aceitar perder em potência o que se ganha em precisão e, depois que o gesto tiver sido purificado, buscar potência novamente… Encontrar o equilíbrio perfeito entre força e delicadeza, o meio-termo, aquele corredor estreito onde a potência pode finalmente ser liberada sem impedir que o gesto mantenha seu objetivo essencial: ser capaz de se repetir cem vezes seguidas da mesma maneira.

No caso de Tiger Woods, essa busca deve ser acompanhada de um profundo desenvolvimento muscular. Cuidado para não escolher os músculos errados! Alguns precisam permanecer flexíveis, outros precisam ficar firmes. Ninguém sabe nada sobre o programa que vai mudar o corpo do jovem: as sessões acontecem diariamente em uma sala vazia. O segredo é bem guardado. Enquanto isso, a imagem de Tiger Woods estava se deteriorando. Será que a "bomba" no Masters foi apenas um lampejo? Os patrocinadores estão em pânico ao verem seus investimentos derreterem como neve ao sol. O escolhido, o messias, não está mais vencendo: traição! A mídia o assediou. Quando você é escolhido para fazer as pessoas sonharem, você tem o direito de decepcionar, o direito de ser humano?

Tiger mantém sua posição. Sua abordagem irônica é tão meticulosa quanto suas tacadas de aproximação, mantendo os lobos à distância. Mas por mais quanto tempo? Ele também tem seus momentos de desânimo. Não suporta ouvir as mesmas perguntas repetidas vezes, quando lhe dizem "Mas no Masters...". Ele teve uma série de desempenhos ruins e caiu na classificação: 12º, depois 25º, depois 33º. O homem que havia ajudado a aumentar os direitos televisivos do golfe e carregava esse esporte de rápido crescimento nos ombros não estava mais nem na televisão. Os desempenhos dos "*desclassificados*" ocorrem quando as câmeras estão desligadas.

Mas então, em 1998, Woods subiu ao pódio uma vez. Depois, obteve alguns resultados aqui e ali, insignificantes aos olhos daqueles que proclamaram sua queda, mas que lhes deram um vislumbre de luz no fim do túnel. Ele continua, nunca satisfeito, ainda determinado. Ele não sai, recusa recepções. As únicas coisas que contam em todo o mundo são as setecentas bolas que ele bate todos os dias nos treinos. Ninguém sabe o que ele faz nas quadras de treino, esse mundo paralelo que se tornou seu. Como alguém poderia saber que era ali que Tiger estava ganhando?

Certa noite, na área de treinamento em Isleworth, Flórida, perto de sua casa, enquanto ele tacava as bolas, algo aconteceu: uma bola voou, como tantas outras que vão para o cemitério das ilusões de todo jogador de golfe, mas o impacto ressoou dentro dele como um chamado, como uma música maravilhosa vinda do nada. É uma bola que vale seu peso em ouro. Ele sente um choque que o perfura. Ele sentiu a sensação de perfeição, a busca insana na qual havia embarcado tantos meses antes e não tinha certeza se conseguiria! Naquele momento, ele sentiu que tudo estava no lugar. Tudo se encaixava. Mil músculos, quatro membros, vinte bilhões de neurônios e nem uma única dúvida. O novo *swing* era exatamente como o antigo: absolutamente natural, mais controlado, um *swing* para durar. Ele alcançou aquele êxtase conhecido pelos grandes criadores: ele não tem mais um *swing*, ele é o seu *swing*.

Chocado com a revelação, foi para casa e pegou o telefone, assim como havia feito dois anos antes, para ligar para seu técnico. Ele pronunciou apenas três palavras: "É isso aí!".

O resto é história: um voo para o período mais fenomenal já vivido por um jogador de golfe. O número dois do mundo, que foi quatro vezes vice-campeão com Woods, não se enganou quando disse em junho de 1999: "Tiger Woods está de volta, pessoal. Eu vi isso em seus olhos".

Foi uma viagem alucinante. De junho de 1999 a dezembro de 2000, em dezoito meses, ele revolucionou o golfe. As estatísticas antigas explodiram. Ele jogou em 33 torneios e venceu dezoito deles. Os recordes foram todos "históricos": a menor pontuação média de todos os torneios (68,43 tacadas por dezoito buracos; e em 2000: 67,79!); ganhos 100% superiores aos do número dois do mundo; a maior margem de pontos entre ele e o segundo colocado no Masters, no American Open e no British Open. Acima de tudo, ele se tornou o primeiro jogador da história a vencer todos os quatro torneios Grand Slam consecutivos. Tiger Woods disse: "A gente passa por altos e baixos. Até mesmo os grandes jogadores. Foi só isso, você sabe. Você só precisa continuar trabalhando duro. Eu consegui. Farei isso de novo se for preciso. Mas dessa vez não vai durar tanto tempo, porque já passei por isso antes". E mais tarde: "Sinto uma imensa alegria e orgulho por ter conseguido trabalhar tão duro. E em tantos aspectos diferentes. Foi um processo passo a passo. No que diz respeito ao jogo, é uma questão de encontrar um segredo nas sessões de prática".

Bernard Moitessier

A vitória sobre o dragão da glória

Essa é a história de um velejador como nenhum outro e de uma regata como nenhuma outra. Um velejador que queria que a corrida nunca terminasse. O ano é 1968. Bernard Moitessier, a bordo de seu barco favorito, o Joshua, partiu, como todo bom marinheiro em busca do absoluto, para navegar ao redor do globo. Ele foi lançado ao planeta azul, como a Lua, como uma pequena lua à vela que levaria seu tempo para contorná-lo, ziguezagueando com prazer entre os continentes, sem contar os dias e as noites, livre das leis do Universo. Mas, acima de tudo, essa é uma corrida: uma corrida solo, sem escalas, ao redor do mundo!

Então, a dança começa. No início, é disto que se trata: uma dança em vez de uma corrida. Não procurar uma corrida, ainda não. Em primeiro lugar, buscar as sensações, entrar no movimento, no ritmo das ondas e das correntes, entrar em harmonia com a respiração do mar, pensar com seu corpo, como se a madeira do casco se tornasse uma segunda pele, e as velas, grandes mãos implorando ao vento. O mesmo acontece com a competição oceânica: os marinheiros são apenas sombras correndo, perdidos na imensidão. Não há adversário no mar, exceto o próprio mar.

Durante dois meses, Moitessier não fez nada além de observar o mar. Dois meses puxando as velas e a corda do cansaço, procurando sua trajetória, de olho no clima, dormindo como um gato, com uma orelha sempre atenta. Dois meses sem falar. Seus pensamentos substituíram as palavras por instintos: levantar a vela, comer, deitar, recolher a vela...

E então, no final desses longos meses, quando a fatalidade tomou seu lugar a bordo, quando a sensação de um novo modo de vida que não tem motivo para acabar finalmente se instalou, uma notícia perturba o balé solitário: Moitessier está na liderança! O objetivo esquecido surge como uma corrente de adrenalina através da coluna vertebral até o cérebro, reacendendo os neurônios do orgulho! A corrida está de volta; Moitessier está no caminho certo para vencer!

Ao entrar na reta final - o Atlântico Norte - com a vitória nas mãos, ele percebeu a responsabilidade total de seu novo status. Lento como a lua, ele era, no entanto, o marinheiro mais rápido, o escolhido pelo mar para vencer. O que era tão abstrato - uma "corrida", "vencer", "ser o melhor" - de repente se tornou terrivelmente concreto para ele. Ele já podia ver a chegada triunfal em Plymouth, as multidões ao redor do curioso animal, as homenagens da imprensa. O que alguns buscam e chamam de glória apareceu para ele na forma de um "dragão".

"Quando o Atlântico se rompeu", diz ele, "depois de contornar o Cabo Horn, todos os meus sentidos farejaram o cheiro desagradável do dragão. A vitória só traria desilusão futura. Eu me veria preso em uma rede de contradições tecida por esse dragão, que estava me esperando na chegada para começar a luta em seu próprio território, com todos os truques sujos de que era capaz." Ele hesita: "O objetivo está quase no fim do arco. Mas tudo desapareceria se eu me contentasse com isso. Retornar logo seria como nunca ter partido".

Não, o dragão da glória efêmera e das trivialidades terrenas não o devorará. Com todos além do horizonte, tão perto, esperando para celebrá-lo como um herói, Moitessier decidiu voltar atrás! Ele decidiu dar a volta ao mundo novamente, dessa vez sozinho, sem uma corrida, sem uma linha de chegada, sem um vencedor. Ir até o fim de si mesmo significa muito mais do que uma vitória sobre o mundo: "Continuar aconteça o que acontecer e atravessar o sonho, finalmente superando-o para chegar a essa outra margem nos verdadeiros limites de si mesmo, mais longe do que o fim do mundo! Quando vi que estava indo em direção ao Cabo da Boa Esperança, em vez de sabiamente ir para o norte, o dragão veio correndo. Disfarçado de pássaro de bons conselhos, ele tentou me convencer de que eu nunca mais teria outra chance como essa na vida: 'Dá para acreditar, há uma multidão esperando por você ali com microfones e câmeras de TV, vai ser uma loucura, glória e dinheiro em abundância!'".

Moitessier enviou uma breve mensagem ao seu patrocinador, o *Sunday Times*, da ponte de um navio petroleiro: "Estou seguindo sem parar para as ilhas do Pacífico, porque sou feliz no mar, e talvez também para salvar minha alma".

Moitessier, ao final de uma volta e meia no mundo, sentindo que ele e seu barco haviam atingido seus limites, escondeu-se em uma ilha para escrever a história de sua corrida, que, sem dúvida, ele considerava a maior vitória sobre si mesmo.

Muhammad Ali

A aura de um campeão

Quem é Muhammad Ali? Ali, o "dançarino", revolucionou o boxe dos pesos pesados com seu estilo e a maneira como se movimentava no ringue. Mestre na arte da esquiva, da finta e do ritmo, o boxeador circulava em torno do oponente, procurando seus pontos fracos, uma ameaça elusiva e fascinante. Seus cem quilos de músculos pareciam ter sido feitos para expressar graça em um lugar normalmente reservado aos touros, enraizados no chão, avançando de cabeça atrás de punhos fixos como chifres. Ali, por outro lado, não se escondia atrás de seus punhos, mas deixava que eles se movessem ao longo de seu corpo, para que aparecessem do nada. Seu olho treinado e sua velocidade de reação eram sua única proteção, e ele encontrava seu verdadeiro prazer, mais do que em bater, em não ser atingido, em ver os touros golpearem no vazio, enfraquecendo-se e humilhando-se. Ele lutava com a cabeça erguida, lúcido, digno demais para aceitar os golpes. O lema de Ali era: "Flutue como a borboleta, pique como a abelha". Ele era flexível e rápido, dançava e picava.

Ali, o rebelde, que se recusou a ir lutar no Vietnã "contra pessoas que não lhe fizeram nada e que nunca o chamaram de crioulo".[77] Ali, o político, representante de uma classe afro-americana em crise, em uma América de dois níveis. Ali foi o primeiro afro-americano a dizer: "Tenho orgulho de ser africano". Simbolizando a vingança de seu povo e a luta pela dignidade negra, ele também foi adulado por milhões de africanos, a quem disse: "Levantem a cabeça. Tenham orgulho do que vocês são".

Suas declarações eram tão valorizadas quanto suas fintas no ringue. Elas eram aguardadas com ansiedade, porque ele sabia como falar, como fazer o público rir, como provocar emoção. Por exemplo: "Eu sou mau, arrebento árvores. Já lutei com um jacaré, lutei com uma baleia e algemei raios. Sou pior do que uma doença incurável. E sou rápido, muito rápido! Ontem à noite, apaguei a luz e estava na cama antes de escurecer...".

A comitiva de Ali compartilhava seu amor pela retórica. Havia na voz de todos esses personagens o sotaque e a loquacidade dos futuros *rappers*. A mesma luta, a mesma arrogância, a mesma necessidade de viver novamente por meio das palavras. Basta pensar em Don King, cujo cabelo ficava dez centímetros acima da cabeça, como se ele estivesse em um elevador em constante queda, citando em entrevistas Freud ou Shakespeare, que havia lido durante os quatro anos de prisão, onde, segundo ele, havia adquirido sua educação.

O braço direito de Ali, Drew Brown, conhecido como Bundini, o "espírito das palavras", não sabia ler nem escrever, mas seus colaboradores anotavam suas falas. Bundini chorava toda vez que Ali lutava

77. Trecho do filme *Quando éramos reis* (Oscar de melhor documentário em 1997).

esplendidamente e dizia que estava pronto para morrer por ele. Suas palavras eram sua força. Para ele, ler e escrever significava perder o poder das palavras.

O combate do século

Você precisa conhecer todas essas facetas do personagem para entender a personalidade do campeão mais carismático da história. Quando Ali estava boxeando, não estava apenas lutando. Se brilhava tanto, era porque uma multidão de homens podia se ver nele, e ele sabia disso. Dizia que não estava lutando por si mesmo, mas por seu povo; ele estava pensando apenas na libertação de seu povo. Sua luta se tornou a luta de todos. Todos podiam encontrar em Ali o que lhes faltava em sua luta pela vida, porque Ali tinha tudo: estilo, simplicidade, bravata, gentileza, confiança e dom da improvisação, em suma, uma aura que nunca o abandonava, uma auréola que o manteria longe da derrota por muito tempo e até mesmo - insolência suprema para um boxeador - protegeria seu rosto de hematomas.

Para ilustrar a aura do campeão, escolhemos o principal evento da vida de Ali, a disputa que entraria para a história como a "luta do século".[78] Vamos voltar a 1974. Com sua licença cassada por causa de suas opiniões políticas, Ali não tinha mais permissão para lutar boxe nos Estados Unidos. Seu empresário, Don King, decidiu organizar uma luta contra George Foreman, então campeão mundial, em Kinshasa, no Zaire. O evento desencadeou paixões. Nunca uma luta havia gerado tanto debate, mobilizado tanta energia, recursos, pessoas e polêmica. Observadores de todo o mundo estavam interessados na preparação

78. Os trechos seguintes foram extraídos de Norman Mailer, *L'Amérique*, Éditions Plon, 1999.

dos boxeadores, que durou vários meses, e na guerra de nervos entre os clãs. A extraordinária cobertura da mídia sobre o evento deveu-se à sua dimensão política. Foi o encontro de dois grandes povos negros, o retorno de Ali às suas raízes e, por meio dele, de todos os afro-americanos em busca de uma identidade. A recepção dada a Ali pelo povo do Zaire foi delirante. Como um verdadeiro deus vivo, ele visitou a população, "beijando bebês com um gesto lento e deliberado, como se pudesse prever quais deles cresceriam saudáveis". Ele demonstrou grande humildade ao receber delegações africanas. Dizia a elas: "Vocês são melhores do que nós". Suas sessões diárias de treinamento deixaram uma marca indelével na consciência das pessoas. Imagem inesquecível do boxeador, correndo pelas estradas, perseguido por multidões de crianças, como um sol carregando mil pequenas estrelas em seu rastro, como se as estivesse guiando para um mundo melhor.

A partida teve de ser disputada às quatro horas da manhã no Zaire, por motivos de transmissão televisiva. Por uma disputa, a África e a América estavam unidas em torno de um homem.

A incrível cena do vestiário

Um episódio que revela a força de caráter de Ali é a incrível cena no vestiário. Uma hora antes da luta, o campeão estava cercado por sua equipe e uma dúzia de seus companheiros mais leais, todos petrificados de medo, subitamente incapazes de conter a expressão de derrota que havia tomado conta de seus corpos e rostos! Era como se estivéssemos testemunhando uma ida para o cadafalso. Antes de embarcar na luta de sua vida, o campeão entendeu que precisava elevar o moral de suas tropas. Antes de pensar em derrotar Foreman, ele tinha que superar o pior adversário de todos os campeões, o demônio da dúvida, que dessa vez teve a insolência de se aninhar em seu próprio lado!

Vale a pena lembrar o contexto da luta: aos 32 anos, Ali não lutava boxe havia vários anos e estava prestes a enfrentar o melhor boxeador do mundo, ainda invicto após 38 lutas (35 das quais venceu por nocaute), um fenômeno, uma força da natureza. "O matador mais assustador do mundo." De todos os especialistas, nenhum conseguia ver como Ali poderia vencer. O próprio Ali sabia que todos haviam apostado em Foreman. Durante semanas, as pessoas liam e ouviam em toda parte: "Ali não é o mesmo de dez anos atrás"; "É preciso dizer adeus a Muhammad Ali"; "Ele pode fazer milagres, mas contra Foreman, tão jovem, tão poderoso, tão corajoso, que elimina seus oponentes um após o outro em menos de três rounds, é difícil acreditar em suas chances".[79]

A derrota pairava. Só que Ali não parecia sentir a mesma angústia que as pessoas ao seu redor. Ele disse várias vezes: "Foreman nunca me pegará. Quando eu o encontrar, estarei livre como um pássaro". Mas à medida que o momento da verdade se aproximava, nem mesmo seus apoiadores mais leais conseguiam esconder suas dúvidas, seu medo de que Ali fosse massacrado, porque "com seu orgulho, ele preferia ser morto a desistir".[80]

Então, aqui estamos no vestiário. A cena é relatada pelo escritor Norman Mailer, amigo de Ali:[81]

> Era um vestiário sombrio. Talvez parecesse um banheiro de uma estação de metrô de Moscou. Enorme, com pilares redondos revestidos de azulejos brancos. Até mesmo o papel de parede era branco. Também lembrava uma sala de cirurgia. Nesse necrotério, todos os

79. Trecho do filme *Quando éramos reis.*

80. Ibid.

81. Essas descrições foram extraídas do livro *America*, de Norman Mailer, que inclui trechos de seu livro *The Fight* (A luta), Little Brown, 1975.

grunhidos eram abafados. Que lugar para se preparar! Os homens reunidos não eram mais alegres do que a decoração.

"O que está acontecendo aqui?", perguntou Ali ao entrar. "Por que todos estão tão assustados? O que deu em vocês?"

Ele tirou a roupa e, vestindo apenas um par de shorts de ginástica, começou a andar pela sala, lutando contra sua sombra. "Vamos dançar!", gritou enquanto girava, aproveitando cada colisão evitada com os pilares atrás dele. Como uma criança, ele sentia a presença de objetos às suas costas, como se o campo de suas sensações não parasse em sua pele. "Ah, sim", gritou ele, "nós vamos pegá-lo", e deu socos no ar. Ele era a única presença animada.

"Não há nada a temer", disse o boxeador, "é apenas mais um dia na dramática vida de Muhammad Ali, apenas mais um treino na academia. Tenho medo de filmes de terror e tempestades. Os jatos me aterrorizam. Mas não há razão para ter medo de algo que você pode controlar com seu talento."

Ele lutou contra sua sombra por mais algum tempo, provocando alguns amigos com golpes rápidos que pararam a apenas alguns centímetros de seus olhos. Ao passar por Hassan, o pequeno turco gordinho, ele beliscou seu traseiro. Apesar desse belo esforço, o humor da plateia não melhorou muito. Parecia um corredor de hospital onde a família está esperando notícias da operação.

Era hora de se vestir: tênis, bermuda, roupão de banho. Bundini, seu anjo da guarda, havia preparado um roupão novo para combinar com a jaqueta que ele usaria quando entrasse no estádio. Ele o entregou a Ali, que o experimentou, olhou no espelho e preferiu o roupão antigo.

"Esta é mais bonita", declarou ele, "é realmente mais bonita do que a que você trouxe. Dê uma olhada no espelho, Bundini, é muito melhor."

Mas Bundini não obedeceu e ficou olhando furiosamente para Ali. Eles ficaram se encarando por um minuto inteiro. "Ouça", dizia a expressão de Bundini, "não brinque com a sabedoria de seu amigo. Trouxe um roupão de banho para combinar com meu paletó. Sua força e a minha estão ligadas. Se me enfraquecer, você se enfraquecerá. Use as cores que eu escolhi." Ali lhe deu um tapa. "Agora olhe para minha imagem no espelho", ordenou. Como Bundini ainda se recusava, Ali lhe deu outro tapa. Esse segundo tapa foi tão ritualístico que nos perguntamos se era uma cerimônia perfeitamente aperfeiçoada, até mesmo um exorcismo.

Depois de receber uma massagem e arrumar o cabelo, Ali começou a falar sozinho, como se não houvesse mais ninguém na sala:

> "Flutue como uma borboleta, pique como uma abelha, você não pode acertar o que não pode ver... Deve ser muito escuro quando você é nocauteado. Bem, eu nunca fui nocauteado. É estranho ser interrompido! Sim, é uma sensação ruim esperar que a noite o estrangule... Sim, vamos nos preparar para o barulho da selva."
>
> Com isso, ele começou a chamar as pessoas na sala: "Ei, Bundini, vamos dançar?", Bundini não respondeu. A tristeza tomou conta da sala. "Alguém está me ouvindo?", gritou Ali. "Estamos indo para o baile", "Vamos dançar várias e várias vezes", disse Gene Kilroy, um de seus empresários, com tristeza. "Estamos indo dançar", repetiu Ali. "Vamos dan-an-çar."

Um dos membros do clã Foreman, Doc Broadus, aproximou-se do vestiário para espiar a cena.

> Ali o encarou, e Broadus moveu os pés. Ele era tímido perto de Ali. "Diga a seu amigo que é melhor ele se preparar para dançar", disse Ali com um tom confiante.

Ali voltou para Bundini, ainda irritado e silencioso como sempre.

"Escute, Bundini, vamos dançar?", perguntou Ali. Mas Bundini não respondeu. "Eu lhe perguntei: vamos dançar?" Silêncio. "Por que você não fala comigo?", perguntou Ali em voz alta, como se o exagero fosse a única maneira de tirar Bundini de seu mau humor. "Bundini, nós não vamos dançar?" Então, em um tom curiosamente carinhoso, ele acrescentou: "Você sabe que não posso dançar sem você". "Você não quis meu roupão", respondeu Bundini com sua voz mais profunda, rouca e emocionada. "Oh, cara", exclamou Ali, "eu sou o campeão. Você precisa permitir que eu faça algo por mim mesmo. Você precisa me dar o direito de escolher meu roupão, caso contrário, como poderei ser campeão novamente? Você vai me dizer o que comer? Vai me dizer como devo me comportar? Bundini, estou me sentindo mal. Em momentos como esse, é sempre você que me anima."

Bundini resistiu, mas um sorriso fez cócegas em seus lábios. "Bundini, vamos dançar?", perguntou Ali. "A noite toda", respondeu o amigo. "Sim, vamos dançar", disse Ali, "dançar e dançar mais um pouco. O que vamos fazer?", perguntou Ali a Bundini, Dundee e Kilroy. "Vamos dançar", disse Gene Kilroy com um sorriso triste e amoroso, "vamos dançar a noite toda."

Todos estavam chorando, mas Ali os havia aquecido tanto que conseguiu animá-los.

"Sim, vamos dan-ça-ar", gritou Ali, e repetiu para Broadus: "Diga a ele para se preparar". "Não vou lhe dizer nada", murmurou Broadus. "Diga a ele que é melhor saber dançar." "Ele não está dançando", Broadus conseguiu dizer em tom de advertência, "ele tem coisas melhores para fazer." "O homem de George Foreman diz que George não sabe dançar", zombou Ali. "George não pode vir ao baai-le!" "Cinco minutos!", alguém gritou, e Youngblood entregou ao boxeador uma garrafa de suco de laranja. Ali tomou um gole e olhou para Broadus com diversão: "Diga a ele para me dar um soco no estômago!".

Os boxeadores se reuniram no centro do ringue para receber instruções. Esse era o momento de cada um dar ao outro uma dose de medo. As duas cabeças estavam a trinta centímetros de distância. A batalha dos olhos já havia começado, os dois olhares poderosos se empurravam um contra o outro, como dois feixes de laser que se chocavam, incendiados com todo o seu poder e a energia de uma vida inteira que havia esperado para se concentrar ali, naquele momento. Cada um evitou piscar, como se aquele décimo de segundo de descuido pudesse levá-los ao limite.

Ali disse a Foreman: "Você ouve falar de mim desde que era um garotinho. Você tem me seguido desde que era um garotinho. Agora você terá que me enfrentar, seu mestre!". Ironicamente, Ali não dançou naquele dia. Ele lutou nas cordas, voluntariamente, o que nunca havia acontecido antes. Durante vários rounds intermináveis, o homem que deveria "flutuar como uma borboleta" deixou-se apanhar, martelar, ser jogado de um lado para o outro como um saco, de costas para as cordas, à mercê de um oponente furioso por não entender o que estava acontecendo, certamente dominante, mas com a hesitação de um cego, com a sensação ruim de que Ali estava fazendo um de seus truques novamente, que ele decidiria o destino mais uma vez.

Era verdade: mesmo quando encurralado, Ali dominava, porque ditava o curso da batalha. A borboleta que se pensava estar morta estava esperando o momento de ressuscitar como uma abelha e nocautear, com um golpe, com um ferrão, todos aqueles que ousaram duvidar de Muhammad Ali.

Heinrich Schliemann

A busca de um sonho

"A infância adora o inatingível. É por isso que os sonhos das crianças não têm limites. E então a vida acontece, os anos passam. Nós nos esquecemos de nosso sonho. Ou, se pensamos nele, é com um tipo de nostalgia sorridente, tingida de arrependimento. Nós nos tornamos adultos, só isso. Há pouquíssimas exceções, mas há algumas. Heinrich Schliemann, por exemplo."

Essas são as palavras do historiador Alain Decaux quando, no início de seu programa de televisão[82] dedicado às mais extraordinárias aventuras humanas, ele apresenta o homem que descobriu Troia, a famosa cidade antiga que havia desaparecido e ficado enterrada por milhares de anos. Como podemos falar sobre o homem que encontrou Troia sem pensar na criança que, cinquenta anos antes, gritou para seu pai que dedicaria sua vida a encontrá-la? O que teria sido a vida de Heinrich Schliemann sem a criança dentro dele que nunca parou de sonhar com Troia? Troia, a cidade com as fabulosas muralhas, o cenário da grande guerra mítica entre gregos e troianos (tema de um dos mais belos livros já escritos, a *Ilíada*, de Homero), descoberta por um balconista de mercearia autodidata, dotado de talento para os negócios e incrivelmente hábil em línguas e na leitura de textos antigos!

Eis como tudo começou: Heinrich Schliemann nasceu na Alemanha em 1822. Seu pai, um pastor erudito, era um grande estudioso da história antiga. Por meio de seus longos recitais, que projetavam nas paredes da imaginação a esplêndida visão de grandes civilizações desaparecidas, ele sabia como incutir sua paixão no filho. Um livro que ele recebeu de Natal

---

82. *Alain Decaux raconte*, Presses Pocket, 1980. Essa história é diretamente inspirada nela.

aos sete anos de idade, contendo uma ilustração de Troia em chamas, selou a vocação do jovem Heinrich. O pastor ensinou latim ao filho, o primeiro de dezenas de idiomas que Heinrich aprenderia ao longo de sua vida. Tudo havia começado bem, mas a morte de sua mãe levou à queda da família: falência, depressão... Aos catorze anos, Heinrich deixou a escola e tornou-se balconista em uma mercearia. Todos os dias, das cinco da manhã às onze da noite, ele trabalhava como o diabo.

À medida que Heinrich se aproximava de seu vigésimo aniversário, só conseguia se manter graças ao alívio obtido ao sonhar acordado. Quem poderia imaginar que, quando o pequeno merceeiro estava varrendo a loja, ele poderia ver o exército grego correndo em direção a Troia, com cem mil homens cruzando o mar e sitiando a cidade para reparar o insulto do sequestro de Helena? Ou quando passava os dias moendo batatas, pensando em Agamêmnon, Ulisses e Aquiles, o mais corajoso de todos? Heinrich decidiu fazer a viagem. Os anos que se seguiram, de aventura em aventura, de país em país, de biscate em biscate, foram todos para que ele pudesse estudar. Ele dedicou todo o seu tempo livre à leitura e ao aprendizado de idiomas estrangeiros. Esse é o significado de sua nova vida.

Ele escreveu: "Esses estudos forçados e excessivos fortaleceram minha memória a tal ponto que o estudo de holandês, espanhol, italiano e português me pareceu o mais fácil, e não precisei passar mais de seis semanas em cada um desses idiomas para conseguir falar e escrever fluentemente". Seu domínio do russo lhe rendeu uma promoção, e ele se tornou responsável pelas negociações de sua empresa com a Rússia. Destacou-se tanto nessa função que fundou sua própria empresa. Ele tinha apenas 24 anos de idade. Dois anos depois, já havia acumulado uma fortuna. Na verdade, os negócios, as viagens e o estudo de idiomas faziam parte de uma única jornada, cujo objetivo nunca mudou: descobrir Troia. Durante todo esse tempo, Schliemann não fez nada além de girar em torno de seu sonho.

Como ele poderia descobrir Troia sem o conhecimento de idiomas, sem uma compreensão profunda das grandes civilizações, sem a capacidade de interpretar textos com perfeição? Somente por meio dessa longa busca um dia ele conseguiria despertar as palavras adormecidas, ouvir o caminho do passado sussurrado pelas pedras. Ele sabia que era ali, no texto, que estava a chave para a cidade esquecida. A sorte também fazia parte de seu plano. Como é possível organizar grandes escavações arqueológicas sem recursos financeiros colossais? "Eu certamente amava o dinheiro, mas apenas como um meio de realizar a grande ideia de minha vida."

Schliemann consolidou sua fortuna no comércio de algodão nos Estados Unidos e, como esperado, ficou rico o suficiente para se aposentar dos negócios. Como ainda não tinha cinquenta anos, estava livre para se dedicar à sua verdadeira paixão. Ele aprendeu grego moderno em seis semanas e grego antigo em três meses. Finalmente, conseguiu ler Homero no original. A *Ilíada* e a *Odisseia*, que ele sabia de cor, agora eram recitadas em voz alta em grego.

Depois de conhecer o idioma de sua vida, nada impede seu sonho. Destino: Atenas. Ele finalmente encontraria seus heróis. O país o dominou, ele estava tão perto de seu objetivo. Para sua esposa, ele escolhe Sophia, a única garota em um colégio interno que consegue recitar Homero sem hesitar. Ela é o rosto da "beleza grega da era clássica"! Helena, rainha de Troia! Eles terão dois filhos, Agamêmnon e Andrômaca.

Desta vez, Schliemann está pronto para a fase final: as escavações. A questão era por onde começar. Onde cavar? De acordo com a maioria dos estudiosos da época, Troia pertencia ao mito e tinha vivido apenas na imaginação de Homero. Aos olhos do ex-funcionário de uma mercearia, eles não conseguiam ler Homero. Para ele, os textos do antigo poeta tinham valor histórico, caso contrário, por que ele teria dado tantos detalhes, tantas indicações geográficas, tantas descrições meticulosas?

Em seguida, Schliemann compara o texto com a realidade no terreno. Homero fala de fontes quentes e frias ao redor de Troia: essas fontes estão sendo procuradas. Homero especifica o tempo que o exército grego leva para chegar ao pé da cidade: nove horas. A partir disso, podemos deduzir a distância entre as muralhas da cidade e o mar. Homero forneceu o tempo que Aquiles e Heitor levariam para circundar a cidade durante sua memorável batalha, portanto podemos calcular a volta das colinas. Munidos dessas informações, eles saíram pelo país em busca de uma colina diferente de todas as outras. E um dia a colina aparece, bem em frente, como uma ilha vazia, silenciosa, mas cheia da gloriosa história de um povo inteiro. É possível ouvir a agitação de uma cidade orgulhosa, ávida por grandeza, e o choque de armas da famosa Guerra de Troia. Esses sons que nunca deixaram de ecoar em sua cabeça, Schliemann pode finalmente ouvi-los em frente ao túmulo de terra moldado pelos séculos.

Uma centena de trabalhadores turcos começou a cavar, seguindo as instruções de Schliemann... em turco, é claro. A escavação durou semanas, apesar das enormes dificuldades e dos sorrisos de escárnio de toda a comunidade científica. As picaretas batiam no chão enquanto tentavam distinguir entre rocha comum e pedra esculpida. De repente, o grito de um trabalhador é inconfundível: ele atingiu algo. O golpe soou como se tivesse sacudido o esqueleto de um monstro adormecido. É uma parede que leva a outras paredes. É o famoso cercado de que Homero tanto fala! E pouco a pouco, ruas, casas, monumentos, armas, vasos, joias – a prova irrefutável de uma grande civilização!

A cidade foi ressuscitada. A imprensa se apressa. O mundo inteiro estava em alvoroço, celebrando a cidade de Troia e seu genial descobridor, cujas emoções só podiam ser imaginadas. As escavações duraram três anos, de 1870 a 1873, período durante o qual foram descobertas nove cidades sobrepostas, correspondentes a várias épocas.

Essa é a extraordinária história de Heinrich Schliemann e uma das maiores descobertas arqueológicas já feitas. A lendária cidade na qual os maiores cientistas se recusavam a acreditar, um balconista de mercearia determinou sua localização lendo à luz de velas em um miserável apartamento de solteiro! Essa é a história de um sonhador que construiu toda a sua vida em torno de uma convicção improvável. Durante esse tempo, cada passo, cada etapa, cada vitória sobre o destino levou a um único objetivo: encontrar a cidade de Troia.

Venus, Serena e Richard Williams

O mau aluno

A história das irmãs Williams é inverossímil. Se tivéssemos inventado a família Williams e imaginado a jornada de Venus, Serena e Richard, o druida encantador, a história não seria plausível. Mas a realidade às vezes é um conto de fadas.

Era uma vez, em um subúrbio negro de Los Angeles, um pai como tantos outros, cuja paixão por esportes o levava a assistir muita televisão todos os fins de semana. Em um domingo de junho de 1977, Richard Williams estava assistindo à final feminina do Aberto da França. Uma imagem chamou sua atenção: a de uma jovem tenista, Virginia Ruzici, embolsando o cheque da vencedora. Um grande cheque aos olhos desse chefe de família de classe média, uma soma de dinheiro que parecia desproporcional ao esforço envolvido. A imagem não o abandonou, tornou-se uma revelação. Por que ele, Richard Williams, deveria permanecer como mero espectador quando parecia tão fácil alcançar o sucesso? Uma ideia começou a tomar forma na mente de um homem suficientemente rebelde contra o mundo para ter o desejo de conquistá-lo. Tudo o que ele tinha de fazer era encontrar o caminho para o sucesso. Tudo o que ele precisava fazer era encontrar os soldados para liderar a campanha. Richard convida sua esposa a dar à luz mais duas filhas (eles já têm três), dois bebês campeões, é claro!

Venus nasceu desse destino curioso, seguida por Serena, alguns meses depois. Informadas de sua missão desde cedo, as garotinhas começaram a trabalhar sob a supervisão de um pai de nível médio, formado em finanças e jogador de tênis de domingo, que tinha certeza de que estava na melhor posição para treinar duas campeãs e saber o que era melhor para si. Sua rejeição à tradição, sua desconfiança natural em relação às regras ditadas por brancos para brancos, só poderiam ajudá-lo a encontrar o caminho certo. Durante duas décadas, o mundo do tênis não ouviu nada sobre elas ou sobre Richard Williams. E por um bom motivo: as irmãs nunca jogaram em um torneio juvenil! Seu pai queria dar a elas tempo para crescer, aperfeiçoar seu jogo e sua personalidade, longe da atmosfera considerada prejudicial nas competições juvenis. A prioridade foi dada à educação. O *leitmotiv* desses anos passados à margem do sistema é: "Sejam equilibradas, sintam-se bem consigo mesmas e, quando chegar a hora certa, vocês conquistarão tudo o que quiserem".

Se essa decisão afetasse apenas a tradição! É muito pior, é suicida. Ao redor deles, as pessoas estão rindo. O que eles acham? Que vão reinventar o tênis?

Em sua primeira participação em um Grand Slam, no US Open, Venus chegou à final. Quando aprenderam a jogar e compensaram as deficiências causadas pela inexperiência em competições, as irmãs assumiram o controle do jogo e começaram a trocar títulos de Grand Slam como uma família dividindo um bolo de aniversário.

Em Roland Garros, Venus, a finalista, fotografa Serena, a vencedora. Em Wimbledon, um mês depois, elas se abraçam após a final. O pai, por outro lado, está em casa, em frente à televisão, exatamente como estava vinte anos antes, naquele domingo de 1977, quando decidiu, por capricho, adicionar seu grão de sal à máquina do tênis mundial, sem suspeitar que um dia teria o poder de parar a máquina e quebrar o banco. Naquele dia, quando olha para a TV, Richard precisa dizer a si mesmo que fez seu trabalho. Número um do mundo: Serena Williams! Número dois: Venus Williams!

Não espere de Richard Williams receitas de como bater uma direita ou conduzir uma partida. Ele diz: "Se você puder treinar a mente de alguém, não importa o que você ensine, mesmo que a pessoa não tenha braços, pernas ou olhos, ela terá sucesso". Para compensar suas deficiências técnicas, ele pôde usar o conhecimento de profissionais quando necessário - um especialista em golpes de fundo, outro para o saque ou a preparação física (cada aula com um novo técnico era filmada) - e moldar o jogo de suas filhas à maneira de um mestre de obras que às vezes chama o carpinteiro, às vezes o encanador. Sua técnica é a arte do contraponto: treinar atletas de ponta sem fazê-los competir durante toda a infância, manter os agentes afastados, recusar o dinheiro deles, recusar-se a contratar um técnico, não olhar para o que os melhores estão fazendo... Ouça os princípios do "mau aluno" do tênis e aperte os cintos. Williams Pai tem tanto a dizer que suas entrevistas são monólogos ininterruptos.

O senso de responsabilidade

"As crianças que vêm dos melhores bairros não têm um grande senso de responsabilidade, e sua ética de trabalho não é boa. Nos Estados Unidos, parece que quanto mais os pais têm, menos responsabilidade os filhos herdam. Por isso, digo às minhas filhas: vocês não têm nada a temer quando estiverem lidando com crianças americanas, porque elas têm tudo. A oposição virá de países dos quais nunca ouvimos falar."

"A maioria das pessoas não está conectada ao trabalho e à ação reais. Um plano sólido nunca falhará. A Associação de Tênis dos EUA (USTA), por exemplo, não tem realmente um plano. Seu plano se resume a: 'Você foi bem hoje'. O que não significa nada. Para ter sucesso, você precisa ter um plano de longo prazo, com bases sólidas que o sustentem. Com boas bases, com um plano de longo prazo, nunca falha, nunca, nem mesmo uma vez."[83]

Sentir-se bem consigo mesmo

Oracene Williams, a mãe, lembra-se da época em que descobriram o impiedoso mundo dos torneios juniores americanos. "Não gostei do que vi quando comecei a acompanhar Venus aos torneios. A atmosfera era muito desconfortável. Concluímos que as meninas tinham tudo a ganhar se treinassem juntas, longe de tudo isso."[84]

Essa decisão foi ridicularizada por muitos anos. Richard Williams se sente vingado por aqueles que o criticaram? Ou ele se sente orgulhoso? "Nenhum dos dois", responde ele. "Era algo que tinha de acontecer. Acho que outras pessoas aqui nos Estados Unidos acharam que estávamos errados, porque há certa tradição que precisa ser respeitada. Mas este é o problema da tradição: o que funciona para outra pessoa não funciona para você. Decidimos, para o bem de nossas duas filhas, ensiná-las a se sentirem em paz, a se sentirem bem consigo mesmas, em vez de fazê-las participar de torneios. Só assim você pode sair e vencer qualquer um. Curiosamente, a maioria das meninas que vejo no programa da federação não se sente bem consigo mesma. Por que elas

83. Entrevista extraída de *Inside Tennis*, maio de 1998.

84. Ibid, julho de 2002.

não se sentem bem consigo mesmas? Porque a federação e os patrocinadores colocam muita pressão sobre os jovens. Se eles não tiverem uma classificação boa o suficiente, não receberão roupas ou calçados. Os melhores jogadores não jogam tênis, de jeito nenhum."

O grande sorriso

"O que mais me encanta não é quando minhas filhas acertam uma jogada, é quando as vejo sorrir. Veja, você não pode ter sucesso com medo e dúvida. Minhas filhas não têm medo, não têm dúvidas. Isso é o que me dá mais satisfação. Toda vez que as vejo em quadra e elas sorriem, sei que fiz meu trabalho. Quando você viu uma garota que joga no circuito realmente sorrir? Elas nunca sorriem. Parecem infelizes."

"Eu digo às minhas filhas: vocês vão parar de jogar tênis quando tiverem cerca de 25 anos, mas vão viver até os 75. Se não tiverem uma boa educação, passarão cinquenta anos vivendo como idiotas."

A família

"Em vez de tentar aprender com alguém, prefiro descobrir o que é melhor para minha família. Ensino aos meus filhos que a família é a instituição humana mais antiga, a unidade mais básica da sociedade. Civilizações inteiras sobreviveram ou desapareceram dependendo do fato de a vida familiar ser forte ou fraca. Cada uma de minhas filhas é fraca. Todo mundo é fraco. Mas se você pode contar com sua família, você é forte. Somos tão fortes que não podemos ser penetrados. Mas se você nos separar, cada um de nós se tornará fraco."

A autonomia

"Qualquer pessoa que precise de um treinador é um idiota. Aqui nos Estados Unidos, somos ensinados a ser independentes. E se eles não ensinam isso o suficiente, eu ensino em minha casa. Venus e Serena aprenderam que o melhor técnico que podem ter são elas mesmas. Eu nunca contrataria um técnico para elas. Se o fizesse, seria uma forma de admitir que elas são malucas. Se Venus não soubesse o suficiente aos dezessete anos, não teria chegado à final do US Open. Elas têm que ser capazes de cuidar de si mesmas. Não é possível que eu as acompanhe em todos os torneios. Vou fazer isso três vezes por ano, só isso. Se eles precisarem de alguém lá, é melhor que deixem o tênis. Por que os americanos não têm sucesso? Porque eles fazem muito por seus filhos."

A autoconfiança

Richard Williams explica a filosofia por trás da Venus Williams Tennis Academy, que ele criou e dirige.

"A federação deve analisar o que estamos fazendo. Quando eles entenderem a ideia e voltarem a fazer coisas sensatas, os EUA poderão dominar o tênis. O segredo para nossos alunos é acreditar em si mesmos. Em segundo lugar, também devem se sair bem na escola. E, em terceiro lugar, temos de ajudá-los a acreditar que são os melhores aqui e agora." Em outros lugares, diz Richard Williams, as crianças aprendem a duvidar. "Fui a uma academia na Carolina do Sul onde as crianças ouviam: 'Olhe para esse jogador, veja o que ele está fazendo'. Se você ensina um aluno a olhar para alguém melhor do que ele olha para si, não está fazendo nada de bom. Você não pode colocar dúvidas na mente de um aluno. Na época de Compton, Venus e Serena estavam desenvolvendo sua autoconfiança. Eu as ensinei a bater para desencorajar seus adversários. Mesmo que elas acertassem um *lob* vencedor, eu lhes explicava que essa não era a solução correta. Eu queria um arremesso forte, mesmo que fosse mais arriscado, porque isso entraria no cérebro do adversário e minaria sua confiança. Foi isto que ensinei a elas: comprometimento; e como ter orgulho de si mesmas, como roubar o orgulho do adversário."[85]

O "mau aluno" do tênis diz que adquiriu sua confiança de sua mãe, que costumava dizer a ele: "Acredite em si mesmo, não importa o que esteja acontecendo ao seu redor, não importa o que as pessoas pensem de você, o importante é acreditar em si mesmo, ouvir seu coração e ter força e coragem para ir aonde ele lhe disser para ir". Venus, por sua vez, aprendeu a lição. Certo dia, Venus me disse depois de uma derrota: "Estou tendo problemas na minha aula de Química". "Tudo bem", respondi, "vou contratar um professor particular". "Não", disse ela, "se o professor vier, ele saberá mais do que eu. Em vez disso, vamos à livraria". "Achei que isso era muito melhor do que ganhar um torneio. Quando a sua educação estiver em ordem, você verá que tipo de tênis ela jogará."[86]

O Sr. Williams ri do truque que pregou em seus detratores, e seu riso é implacável. Uma risada com tons amargos, a risada de um homem que diz que "encarna a tragédia dos negros, bem como sua vingança", que não esconde sua motivação: a batalha racial contra a intolerância e a injustiça. "Eu escolhi lutar nessa guerra, a guerra que nunca diz seu nome." Muitos o censurarão por sua retórica de ódio, mas esse ódio muitas vezes só precisa de um pouco de respeito para se acalmar.

"Sim, pessoal, sou um planejador mestre, não estava divagando. Vocês me chamaram de louco, eu planejei tudo. Sou um profeta. Ah, devo estar doente: eu disse a duas garotas para entrarem no gueto concreto para saírem do gueto mental onde eles querem mantê-las. Vamos em frente! Na época, os mestres brancos do jogo me disseram: 'Leve suas garotas para torneios juniores, faça o que todo mundo está

85. Entrevista publicada no *L'Équipe*, 3 de maio de 2003.

86. Entrevista publicada na *Inside Tennis*.

fazendo, assine com um agente e pegue o dinheiro dos agentes'. Eu respondi: 'Se você disser a alguém que ele é o melhor jogador júnior, ele será, na melhor das hipóteses, o melhor jogador júnior. Eu disse às minhas filhas que elas seriam as melhores do mundo. Elas fizeram bem em me ouvir'."

Zinédine Zidane

A busca por belos movimentos

Quem foi o ídolo francês dos anos 2000? Um escritor, um filósofo, uma atriz de cinema, um designer de moda? Um jogador de futebol de origem cabila, cuja obra-prima foi a final da Copa do Mundo contra o Brasil, em junho de 1998, quando marcou dois gols.

Esse herói é Zinédine Zidane. Naquele dia, "Zizou" substituiu "Poupou" (sempre magnífico, sempre em segundo lugar) no coração dos franceses, que ficaram tão surpresos por serem campeões do mundo quanto por se verem de repente cantando alegremente nas ruas! O que melhor define Zidane é, sem dúvida, a sua técnica: leve, equilibrista, graciosa, ora aérea, ora rasteira na grama, sempre precisa, formidavelmente constante.

Zidane em ação é um balé para os olhos. Ele se baseia em todas as partituras conhecidas de movimentos, variando os ritmos conforme lhe agrada. Sua técnica, essa joia pura, está a serviço de um caráter reservado, ansioso por compartilhar e não se expor demais. Essa técnica fez dele o melhor passador do mundo. O talento de Zidane está à vista de todos: ele vence, brilha, seduz, faz gols e parece não querer realmente os fazer. O que está por trás desse talento artístico? O rigor dos centros de treinamento ou das academias para campeões? O caminho árido da equipe nacional de juniores? "A maior parte do que sei hoje aprendi nas ruas", diz ele.

Na raiz das jogadas decisivas do campeão mundial está um garotinho, com seu pedaço de chocolate e sua bola, que vai ao pátio de seu bloco de apartamentos todos os dias depois da escola para se encontrar com sua turma de colegas, "talentosos como ele", unidos pelo prazer de uma jogada bonita, difícil e dominada. Acima de tudo, há um senso de estética surpreendente, que lembra mais a coreografia do que o futebol. E muito prazer, "prazer puro". Escutemos Zidane falar sobre como suas jogadas surgiram. Ele as conta bem, porque ainda consegue se ver ali. Um pequeno voo de pensamento e lá está ele, mergulhado no banho de prazer dos primeiros dias, naquele pátio nos subúrbios do norte de Marselha onde, dia após dia, pouco a pouco, os gestos do campeão foram forjados, movidos apenas pela necessidade de impressionar seus companheiros. Aqui está ele, o prazer está em seus olhos. Ah, se ele pudesse voltar no tempo, retornar ao espírito despreocupado e à bravata das crianças, às risadas, à disputa de novos movimentos, sem outros olhos para apreciá-los além dos de seus jovens autores...

Zinédine Zidane por ele mesmo:[87]

> Minha técnica vem diretamente da minha vizinhança. Éramos cerca de dez pessoas, com idades entre oito e doze anos, e costumávamos praticar algo fora do comum, algo que mostraríamos aos outros quando estivesse perfeito. E até acertarmos, não desistíamos. Somente quando todo o grupo tinha conseguido, passávamos para outro gesto. Era uma espécie de competição entre nós, e foi lá que aprendi a maior parte do que sei hoje. Todos esses momentos de liberdade não eram realmente isso, porque eu estava fazendo muitas coisas com uma bola.

87. Os trechos seguintes foram extraídos de uma entrevista com Zidane publicada na *France Football*, em 24 de abril de 2001.

Não havia um programa preestabelecido, como fazer isso em um dia e outra coisa no dia seguinte. Não, eu me inspirava.

Eu também não estava muito interessado nas jogadas (nas partidas) na TV. Eram as pessoas do meu bairro que monopolizavam minha atenção. Elas eram minha vida. Minha hora do almoço e, principalmente, minha rotina noturna. Porque, de manhã, eu tinha que ir para a escola. Logo depois da escola, eu pegava meu pedaço de pão, meu pedaço de chocolate, minha bola e descia as escadas.

Quando os músicos tocam escalas o dia inteiro, em algum momento eles criam. Bem, era a mesma coisa para nós! Além disso, éramos muito bons no futebol.

Zidane conta cada um de seus dribles favoritos como se tivessem uma história por trás:

Estão bem na frente de meus olhos, ainda posso vê-los. Estão escritos ali (ele toca a testa). Há um que me vem imediatamente à mente, eu adoro. Quase me faz rir, porque nasceu em casa. Mas é difícil de fazer em um campo de verdade, em velocidade real, em uma partida, é a "roleta" (ele se levanta para explicar melhor). É algo que farei até meu último suspiro. Faço isso o tempo todo, sempre que tenho a bola em meus pés. Há quinze anos, ou até mais, não há um dia em que eu não tenha tentado. Isso se tornou um hábito.

Há também a "roleta marselhesa", mas essa não é minha. Na verdade, é uma roleta para trás. Eu bloqueio a bola com o pé direito, por exemplo, deslizo para trás e depois giro contra a direção do jogo. Algo acontece comigo toda vez que faço isso, porque é muito natural. Faço isso nas partidas, mas nem sempre acerto...

Zidane revela todo seu repertório, como o Papai Noel que tira os brinquedos de seu saco:

> A "pedalada": esse é o MEU gesto e eu o considero muito moderno, além de muito bonito, elegante e simples. O "controle no ar" é meu favorito. É bonito de se ver. Gosto quando é bonito de se ver.

Sobre a questão da "puxada", ele admite:

> Meu irmão me mostrou essa, e eu me inspirei. Ele a recebeu de um de seus amigos. Mas tenho feito isso muito bem nos últimos sete ou oito anos, não mais. Eu realmente comecei a fazer isso no centro de treinamento de Cannes. Antes, era algo que pertencia apenas ao meu bairro, à minha infância. Não saiu disso. Um dia, eu disse a mim mesmo "por que não?". E foi assim. Algumas pessoas ficam no final do treinamento para tentar voleios, mas eu só gosto de roletas e dribles...

É fácil imaginar um bando de crianças se aventurando em bairros vizinhos, escondendo-se atrás de um aterro, de olho no campo rival, nos melhores jogadores, nos chefes de bola do grupo adversário, a fim de roubar suas melhores jogadas, que depois levariam para casa como troféus. Que ideia bacana foi essa "guerra de boas jogadas entre grupos"!

> Nós inventávamos de tudo. Lembro-me de um jogo que chamávamos de "um gol, dois dribles": era jogado dois contra dois, três contra três, dependendo de quem estivesse lá. Eu gostava daquele jogo, era puro prazer. Ninguém me dizia para fazer isso ou aquilo, para voltar para a posição, para defender, para jogar em equipe. Era só eu e a bola, e isso...

Era bem embaixo da minha casa, então eu estava realmente jogando em casa. Não consigo nem falar sobre os azulejos, especialmente os da minha vizinha! Ela era legal, mas eu era o único que podia ir buscar a bola na casa dela. Ela gostava dos meus olhos e sempre funcionava. Além disso, meus amigos sempre se voltavam para mim e me mandavam ir ao campo de batalha.

Eu não era o mais talentoso! Bem, digamos que todos nós éramos muito talentosos. Todos faziam coisas com a bola, eu nem pensava nisso. Mas não era eu e os outros. O vencedor do dia não era o vencedor do dia seguinte, esse era o charme dessas sequências.

Às vezes eu treinava sozinho contra uma parede, mas eu realmente tinha que estar sozinho! Porque, para mim, o que de fato me estimulava eram os companheiros, o jogo em equipe, as partidas, a bola viva, o confronto, o jogo, o desafio que permite que você progrida.

Hoje, o prazer não é o mesmo. É uma espécie de obrigação. Gosto de ter a bola perto de mim, mas agora gosto de forma diferente. É menos divertido. É uma pena, mas é isso que o trabalho exige. Não é a bola com a qual eu cresci.

Será que Zidane, o artista que encantou todos os estádios do mundo na época, perdeu parte de seu prazer? Você pode imaginar como deve ter sido naquela época, sob o sol suave de sua infância, quando a competição não conhecia outras exigências além daquela estranha lei das ruas: criar jogadas e "fazer com que seja divertido assistir"?

Wilma Rudolph

Transformando uma deficiência em um trunfo

Essa é a história de uma menina que ouviu que nunca andaria. Um dia, contra todas as probabilidades, ela andou. Eles riram quando ela anunciou que queria correr. Um dia, ela correu e ganhou duas medalhas de ouro nos Jogos Olímpicos, nos cem metros e nos duzentos metros (Roma, 1960)!

Essa é a história de Wilma Rudolph, uma mulher com deficiência que se tornou a mais rápida do mundo. Quando nasceu, em 23 de junho de 1940, Wilma pesava apenas dois quilos. Para a mais nova de dezenove crianças que viviam em um gueto do Tennessee, a vida era uma corrida de obstáculos. Nada foi poupado: pneumonia dupla, escarlatina, poliomielite. Tendo perdido o uso de sua perna esquerda aos quatro anos de idade, ela passou dois anos inteiros na cama. Será que algum dia ela conseguirá andar corretamente? Como poderíamos duvidar disso, vendo-a deitada na cama o dia todo, silenciosa, melancólica como uma criança nascida no planeta injustiça pode ser, enquanto todas as outras brincam lá fora e correm gritando?

"As massagens que toda a família fazia nela incansavelmente, revezando-se ao lado de sua cama, combinadas com o poder do amor, fizeram milagres."[88] Aos sete anos de idade, Wilma já estava andando corretamente de novo. Aos nove, ela abandonou o sapato ortopédico. "Foi um alívio para essa menina franzina que havia sofrido muito com os olhares e a malícia de seus colegas."[89] Um belo dia, ela foi encontrada embaixo de uma cesta de basquete, saboreando o prazer do esforço e de um corpo finalmente liberado e até mesmo capaz de agilidade. O

88. Extraído de *100 champions pour un siècle de sport*, Éditions SNC L'Équipe, 2000.

89. Biografia de Wilma Rudolph na internet, por Renée Mendy Ongoundou.

esporte seria a sua ressurreição. Se ao menos ela pudesse se tornar "uma criança como as outras"... Um de seus irmãos foi convidado a treiná-la. Ele fez isso lentamente, mas com regularidade, para que a perna dela voltasse a ficar em forma. Ele a inscreveu no time de basquete local. Aos onze anos, ela foi selecionada para o time da escola. Ela marcou 805 pontos em 25 jogos. Um recorde.

Mas não era ali que Wilma decidiria redimir os anos de infelicidade, a vergonha das duas pernas que bloqueavam seu caminho em uma época em que ela teria dado tudo para poder ficar de pé. Não estava interessada em colecionar cestas. O que ela queria era correr na pista, naquela linha reta simbólica que finalmente estava acessível, e vencer apenas com suas pernas, correr o mais rápido que pudesse em busca do tempo perdido.

Sua velocidade foi uma revelação. "Correr era uma embriaguez para essa ex-deficiente de doze anos de idade."[90] Seu progresso foi tão impressionante que ela foi confiada a Ed Temple, um dos melhores treinadores americanos, locado na Universidade de Nashville. Ao ver suas pernas longas e finas, e "porque ela se movia por todos os lados", ele a apelidou de Sketter (mosquito). O mosquito se tornou uma gazela. Seus defeitos congênitos foram tão testados e cuidados que se transformaram em vantagens. É assim que geralmente nascem as qualidades excepcionais. Portanto, aqueles que levam uma qualidade ao limite geralmente começam com um grande defeito.

Wilma Rudolph acumulou metros e segundos, como se o destino os devesse a ela, e deixou para trás as melhores velocistas universitárias. Aos dezesseis anos, Rudolph se classificou para os Jogos Olímpicos em Melbourne e ganhou uma medalha de bronze no reve-

90. Extraído de *100 champions pour un siècle de sport*, Éditions SNC L'Équipe, 2000.

zamento 4 x 100 metros. Sete anos antes, ela estava usando um tênis ortopédico. Foi somente nos Jogos de Roma, quatro anos depois, que experimentou seu momento de libertação. "Na final dos cem metros, suas pernas longas lhe deram uma vantagem de três metros em relação à competidora seguinte, a inglesa Dorothy Hyman. Na final dos duzentos metros, dessa vez com vento contrário, sua falta de força não a impediu de relegar a enérgica alemã Jutta Heine a uma distância de quase quatro metros! Por fim, houve a apoteose dos 4 x 100 metros, em que, ao receber o bastão dois metros atrás de Heine, ela alcançou a rival e a venceu por dois metros."[91]

Wilma havia torcido o tornozelo no dia anterior à final dos cem metros. Por isso, realizou essas façanhas com o pé esquerdo enfaixado. O pé esquerdo de sua perna que estava condenada. Seria isso um sinal? Um chamado dos demônios malignos de sua infância para lembrá-la de seu lugar? Wilma não ouviu dessa forma. Ela já estava muito longe, a gazela já havia decolado com a criança em suas costas. Passada aveludada, busto leve, arqueamento requintado dos lombos, serenidade angelical em meio ao esforço - nunca se tinha visto algo tão belo em uma pista de atletismo. Enquanto a cortina caía sobre esses momentos de graça sem precedentes, no ano seguinte, em Stuttgart, ela bateu o recorde mundial dos cem metros: onze segundos e dois décimos (11 s 2/10). Como se estivesse escrito que a história de suas pernas terminaria no dia em que elas fossem mais rápidas do que todas as outras, Wilma Rudolph se aposentou em plena glória aos 22 anos de idade.

---

91. Extraído de *100 champions pour un siècle de sport*, Éditions SNC L'Équipe, 2000.

Boris Becker

Um gosto pelo desafio

Boum-Boum é seu nome artístico. Boris Becker nasceu para se fazer ouvir. E não apenas com o poder de suas bolas. De muitas maneiras, Boum-Boum deixou sua marca no tênis: por meio de seu recorde (o mais jovem vencedor de Wimbledon, aos dezessete anos), por meio de seu tamanho atípico para um número um do mundo (Boris é um peso-pesado), por meio de seu estilo (extraordinária flexibilidade de membros que compensa a falta de velocidade), por meio de sua garra e de uma agressividade inédita no esporte. Como Borg antes dele, Becker revolucionou a técnica do tênis. Em seu rastro veio uma geração de novos rebatedores, confortavelmente sentados nos controles em frente à linha de base (o que o empresário de Becker, Ion Tiriac, chamou de "tênis de pingue-pongue"). Ele deu início a uma nova era, cujos herdeiros dignos são Monica Seles, André Agassi, as irmãs Williams...

É claro que essa influência é inconcebível sem um grande carisma. Em Boris Becker, encontramos a força selvagem dos grandes lutadores e a força moral daqueles que sentem que foram feitos para governar, que sentem no fundo do coração a gravidade de um papel a desempenhar e um destino a cumprir. No fundo, sua força era esse senso de destino e seu orgulho. Para entender melhor do que Boris Becker é feito, precisamos nos voltar para seu primeiro treinador, Günther Bosch,[92] e ouvi-lo falar sobre uma qualidade intrigante que deixaria muitos treinadores perplexos:

92. Os trechos seguintes foram extraídos de *Boris Becker, Règlement de compte*, Günther Bosch, Éditions Michel Lafon/Carrère, 1987.

> Boris está empolgado com a ideia de vencer Wilander (um rebatedor) permanecendo em sua linha de base, ou de dominar Noah (um *showman*) com um tênis de artista. Mas isso é um sonho impossível. Stefan Edberg, por outro lado, é um jogador de saque e voleio. Boris joga o jogo de Stefan, e somente o jogo de Stefan. O melhor golpe de Lendl é sua direita. Boris não vai jogar com sua esquerda, que é relativamente fraca: em vez disso, vai se envolver em um duelo de direitas, porque quer provar a Lendl que tem uma direita melhor do que a dele! Isso não é normal…

Boris tinha quinze anos e estava jogando contra o ex-campeão alemão, Rolf Gehring, "um jogador muito bom, que era ótimo em golpes de amortecimento". Era exatamente o oposto de Becker. Günther Bosch não conseguia acreditar no que via e precisou de algumas partidas para entender o que estava acontecendo: "Becker estava se divertindo enquanto tentava amortecimentos, quando deveria estar acertando bolas de canhão. Ele queria mostrar ao adversário que também podia sentir a bola. E embarcou em um jogo que era muito complicado para ele. No final, Boris venceu, mas foi uma luta e tanto!".

Boris tem vinte anos de idade. É o número dois do mundo, mas não perdeu o gosto pelo desafio nem a autoconfiança. Quando ele enfrenta o lendário Connors, o outro grande lutador do circuito, conhecido por transcender a si mesmo quando a tensão é insuportável, Boris não quer nada além de proporcionar essa intensidade. Qualquer jogador tentaria impedir Connors de liberar seu jogo. Becker não. Mais uma vez quer vencer, mas em uma base regular, o que, para ele, significa forçar Connors a usar seus pontos fortes. Uma vitória sobre um Connors limitado, envergonhado ou diminuído não teria o sabor de uma vitória sobre o grande Connors, derrotado em seu próprio território, com suas próprias armas. "Boris queria ser um Connors ainda mais forte do que Connors."

Boris Becker nunca mudaria.

> Eu não penso, eu jogo meu jogo primeiro, mas quando o cara me acerta com o mesmo golpe três vezes seguidas, eu o acerto de volta com três jogadas idênticas. Quero que ele entenda que o que ele pode fazer, eu também posso.

Quanto a Bosch, ele admite: "Não sei de onde ele tirou isso. É muito simples, está dentro dele". O primeiro a denunciar o hábito de seu pupilo de sempre complicar deliberadamente sua tarefa - o que ele chama de "masoquismo" –, seu treinador é um analista astuto o suficiente para admitir que, sem esse traço de caráter, Becker não seria Becker.

Edmund Hillary

A aventura comum e a generosidade

Essa é a história da montanha mais alta do mundo, de dois homens e de uma fotografia. Em 29 de maio de 1953, Edmund Hillary, cidadão neozelandês, e seu companheiro nepalês, o sherpa[93] Tenzing Norgay, decidiram escalar os últimos metros do Everest. Os últimos dos 8.850 metros que os separavam do teto do mundo, ainda intocados por pegadas humanas. Os últimos metros que fariam toda a diferença. Só Deus

93. Um sherpa é um membro de uma etnia que habita as regiões montanhosas do Nepal e do Tibete, conhecidos por sua habilidade em guiar expedições de montanhismo e por sua resistência em ambientes de alta altitude. Eles desempenham um papel crucial no apoio e na logística para alpinistas e exploradores que buscam alcançar o cume de montanhas como o Monte Everest. Além disso, o termo "sherpa" é frequentemente usado de forma mais ampla para se referir a guias de montanha em geral, especialmente aqueles que lideram expedições em áreas remotas e de difícil acesso. (N.E.)

sabe quantos alpinistas antes deles tentaram conquistar o monstro, fazer cócegas em seus flancos, quantos corpos caíram como vírgulas na imensa página de aventuras que, até então, estava determinada a permanecer em branco. Só Deus sabe quantas lembranças e quantos sonhos desfeitos assombravam as encostas do cume quando chegou a vez de Hillary e Tenzing.

Esse seria o dia. Os dois homens, embriagados pelo prazer da montanha que se abria milagrosamente sob eles, cruzaram o último portão, o portão além da vida, mas ainda não da morte. Acima deles, há apenas o céu. A conquista do Everest, em virtude de seu valor simbólico, provavelmente deixaria uma impressão duradoura na mente das pessoas. No entanto, algo aconteceu lá em cima, no pequeno cume da terra prometida, durante os poucos minutos que os dois homens passaram saboreando sua conquista, algo que não parecia nada comparado ao que tinham acabado de realizar, mas que daria à aventura o toque sentimental que faz com que os homens nunca parem de sonhar. Hillary, o líder da expedição, decidiu tirar uma foto de seu sherpa e imortalizar a aventura compartilhada. Ao fazer isso, ele se esqueceu de usar essa vantagem a seu favor. Era assim que Hillary queria: haveria apenas uma foto, e era a imagem de Tenzing que viajaria pelo mundo para dizer que o homem havia tocado o céu. Um gesto simples que causou muita controvérsia.

"Todo o espírito do gigante neozelandês está contido nessa humildade e abnegação com um grande coração."[94]

"O conquistador do Everest não se contentou em elevar toda a humanidade ao topo do mundo..."[95]

---

94. "Un siècle d'aventures", *L'Équipe*, 27 de dezembro de 2000.

95. Extraído de *100 champions pour un siècle de sport*, Éditions SNC L'Équipe, 2000.

A opinião mundial creditaria a Hillary a conquista do Everest, mas ele se recusou a desistir de compartilhar o feito inigualável com seu companheiro até o fim. A humildade de Hillary está para sempre associada ao Everest. Que ironia, que lição! Hillary foi ao topo do mundo para fincar a bandeira da modéstia! E para dizer a todos que a conquista dos cumes - de todos os cumes – só pode ser feita à custa da elevação do espírito. Esses homens amam demais as montanhas para dizer que as "conquistaram". Eles as "escalaram", e isso é tudo. Quando você olha para a famosa foto hoje, a mais simbólica de todas as fotos de aventura, tudo o que você vê é a vitória do homem sobre a arrogância, sobre a vaidade, sobre a sede de glória pessoal. Nessa foto, Hillary é Tenzing, Tenzing é Hillary e, juntos, eles são a humanidade. Por um simples gesto sussurrado no ouvido por algum deus grato por finalmente ser visitado, ou inspirado pelo sentimento de ser muito pequeno, quando você se torna o homem mais alto do mundo. Você precisa desse tipo de humildade para subir o último degrau.

4 FAÇA SEU *CHECK-UP* MENTAL

"Não odeio meus adversários, odeio minhas fraquezas."

Stéphane Diagana

A cada um, seu caminho

Como conclusão das seções anteriores, podemos definir a "mente" de um campeão? Quais qualidades os campeões têm em comum? Seria inútil traçar um "perfil de um campeão", pois assim que ele é mencionado, surgem novos critérios para nos contradizer. Por exemplo, em 1998, ano em que certos líderes do tênis incentivavam os clubes a recrutarem jogadores mais altos e comunicavam a todos os clubes os novos "cânones" do sucesso, Marcelo Rios (1,75 m) e Martina Hingis (1,70 m), ambos com um saque médio, tornaram-se número um do mundo!

Essa é a beleza da aventura humana: nada é determinado com antecedência, nada é certo, nada está perdido. Cada campeão teve de encontrar seu próprio caminho no mapa mental. Todos eles se construíram de maneiras diferentes, com personalidades, talentos, dificuldades e ideais diferentes, chegando ao mesmo resultado, ao mesmo sonho, cada um à sua maneira. Não há dois campeões iguais, tampouco as circunstâncias que os levaram a tomar o caminho mais difícil. Alguns se destacaram graças a um encontro ou incidente, outros por causa de uma tragédia familiar, uma deficiência física, por acaso ou por necessidade. Alguns sentiram que tinham uma missão, enquanto outros não sabiam o que estavam realizando. Enquanto alguns foram treinados para ter sucesso, há também aqueles que se tornaram campeões porque não tinham mais nada para fazer.

Como sabemos por que alguns homens e mulheres, um dia, se transformam em estranhos personagens semelhantes a Dom Quixote, lançando-se contra inimigos imaginários e moinhos de vento que só eles conseguem ver e tomar como fortalezas? De onde vem a necessidade de ser excepcional? Ou a necessidade de nos admirarmos? Como sabemos por que um dia somos habitados pela ideia, tão absurda quanto admirável, de escalar picos, bater recordes, passar a vida perseguindo centésimos de segundo e imaginando até onde podemos ir? E por que, um dia, começamos a sonhar com o improvável e a buscá-lo obsessivamente? O máximo que se pode perguntar sobre um campeão é: por que ou para quem ele precisava tanto ter sucesso?... Para fazer grandes coisas, você precisa de uma necessidade. Os campeões se superam porque seu desejo é infinito.

Ser um campeão significa conhecer muito bem a si mesmo. Superar a si mesmo significa superar seus problemas, mas para isso é preciso saber quais são eles. Essa busca é tão pessoal que cria diversos caminhos e, é claro, coquetéis originais de qualidades e defeitos, em que uma qualidade excepcional ou excessiva pode compensar os defeitos (por outro lado, um único grande defeito também pode estragar tudo).

Um treinador que tenha uma ideia muito precisa do que um campeão deve ser, e que queira que seu aluno se assemelhe a esse modelo, corre o risco de ter menos sucesso do que se concordar em partir das qualidades do aluno e ajudá-lo a encontrar sua própria singularidade e seu próprio caminho. Não pode haver excelência sem singularidade. Vamos apenas nos lembrar dos estágios essenciais, dos pontos de passagem obrigatórios no mapa mental: seguir seu desejo, levar seu sonho a sério, saber - quando necessário - como ser um mau aluno ou um explorador, desenvolver seu poder de concentração, sua força emocional, ter o talento para aproveitar seu talento... Essas características são encontradas em todos aqueles que vão longe.

Esta parte oferece três ferramentas de autoconsciência e comunicação, que abordam as qualidades e os elementos fundamentais de desempenho abordados e ilustrados neste livro: *O relatório da excelência*, *A autoavaliação de desempenho mental*, *As 36 regiões do mapa mental*.

Apresentados na forma de fichas práticas, oferecem uma maneira diferente de leitura, adequada para sessões de discussão em campo, por exemplo. Uma rápida olhada ou uma simples anotação pode, às vezes, lembrá-lo de elementos fundamentais, dando um senso de direção e coragem. Essas ferramentas podem incentivar a troca entre um técnico e seus atletas, desencadear discussões e aumentar a conscientização. Elas são um pouco como espelhos, incentivando a pessoa que olha a fazer um *check-up* mental, a ver o que está indo bem, o que é um ponto forte, o que está faltando e a deduzir uma ou duas áreas de melhoria.

No relatório da excelência, certas qualidades serão designadas como trunfos, outras como indispensáveis, o que pode motivá-lo a dar andamento às coisas. Com a ajuda das folhas de autoavaliação de desempenho mental, você pode avaliar facilmente seu nível de desempenho nos treinos e nas competições e dar uma nota até 10, como na escola. Com as 36 regiões do mapa mental, você pode viajar para os três principais países do mapa mental e ver as situações em que você tem uma cabeça de campeão ou não.

Tudo isso permanece esquemático. Sempre nos faltarão inúmeros conhecimentos sobre os seres humanos. No entanto, é possível identificar e, acima de tudo, desenvolver qualidades universais que podem apoiar a realização de um sonho. E desenvolver uma delas. Ou adquirir outra, a qualidade que esteja faltando.

CAPÍTULO 1

O RELATÓRIO DA EXCELÊNCIA

O relatório da excelência: 33 comportamentos de excelência (15 essenciais e 18 pontos fortes)

O objetivo do relatório é avaliar **a excelência comportamental e a força de caráter** de atletas e artistas em todas as disciplinas. Destina-se a atletas e a qualquer artista (músicos, atores etc.) que se preparam regularmente para fazer uma apresentação sob pressão (competição, concerto, show). Para simplificar a leitura, usaremos "*performer*" para ambos os sexos. As três áreas examinadas são treinamento, competição e gerenciamento de carreira.

A avaliação propõe 33 comportamentos de excelência com quatro níveis de avaliação: Exemplar, Atingido, Mediano, Inadequado. Dentre os 33 comportamentos de excelência, alguns são indispensáveis e outros são trunfos. Essa ferramenta destaca seus pontos fortes e fracos. Além do domínio técnico, tático e físico, é essencial identificar e adotar os comportamentos necessários para atingir um alto nível. O relatório de excelência o ajuda a avaliar o que, muitas vezes, permanece no nível do sentimento, não é formalizado ou segue invisível. No entanto, muitas vezes são esses detalhes não mencionados que fazem toda a diferença para avançar em sua carreira.

O relatório de excelência pode ser solicitado por um gestor ou treinador durante o recrutamento, para obter uma melhor compreensão do estado de espírito e das qualidades mentais de um atleta. Com muita frequência, toma-se a decisão de incluí-lo em critérios aproximados, sem saber se a pessoa está preparada para suportar as exigências do mais alto nível. A avaliação também se destina a treinadores e agentes que desejam ajudar seus protegidos em sua ascensão, bem como aos próprios *performers* que desejam se desafiar e seguir em frente.

OPÇÕES DE USO

Utilizamos o relatório nos três casos a seguir:

a. recrutamento externo: um gestor ou treinador está recrutando e gostaria de uma opinião especializada;
b. avaliação de um *performer* já integrado a um grupo, cujo desempenho não é satisfatório: o gestor pode usar a avaliação para implementar um plano de ação voltado a melhorar determinados comportamentos;
c. desenvolvimento e autoavaliação de *performers*: um treinador oferece a seus alunos a oportunidade de se testarem em relação aos requisitos do *benchmark*/comportamentos de excelência e de se autoavaliarem. As avaliações darão origem a um plano de ação individualizado para aprimorar determinados comportamentos de excelência.

Benefícios para a instituição (centro de treinamento, clube etc.)

A avaliação pode ser usada como um rito de passagem e, ao ingressar na instituição, para mostrar convicções e resultados esperados. A avaliação faz você pensar e aumenta sua conscientização: é isso que se espera de um recém-admitido!

Benefícios para o relacionamento entre o treinador e o treinado

Os resultados da avaliação fornecem a matéria-prima para enriquecer o relacionamento entre treinador e treinado. O vocabulário peculiar e enriquecido incentiva as pessoas a se afastarem dos clichês do esporte, que só servem para limitar o diálogo ("foi tudo uma perda de tempo"; "não conseguimos sorrir com isso" etc.). Criamos essa ferramenta para que treinador e treinado possam trocar ideias em pé de igualdade, com base nos conceitos essenciais em um projeto que visa à excelência. Não se trata mais de discutir ou criticar, mas de identificar e se posicionar: vamos supor que os dois preencham o relatório separadamente e depois "troquem figurinhas". Durante a comparação, cada um será levado a defender sua escolha e, às vezes, o *performer* ficará surpreso com o fato de seu treinador lhe dar mais crédito do que ele mesmo.

Ética – Confidencialidade

Em cada transferência, comprometemo-nos a respeitar a confidencialidade e a trabalhar com respeito pelas pessoas, visando ao seu desenvolvimento. Há um risco em tentar impor a excelência em todos os lugares. No entanto, basta que um profissional melhore uma qualidade mental para avançar, ganhar confiança e ter o desejo de abordar outras qualidades.

Cada indicador é classificado em uma escala de 1 a 4:
Exemplar (4)
Atingido (3)
Mediano (2)
Inadequado (1)

NO TREINAMENTO: 5 ELEMENTOS ESSENCIAIS E 6 TRUNFOS

1. Autoanálise (essencial)

Tento entender e me conhecer (até mesmo os aspectos negativos). Depois de uma competição, tento não escrever uma história, mas chegar aos pontos cruciais. Faço um esforço para produzir informações (sobre como me sinto), sabendo que isso ajuda meu treinador. Quando não entendo a causa de um problema ou uma falha, falo sobre isso, faço perguntas, minha autoanálise fica mais clara quando conversamos.

2. Encontrar seu próprio caminho (essencial)

Tenho um plano muito pessoal. Identifiquei minhas próximas pequenas etapas (minhas metas). Sou bom em definir minhas metas porque já pensei nelas e sempre as tenho em mente. Encontrar meu próprio caminho significa que não confio apenas no plano do grupo ou no movimento do rebanho, esperando que ele me leve a algum lugar. Em determinados momentos, posso fazer sugestões, apresentar ideias ou pedir ao meu instrutor que trabalhe em pontos que são importantes para mim. Ao fazer isso, também desenvolvo minha personalidade e minha singularidade.

3. Um pequeno passo excepcional (trunfo)

Eu dou um pequeno passo excepcional, ou seja, um exercício extra, uma restrição extra ou um esforço extra, todos os dias, para me aproximar da meta que estabeleci para mim mesmo. É um "pequeno passo", porque não é muito difícil de fazer e é de curta duração, mas é "excepcional" porque é repetido todos os dias. O pequeno passo excepcional é obra minha, ninguém me pediu para fazê-lo. É como colocar um pouco de loucura em meu plano.

4. Disciplina de vida (trunfo)

Sou organizado e estabeleço estrutura e regras para minha vida, a fim de gerenciar os fatores extras que afetam meu condicionamento físico e mental: dieta, sono, organização do meu tempo, uso de redes sociais etc. Dou importância a essa "disciplina fora do campo".

5. Disciplina no treinamento (essencial)

Disciplina no treinamento também significa prestar atenção a detalhes, como meu equipamento, minha atitude, minha atenção, minha concentração... Sei que é no treinamento que você precisa ter o "espírito do difícil", ou seja, gostar de fazer coisas difíceis. Para mim, boas sessões de treinamento são aquelas em que o comprometimento e a seriedade são tão fortes quanto em uma competição de alto risco...

Até mesmo o fato de eu entrar em forma antes do treinamento, para me preparar e me concentrar e fazer coisas difíceis, conta.

6. Dar significado ao seu treinamento (trunfo)

Se você tiver um "porquê", poderá lidar com todo "como". Eu sei por que faço determinado exercício ou esforço no treinamento e para que ele será usado na competição. Em todos os momentos, tento visualizar a situação à qual o exercício corresponde na prática, o que me permite trabalhar duro com mais visão e coragem. Os esforços não são mais vistos como sacrifícios.

7. Cultivar sua velocidade (trunfo)

Não me esqueço de dedicar parte de minhas sessões de treinamento para melhorar minha velocidade de reação. Faço isso porque a velocidade com que leio o jogo (ou a capacidade de enxergar) é a qualidade mais importante de todas. Os campeões são aqueles que enxergam mais rápido e pensam mais rápido.

8. Refinar suas sensações (essencial)

Quando treino, não vou apenas para praticar minha técnica, mas também para refinar minhas sensações, ou seja, para ser cada vez mais preciso, para ir cada vez mais longe nos detalhes da minha técnica, com o objetivo de melhorar meu controle.

9. Encontrar seu estilo (trunfo)

Descobri meu estilo e sei como defini-lo ou descrevê-lo. Como resultado, posso cultivar minha diferença. Levo meu estilo a sério ao ter um lema, um nome artístico ou um acrônimo que lembre e reforce minha diferença. A excelência é sempre a expressão da singularidade.

10. Ter "seus" exercícios (trunfo)

Encontrei os "meus" exercícios, aqueles que realmente me definem, que se adequam ao meu estilo e às minhas metas. Eu os repito toda vez que treino, como um ritual. Um exercício feito todos os dias por meses a fio traz resultados surpreendentes.

11. Agregar quantidade (essencial)

Em determinados momentos, consigo passar muito tempo treinando e sou corajoso o suficiente para suportar sessões baseadas na quantidade. Nos dias em que me esforço para treinar da manhã até a noite, tenho acesso a novas sensações, como jogar quando estou muito cansado ou sentir um movimento melhor. É nesses momentos extremos que meu domínio se consolida e meu nível médio de desempenho aumenta.

NA COMPETIÇÃO: 6 ITENS ESSENCIAIS E 5 TRUNFOS

1. Identificar pensamentos que distraem (trunfo)

Os pensamentos parasitas me distraem porque me fazem pensar no que está em jogo. Eles também criam dúvidas ou um excesso de emoções. Eles são meu primeiro adversário. Conheço meus próprios pensamentos, os que surgem com frequência ou os que posso prever que surgirão. Eu os antecipo antes de uma competição e os coloco na mesa, porque quanto mais eu os conheço, menos tenho medo deles e melhor posso reagir a eles e administrá-los.

2. Ter chamarizes e seu plano de jogo pessoal (essencial)

Em momentos de tensão, se eu me distrair e começar a pensar em coisas, minha palavra de ordem é: "voltar ao básico". Em vez de perder a linha de raciocínio, aplico instruções simples de jogo, uma intenção tática ou um lembrete técnico. Esses são meus "pensamentos chamarizes", as respostas que planejei para silenciá-los e manter minha mente ocupada.

Antes de ir para a batalha, faço uma lista dos meus chamarizes, mas também das coisas que sei fazer bem e que funcionam, um plano de jogo, atitudes que me ajudam a permanecer positivo, um movimento forte, um traço de caráter forte, meu nome artístico ou meu lema... Essa lista é meu plano de jogo pessoal. Ela me lembra de quem sou e serve como um reservatório de confiança do qual posso me valer quando as coisas ficam difíceis.

3. Ter suas rotinas (trunfo)

Planejo uma rotina pré-jogo e escolho um ato simbólico (pular corda, colocar a venda nos olhos, me isolar para ouvir um pouco de música) que significa o ponto de não retorno: entro em minha personalidade competitiva, esqueço o que está ao meu redor, e meu olhar muda. Também tenho minha rotina entre duas ações (pontos, tiros, obstáculos...), o que me permite esquecer a última ação e recomeçar a próxima. O fato de eu ter sucesso ou fracassar não faz diferença. Eu aplico minha rotina, e ela me ajuda a lembrar de agir e relaxar.

4. Concentração duradoura (essencial)

Consigo me concentrar por um longo tempo. Minha vigilância não cede facilmente, não desisto, não me entrego, adquiri o hábito de cometer poucos erros. Pressiono com minha consistência, e minha solidez faz com que meu oponente pense sobre as coisas.

5. Autocontrole (essencial)

Sou capaz de manter a calma em situações de tensão e quando tudo é feito para me fazer perder o controle: erros de arbitragem, provocações do adversário, distrações do público etc. Nos momentos cruciais, mantenho a calma. Mesmo que esteja fervendo por dentro, não demonstro, permaneço lúcido em minhas escolhas e calmo em meus movimentos. Quanto mais "quente" estiver, mais calmo eu fico.

6. Ser um lutador (essencial)

Quando me deparo com os problemas apresentados por meu oponente, sei como me manter firme e lidar com eles sem recuar ou reclamar. Tenho uma atitude de luta, seja qual for o resultado. Quando, desde o início, o desempenho parece difícil ou até improvável, não desisto da luta, dou tudo de mim. Mesmo quando tudo está além do meu alcance, digo a mim mesmo que nunca estou perdido.

7. Jogar (mal) bem (essencial)

Em uma partida, quando jogo mal e não tenho uma boa sensação, aceito isso e tento jogar (mal) bem, ou seja, jogar com o que tenho no dia, sem me comparar com meu melhor nível, e, com o que não está bom, fazer o correto. Em outras palavras: jogar bem mesmo quando jogo mal. Como resultado, muitas vezes eu jogo melhor depois. Jogar (mal) bem também significa saber como se manter firme quando as coisas dão errado, sem entrar em pânico, e ficar atento ao momento em que as coisas mudam. Jogar (mal) bem também se manifesta em uma boa (má) corrida, luta, tiro, dança, canto...

8. Adorar pressão (trunfo)

Eu adoro pressão: gosto quando está quente, gosto de grandes adversários, grandes partidas, gosto de jogar pelos pontos importantes. Mesmo quando se espera que eu esteja na posição de favorito ou em um evento especial, eu estou lá e posso me expressar, porque é para esses momentos que estou em campo.

9. Atuar sem ter (demasiada) autoconfiança (trunfo)

Mesmo quando não tenho muita autoconfiança, sou capaz de ter um bom desempenho e confiar em meu domínio técnico. A confiança que conta é a confiança no domínio de sua arte e em seu nível médio de desempenho. A confiança em si mesmo, em seu eu mais profundo (verdadeiramente um pouco mágico), vem quando ela quer. O fato de querer possuí-la é uma falsa batalha. Se eu tiver confiança em meu domínio técnico, por exemplo, posso ser eficiente, combativo e vencer sem necessariamente sentir que sou o mais forte e que vou vencer.

10. Saber como vencer e como fechar o negócio (essencial)

Em uma competição, quando estou perto da meta, consigo concluir porque meu plano é claro e decidi onde é meu lugar. Não tenho nenhuma preocupação com a vitória ou com o sucesso. Quando estou na liderança, se necessário, penso em meus chamarizes e continuo a agir como um conquistador, em vez de dar ouvidos a pensamentos parasitas. Saber como vencer também significa ser inteligente, perceber o que está acontecendo e saber como aproveitar as raras oportunidades que se apresentam em uma partida apertada para ganhar a vantagem e aumentar a diferença.

11. Honestidade na análise da luta (trunfo)

Quando perco ou quando não estou bem, não procuro desculpas ou alguém para culpar, a não ser eu mesmo. Analiso meus erros e o que eu poderia ter feito melhor. Posso admitir, por exemplo, que treinei mal nas semanas que antecederam o evento, ou ter a honestidade de dizer que não acredito no plano de jogo proposto pelo técnico!

GERENCIAMENTO DE CARREIRA: 4 ELEMENTOS ESSENCIAIS E 7 TRUNFOS

1. Estar atento (essencial)

Sou curioso e estou ansioso para aprender sobre qualquer coisa que possa me ajudar a progredir e dar o próximo passo. Nunca perco de vista minha meta e meu projeto. Sou tão apegado a ele que às vezes se torna uma busca obsessiva. Sou obcecado por minha técnica. Dou voltas em torno de meus problemas até encontrar uma solução. Eu a procuro até quando estou ganhando e tudo está indo bem.

2. Sair da zona de conforto (trunfo)

Sou capaz de sair da minha zona de conforto, ou seja, de experimentar coisas novas, de aceitar perguntas desconfortáveis, de buscar a orientação de uma pessoa competente, mesmo que eu tenha medo de que isso complique minha vida ou me aborreça. A zona de conforto pode ser coisas que já aprendi, hábitos, o lugar onde moro ou meu ambiente, onde todos pensam e agem da mesma maneira. Ao me colocar em perigo, descobrirei recursos até então desconhecidos dentro de mim.

3. Capacidade de integrar novos dados (essencial)

Não há necessidade de me dar as mesmas instruções repetidas vezes. Minha capacidade de ouvir e assimilar significa que eu rapidamente aceito o que me é pedido. Estou ansioso para aprender e, se eu aderir, me torno um verdadeiro especialista, reagindo com rapidez e precisão aos detalhes e pequenos ajustes.

4. Saber como se cercar (trunfo)

Construí uma "guarda próxima" de algumas pessoas competentes e confiáveis. Lanço minha rede de acordo com meus objetivos e prioridades, e não apenas de acordo com minhas amizades. Cercado dessa forma, posso fazer perguntas às pessoas certas e saber a quem ouvir. E, se necessário, também posso contar com uma terceira pessoa em quem posso confiar para aliviar a tensão. Isso me impede, ao contrário de alguns, de sempre ouvir o último que falou.

5. Saber como investir em sua carreira (trunfo)

Estou preparado para investir dinheiro e tempo a fim de me dotar de recursos reais, ou mesmo assumir um risco financeiro (pagar meu treinador, por exemplo) para ajudar minha carreira a progredir ou decolar. Isso também pode significar investir em um relacionamento profissional e em habilidades adicionais, sem esperar que tudo seja resolvido por outros (a equipe, a instituição etc.). Saber dar antes de receber significa acreditar no futuro, como um empresário que reinveste parte de seus lucros.

6. Afirmar seu caráter (essencial)

Não estou aqui para ser ditado pelos outros, mas para marcar meu território, para me destacar da multidão, para assumir minha singularidade (uma diferença). Mesmo que isso não agrade a todos, tenho minhas convicções, e minha posição é clara: mesmo que isso signifique ser isolado e me tornar o "mau aluno", estou preparado para defender minhas ideias até o fim. Estou ciente de que é esse lado diferente que pode, em determinados momentos da minha carreira, ajudar meu projeto ou meu jogo a avançar, mais do que se eu sempre for o "bom aluno" que só faz o que lhe mandam.

Ter caráter não significa apenas ser capaz de enfrentar a oposição, mas também desenvolver qualidades humanas: ser uma pessoa direta, ser leal, lembrar-se daqueles que o ajudaram, saber como correr riscos.

7. Treinar seu treinador (ativo)

Penso em "treinar meu treinador", ou seja, conversar com ele e cultivar nosso relacionamento para ajudá-lo a me treinar. Tento falar sobre o que estou sentindo e dar a ele *feedback* sobre seu treinamento. Não espero que tudo venha dele, faço sugestões e me expresso quando não entendo ou não concordo. Também tento me colocar no lugar dele de vez em quando, para levar em conta seus desejos e vontades; ele precisa ser treinado e motivado para dar o melhor de si.

8. Saber como recarregar suas baterias (trunfo)

Com muita frequência, as obrigações (esportivas, acadêmicas, profissionais, sociais) se sucedem sem uma pausa. Quando a rotina e o cansaço tomam conta da minha vida diária, eu me organizo para fazer uma pausa e usar o tempo de inatividade para me recuperar e voltar aos trilhos. Percebi que a recuperação é uma ferramenta ativa que me ajuda a me regular, entre volume e qualidade. Também consigo identificar as pessoas que me dão energia e as que a tiram.

9. Saber como "traçar sua rota" (essencial)

É muito difícil sair dos trilhos porque dou prioridade ao meu projeto sem me dispersar demais ou desperdiçar energia preciosa. Não me deixo distrair facilmente quando estou trabalhando, porque tenho que continuar. Aconteça o que acontecer: mantenha-se determinado, seguindo em frente! Mesmo que, às vezes, isso signifique estar sozinho, por precisar se afastar de quem estava atrasando o projeto.

10. Habilidades interpessoais (com os outros) (trunfo)

O que faz a diferença hoje, mais do que um diploma ou mesmo uma habilidade, em qualquer empresa ou equipe, são as habilidades interpessoais, ou seja, a capacidade de manter boas relações com os outros, de ser agradável, eficiente e de fácil relacionamento.

Minhas habilidades interpessoais também podem ser a flexibilidade, a capacidade de ouvir, a boa vontade, qualquer coisa que traga algo para as pessoas com quem trabalho.

11. Rumo a uma maior autonomia (trunfo)

Vejo meu gerenciamento de carreira com mais clareza, sinto que posso pensar por mim mesmo e tomar decisões. Sinto-me preparado para me preparar mentalmente para um evento importante. Também sou capaz de relaxar e ter um momento de introspecção. Como a maioria das pessoas, não preciso estar "conectado" a outras pessoas 24 horas por dia e depender delas. Meu treinador é meu conselheiro, ou meu parceiro em nossos negócios, não meu chefe.

Você já se deparou com alguma qualidade que precisa ser abordada? Conseguiu compartilhar essa avaliação com o seu treinador ou companheiro para comparar as versões? Muitas vezes, duas versões diferentes dão origem a discussões que esclarecem as coisas e mostram o caminho a seguir. Cabe a você fazer disso uma prioridade em seus objetivos e definir uma meta de médio prazo que lhe permita passar para a próxima etapa.

A próxima ferramenta pode ser aplicada diariamente durante o treinamento e após cada competição. Ela se encaixa muito bem em um *debriefing* de treinamento ou jogo. Mais uma ferramenta criada para fortalecer a colaboração entre treinador e treinado!

AUTOAVALIAÇÃO DE DESEMPENHO MENTAL

O que é um desempenho mental? Ser capaz de dar o melhor de si nos momentos mais tensos? Permanecer constante do início ao fim, enquanto outros baixam a guarda, diminuem o ritmo, ficam um pouco mais tensos? Ter uma determinação extraordinária? Não deixar que pensamentos distrativos o dominem? Ser disciplinado, a ponto de estar permanentemente "no processo" e nunca sair do caminho? Enquanto outros são mais delicados e tendem a escolher seus momentos?

Um desempenho mental em uma competição implica uma série de qualidades em diferentes momentos: preparar-se bem, começar bem, ser consistente, aproveitar as oportunidades, saber como terminar... mesmo quando é humano querer respirar, descansar, fugir ou se dispersar e pensar em todo tipo de coisa! Um desempenho mental é um pouco desumano, animal em qualquer caso, pois implica estar em "modo de sobrevivência" e não se permitir nenhum momento de fraqueza.

A seguir estão listados cinco critérios que, se não forem atendidos, impedirão que você tenha um bom desempenho mental na competição:

1. Condicione-se antes da partida para ter mais chances de começar bem.
2. Jogue bem mesmo quando não estiver jogando o seu melhor (jogar mal bem).
3. Não desista (seja consistente/mantenha a cabeça fria/cometa poucos erros).
4. Sinta o que estiver acontecendo (no adversário, em você mesmo, reconhecer seus pontos fortes e fracos, ser inteligente…).
5. Em momentos de tensão, supere seus medos para continuar atacando.

Às vezes, esse estado de desempenho é alcançado com fluidez, porque o corpo está naturalmente pronto, alerta e criativo. Mais frequentemente, é a vontade de vencer que é necessária para obter um desempenho mental muito bom.

Após uma partida, para cada um desses critérios, dê a si mesmo uma pontuação de 1 a 4:

4: muito bom

3: bom

2: mediano

1: ruim

O máximo são 20 pontos. Se você obtiver uma pontuação total inferior a 15, tente identificar o critério ou os critérios que precisam ser mais trabalhados.

E, da mesma forma, aqui estão outros cinco critérios para avaliar seu desempenho mental no treinamento:

1. Prepare-se (antes do treinamento) para se concentrar (bolsa, alimentação, condicionamento etc.).
2. Trate o treinamento como uma partida (esteja altamente concentrado e comprometido, ultrapasse seus limites quando for difícil).
3. Trabalhe para resolver seu problema de caráter (por exemplo, nervosismo ou desânimo diante do esforço).
4. Estabeleça um relacionamento com o técnico (contribua com ideias, tome iniciativa, ouça bem).
5. Mantenha o curso ao longo do tempo.

Nesse caso, o máximo também são 20 pontos. Tente identificar os critérios nos quais você precisa trabalhar mais.

Aqui também, como em uma partida, você precisa se colocar em condições, ficar pronto, para produzir um desempenho mental. Porque isso não é algo que acontece sozinho, não é natural. O natural é abrir mão de um desses critérios, ou de todos eles, quando for difícil e você tiver que sofrer. Os campeões não nascem com atributos milagrosos. É uma habilidade cultivada por meio de trabalho árduo para sofrer por mais tempo, sem nunca se desviar do objetivo: ter um bom desempenho e vencer.

Há outra dificuldade que impede a maioria dos atletas de atingir seu potencial máximo e ter sucesso: eles são jovens. É difícil para os jovens entenderem os benefícios desse tipo de disciplina e respeitarem todos esses critérios, dia após dia. É preciso ter experimentado o fracasso, sofrido os golpes da vida, aprendido como recuar, analisado seus erros e suas deficiências, para entender que é necessário trabalhar dessa forma e ser tão disciplinado para ter sucesso, e que o talento natural não é tão importante quanto se pensa. Entender o trabalho requer sabedoria. Portanto, tornar-se um campeão significa ser jovem e aprender truques antigos!

CAPÍTULO 3

AS 36 REGIÕES DO MAPA MENTAL

Aqui está uma lista de 36 qualidades mentais. Cabe a você escolher as que lhe interessam. Você só precisa ter a "cabeça de campeão" em duas ou três áreas para alcançar grandes feitos na vida. Embora não estejamos propondo um perfil de campeão, estas fichas sugerem encontrar a atitude de campeão que se aplica a várias situações.

Terra dos Sonhos

1. Levar seu sonho a sério
2. Paixão
3. Seguir seu desejo
4. Espírito de explorador
5. Orgulho
6. Entusiasmo

Vale do Plano

7. Estar envolvido na pesquisa
8. Disciplina
9. Intensidade
10. Definir metas internas
11. Aceitar a dificuldade
12. Fazer escolhas
13. Treinar seu treinador
14. Transformar uma desvantagem em vantagem
15. Dizer não
16. Libertar-se do olhar dos outros
17. Desafiar a si mesmo
18. Generosidade
19. Trabalhar a linguagem corporal
20. Olhar para outro lugar
21. Jogar (mal) bem
22. Ter pequenos lutos
23. Cultivar sua diferença

Campo da Criação

24. Concentrar-se no que você pode controlar
25. Lucidez
26. Combinação de fogo e água (relaxamento e agressão)
27. Pensar no jogo, não no desafio
28. Não mudar no momento crítico
29. Não exagerar na atuação
30. Animalidade
31. Não largar nada

32. Aceitar a frustração
33. Autoridade pessoal
34. Amar a pressão
35. Recuperar o prazer perdido
36. Autoconfiança

1. LEVAR SEU SONHO A SÉRIO

1. O que é?

Respeitar seu sonho, dando a si mesmo os meios para alcançar sucesso, mesmo que esses meios pareçam excessivos ou insensatos aos olhos dos outros. Significa não ter vergonha de agir como se fosse ter sucesso.

2. A ideia

Levar a si mesmo a sério não implica necessariamente arrogância, mas a coragem de resistir aos julgamentos daqueles que não ousam se levar a sério. Ousar acreditar com humildade em suas chances é a melhor resposta que você pode dar a eles, e agir sem tentar se justificar. Para estar certo, você precisa agir sem dar muitas explicações. Temos uma chance de sucesso quando tomamos iniciativas descritas como exageradas pelas pessoas próximas a nós ou por nossos colegas. Podemos parecer pretensiosos. É uma pena se acharem que estamos nos esforçando demais. Observando-nos, eles se acostumarão com isso.

3. Tenho a cabeça de campeão?

Tenho quando...

- ☐ estabeleço metas ambiciosas para mim mesmo, mesmo que elas pareçam excessivas no momento;
- ☐ não tento necessariamente ser compreendido pelos outros.

Não tenho quando...

- ☐ sinto vergonha de levar minhas habilidades a sério e de almejar objetivos elevados;
- ☐ não me mantenho fiel ao meu sonho, porque não me mantenho fiel ao meu plano.

2. PAIXÃO

1. O que é?

A paixão é um estado mental excessivo, o oposto de um estado neutro. É um interesse irresistível e exclusivo em uma coisa ou em um objetivo, que leva a uma agitação de todo o ser, a uma intensificação das emoções e da autoestima.

2. A ideia

Os benefícios da paixão são tão grandes que ela não deve ser desperdiçada. A paixão é cega; ela nos impede de ver os obstáculos. Ela nos dá energia para superar dificuldades colossais. Ela aumenta a autoestima e nos faz sentir que existimos. A nova imagem que ela nos dá de nós mesmos nos permite manter os projetos do momento e até mesmo os de uma vida inteira. A paixão nos domina, é uma “loucura”, mas uma loucura exercida no mundo real. Ela guia nossos passos, dá sentido à vida: sensações, direção e significado.

3. Tenho a cabeça de campeão?

Tenho quando...

- ☐ não receio ser insensato;
- ☐ eu me dou o direito de estar em harmonia com minha paixão.

Não tenho quando...

- ☐ afirmo ter uma paixão, mas nunca exagero;
- ☐ desisto de tentar melhorar minha condição por causa dos riscos.

3. SEGUIR SEU DESEJO

1. O que é?

Ouvir o que você realmente quer é libertar-se de suas inibições para que possa ousar seguir sua convicção mais íntima. Significa também não confundir seu desejo com o dos outros e não se deixar aprisionar pelo desejo alheio.

2. A ideia

Só fazemos o que queremos fazer! Às vezes, há mais riscos em não fazer nada (por falta de iniciativa ou por gosto pelo conforto) do que em dizer a si mesmo: "Eu vou e, pelo menos, terei tentado!". Alguns não ousam despertar seu desejo, outros preferem escondê-lo, e outros ainda estão tão ansiosos para satisfazer os desejos dos pais e técnicos que nem pensam nisso. É possível se comprometer de todo o coração com uma atividade sem respeitar o próprio desejo? Então, como podemos descobrir do que realmente gostamos? Em primeiro lugar, você precisa aprender a ouvir a si mesmo e se livrar das coisas que podem sufocar seu desejo: medo de ser ridicularizado, tradição familiar, culpa.

3. Tenho a cabeça de campeão?

Tenho quando...

- ☐ meu desejo é tanto minha meta quanto meu ponto de referência;
- ☐ sei o que não quero e o que quero.

Não tenho quando...

- ☐ não me atrevo a despertar e mostrar meu desejo;
- ☐ sacrifico meu próprio desejo pelo dos outros.

4. ESPÍRITO DE EXPLORADOR

1. O que é?

Sair da trilha batida para explorar um campo desconhecido; saber como questionar o que é a lei em sua atividade para desenvolver novas teorias, inventar novas técnicas, criar uma ruptura com o que já está sendo feito.

2. A ideia

Todos, em seu próprio campo, podem descobrir novos horizontes e abrir novos caminhos, mas isso raramente acontece por acaso. Não é possível chegar ao fim de sua exploração sem ser um homem ou uma mulher de convicção, ou sem ter a intuição de que há outras maneiras de fazer ou ver as coisas, além do mundo conhecido. Essa visão do mundo exige muita imaginação e a dose necessária de impertinência para pensar por si mesmo.

3. Tenho a cabeça de campeão?

Tenho quando...

- ☐ gosto de ir aonde sinto que o pensamento único está atrapalhando, gosto de pensar por mim mesmo;
- ☐ quero ser um pioneiro em minha área.

Não tenho quando...

- ☐ sinto medo do que não sei;
- ☐ sigo o fluxo, porque ele não me compromete com nada e tenho medo de que a instituição não aprecie minha inovação.

5. ORGULHO

1. O que é?

O orgulho é mais uma qualidade do que um defeito quando se trata daquele sentimento admirável de altivez que leva as pessoas a se superarem, a quererem provar seu valor, a reagirem, a se recuperarem após fracassos ou humilhações, a recusarem o destino mesmo quando tudo parece perdido.

2. A ideia

O orgulho é uma faca de dois gumes! Ele desencadeia a necessidade de reconhecimento e pode nos dar a força para fazer tudo o que pudermos para nos elevar, para escapar de nossa condição ou para recuperar nossa dignidade... No entanto, na ação, o orgulho pode nos cegar e nos impedir de "entrar no jogo", principalmente quando estamos preocupados apenas com nosso ego e nossa imagem. Para podermos nos concentrar, é essencial saber como acalmar nosso orgulho, para fazer desaparecer nosso interesse próprio.

3. Tenho a cabeça de campeão?

Tenho quando...

- ☐ reajo com orgulho e me recuso a ficar atolado em fracassos;
- ☐ em ação, deixo meu orgulho de lado.

Não tenho quando...

- ☐ me recuso a lutar porque não suporto a ideia de ser dominado;
- ☐ reclamo em vez de lutar, preocupo-me com minha imagem em vez de lutar por meu orgulho.

6. ENTUSIASMO

1. O que é?

Entusiasmo é o dom de apreciar o que temos e o que vivenciamos, de sentir alegria no trabalho e no esforço, de expressar admiração, espanto e admiração, uma qualidade que muitas vezes tem o efeito de inspirar e mobilizar outras pessoas.

2. A ideia

Essa é uma qualidade importante, que não ocupa o lugar que merece. A falta de entusiasmo nem sempre é vista como uma falha, pois as pessoas cronicamente insatisfeitas às vezes são descritas como excessivamente perfeccionistas. Não é vergonha nenhuma ficar surpreso, maravilhado ou simplesmente grato àqueles que cuidam de você. É até mesmo um sinal de boa saúde e juventude mental, pois o entusiasmo preserva o frescor e a ingenuidade dos primeiros dias, quando tudo era simples. Os mais entusiasmados fazem bem o que fazem, porque o fazem sempre como se fosse a primeira vez. Quanto aos cínicos, eles geralmente parecem mais inteligentes, mas nem sempre têm a inteligência da vida, dos sonhos e da ação.

3. Tenho a cabeça de campeão?

Tenho quando...

- ☐ cultivo meu entusiasmo em vez de desaboná-lo;
- ☐ dou o melhor de mim, porque isso mostra que aprecio o que tenho (minhas condições de trabalho, meu treinador etc.).

Não tenho quando...

- ☐ não acho que seja "legal" mostrar que estou me divertindo;
- ☐ nada nunca é bom o suficiente para mim.

7. ESTAR ENVOLVIDO NA PESQUISA

1. O que é?

Estar na área de pesquisa significa ser movido pela sede de aprender e entender; é a capacidade de permanecer curioso e ávido por tudo que possa nos ajudar a ir além em nosso projeto ou a dominar nossa arte.

2. A ideia

Na busca de um sonho ou de uma carreira, nos deparamos constantemente com problemas que nos atrasam e, às vezes, parecem intransponíveis. Estamos na fase de pesquisa quando ficamos obcecados pela solução. Aqueles que alcançam marcos importantes são os que giram constantemente em torno de seus sonhos. Para ser um bom pesquisador, é preciso gostar de "procurar só por procurar". É preciso muita perambulação e "paciência apaixonada" para encontrar o movimento perfeito. Quando você está pesquisando há anos, acaba descobrindo coisas incríveis.

3. Tenho a cabeça de campeão?

Tenho quando...

- ☐ sempre me pergunto o que está faltando para chegar ao próximo nível;
- ☐ de tanto procurar, acabo com um nível extraordinário de domínio e finesse de percepção.

Não tenho quando...

- ☐ eu me satisfaço facilmente e fico desanimado com os problemas porque não gosto de procurar;
- ☐ esqueço que, se eu parar de procurar, estarei retrocedendo, porque os outros estão avançando.

8. DISCIPLINA

1. O que é?

Disciplina consiste na estrutura e nas regras de que o talento precisa para desabrochar e florescer. Encontrar sua disciplina significa entrar em uma rotina de esforço que lhe permita se concentrar e se esforçar, mesmo quando não estiver com vontade.

2. A ideia

Disciplina é uma palavra cada vez mais fora de moda. Ela evoca imagens do exército, de obediência, confinamento e restrições. Preferimos enfatizar o talento, a originalidade e a liberdade. No entanto, até mesmo os grandes artistas adotam a disciplina, que na verdade não é uma restrição, mas um recurso. A disciplina existe quando as regras se tornam automáticas e você não precisa mais pensar nelas (levantar-se em tal horário, ensaiar tal exercício, cuidar do seu equipamento etc.). É um alívio ser disciplinado quando as regras são claras e a repetição é estabelecida; mesmo que seja difícil, você se acostuma e fica mais fácil. A disciplina acaba se tornando um estado de espírito. Pode parecer contraditório, mas quanto mais rígida e cuidadosamente pensada for a estrutura, mais livre será sua mente e com mais independência você poderá se expressar. Disciplina é liberdade.

3. Tenho a cabeça de campeão?

Tenho quando...

- ☐ imponho regras de trabalho a mim mesmo, porque a estrutura se torna mais forte do que eu.
- ☐ não coloco o talento contra a disciplina, mas tento ter o talento para a disciplina.

Não tenho quando...

- ☐ confio demais em meu talento: não aprendi a aprender e não entendo a importância da disciplina;
- ☐ não presto atenção aos detalhes, por exemplo, esqueço de colocar uma garrafa de água na bolsa; não encontrei meu ritmo de trabalho, o esforço é um problema.

9. INTENSIDADE

1. O que é?

Ser intenso significa atingir um alto grau de concentração e esforço. Todos os seus recursos são solicitados, convergindo para um único ponto. O comprometimento é total, as sensações estão presentes, o corpo progride.

2. A ideia

Há vários níveis de concentração. É como se você tivesse um termômetro na cabeça indicando a atenção simples, depois a concentração média e, no topo, a intensidade. Aqueles que treinam regularmente com intensidade progridem de forma mais rápida, pois utilizam todos os recursos disponíveis e armazenam melhor as informações. O principal objetivo do treinamento é condicionar sua concentração e ultrapassar seus limites físicos e mentais. Somos todos iguais; o que faz a diferença é o esforço! Você pode ser intenso mesmo nos movimentos mais simples e óbvios. A dificuldade está oculta em tudo. O que parece fácil é sempre muito difícil de fazer muito bem.

3. Tenho a cabeça de campeão?

Tenho quando…

- ☐ treino como se estivesse em uma competição;
- ☐ nos dias em que não estou com vontade de treinar, reduzo a duração, mas não a intensidade.

Não tenho quando...

- ☐ estou concentrado, mas não intenso;
- ☐ acho que o treinamento leve me permitirá ser intenso durante a partida.

10. DEFINIR METAS INTERNAS

1. O que é?

Definir metas alcançáveis com base em ações a serem tomadas e compromissos pessoais, em vez de apenas definir metas de desempenho (externas).

2. A ideia

Não faz muito sentido dizer "Estou buscando tal e tal classificação"; é melhor falar sobre seu plano e seus objetivos de trabalho, que dependem de você, por exemplo: "Este ano, vou resolver tal e tal problema ou falha". Tomar suas metas internas como referência também é a maneira mais justa de avaliar seu desempenho real e saber se você está no caminho certo. Às vezes, os resultados são ruins, mas o plano é bom, e as metas internas estão sendo alcançadas. Somente aqueles que estão dentro dos limites do plano estão em posição de julgar corretamente.

3. Tenho a cabeça de campeão?

Tenho quando...

- ☐ concentro-me em minhas metas internas para atingir minhas metas externas;
- ☐ não entro em pânico e mantenho meu plano quando os resultados demoram a chegar.

Não tenho quando...

- ☐ não estabeleço metas ou apenas digo que quero me tornar um campeão;
- ☐ falo sobre ser sério e trabalhar duro, mas não traduzo isso em atos.

11. ACEITAR A DIFICULDADE

1. O que é?

Aceitar a dificuldade significa conviver regularmente com ela, tornando-a uma parceira que estimulará suas qualidades. Ir aonde os outros não querem ir.

2. A ideia

Não existem homens excepcionais, apenas estruturas excepcionais, que fazem homens excepcionais. Contextos difíceis ou particularmente exigentes, até mesmo perigosos, temperam o caráter. A dificuldade estimula a imaginação e a ação. É quando a situação fica difícil que você pode descobrir do que é feito e se conhecer melhor. O objetivo do treinamento não é jogar bem, mas treinar bem, sair de sua zona de conforto e se preparar para as dificuldades de competições futuras.

3. Tenho a cabeça de campeão?

Tenho quando...

- ☐ sou atraído pela dificuldade, porque ela me torna melhor; tenho o "espírito do difícil";
- ☐ acabo encontrando conforto na dificuldade.

Não tenho quando...

- ☐ tendo a escolher o caminho mais fácil;
- ☐ me deixo influenciar pelas pessoas mais preguiçosas do grupo.

12. FAZER ESCOLHAS

1. O que é?

Fazer escolhas significa adotar uma posição, escolher uma atividade, um ponto de vista, um amigo e seguir adiante com sua escolha, assumindo a responsabilidade pelas consequências.

2. A ideia

Escolhas reais são um compromisso de verdade, o que significa, em determinados momentos da vida, para progredir, abrir mão de algo (deixar sua região para encontrar melhores condições de treinamento em outro lugar, escolher treinar mais do que os outros etc.). Algumas pessoas se tornam verdadeiras especialistas em não fazer escolhas. Elas hesitam e esperam até estarem contra a parede antes de reagir. Não é de se admirar que tenham dificuldade em seguir adiante quando é preciso (chutes, movimentos, escolhas táticas etc.). No final, elas tomam determinada direção porque não têm mais opções.

3. Tenho a cabeça de campeão?

Tenho quando...

- ☐ sei defender minha escolha e manter o curso;
- ☐ consigo bancar sozinho minha escolha final, mesmo que tenha consultado outras pessoas antes.

Não tenho quando...

- ☐ deixo que outros façam minhas escolhas por mim, livrando-me assim de qualquer responsabilidade;
- ☐ escolho somente quando não tenho mais opções.

13. TREINAR SEU TREINADOR

1. O que é?

Treinar seu treinador significa estabelecer um relacionamento com ele, tanto em nível profissional quanto em nível humano. Acima de tudo, significa inspirá-lo a dar o melhor de si.

2. A ideia

Na maioria das vezes, o atleta espera que tudo venha do treinador (motivação, generosidade, investimento em um projeto). Essa situação pode ser frustrante para o técnico, porque não há *feedback* sobre seu trabalho, não há perguntas, não há troca. Mas um professor não é recompensado apenas pelo progresso e pelos resultados de seu aluno, ele é especialmente recompensado quando a colaboração entre eles gera um relacionamento e sentimentos fortes. O trabalho do técnico é ajudar o atleta a progredir, mas o atleta pode incentivá-lo e motivá-lo expressando opiniões ou sentimentos e, às vezes, até mesmo perguntando o que agradaria ao técnico.

3. Tenho a cabeça de campeão?

Tenho quando...

- ☐ penso em motivar meu treinador de tempos em tempos;
- ☐ sugiro exercícios que gosto de fazer e faço perguntas sobre coisas que não entendo.

Não tenho quando...

- ☐ continuo sendo o bom aluno, intimidado pela autoridade do professor, que espera que tudo venha dele;
- ☐ evito dizer o que sinto e privo meu treinador de informações essenciais para meu progresso.

14. TRANSFORMAR UMA DESVANTAGEM EM VANTAGEM

1. O que é?

Transformar uma desvantagem em vantagem significa dar tanta atenção a uma deficiência ou a um defeito (deficiência física, baixa estatura, deficiência técnica) que você acaba transformando-o em uma qualidade e, por meio disso, leva essa qualidade mais longe do que se você a tivesse naturalmente.

2. A ideia

Algumas qualidades excepcionais nascem de uma privação. Aqueles que desenvolvem uma qualidade ao máximo são, às vezes, os que partem de uma privação, porque não têm direito a nenhuma indulgência. O que para outros teria sido apenas um ponto fraco a ser observado ou melhorado, os campeões transformam em um desafio a ser enfrentado a todo custo.

Muitos campeões tiveram de enfrentar situações difíceis (deficiência física, perda de um ente querido, ausência de um dos pais). Mas as deficiências podem ser uma força motriz, uma necessidade vital de reparação. O degrau mais alto do pódio costuma ser o lar de grandes campeões que um dia se sentiram miseráveis e não aguentaram mais.

3. Tenho a cabeça de campeão?

Tenho quando...

- ☐ dou tanta importância à limitação que acabo dominando-a melhor do que aqueles que possuem a qualidade naturalmente;
- ☐ sou o menor, mas também o mais habilidoso.

Não tenho quando...

- ☐ aceito ser rotulado (“não talentoso”, “pequeno demais” etc.);
- ☐ para explicar meus fracassos, escondo-me atrás de frases como “é por causa da situação” (que nunca é favorável, exceto para aqueles que encontram soluções!).

15. DIZER NÃO

1. O que é?

Saber dizer “não” é uma forma de se impor, mesmo que isso envolva um confronto. É também o ponto de partida para resolver um conflito em vez de escolher o caminho da fuga.

2. A ideia

Não há necessidade de esperar até o dia da competição para defender seu ponto de vista ou se opor ao de outras pessoas. Em vez de evitar o confronto a todo custo, quando discordar ou for forçado a quebrar seus princípios, é melhor dizer não e tomar uma posição. Às vezes, até mesmo se defender contra aqueles que abusam de sua autoridade ou se aproveitam de nossa bondade. Essas recusas podem estruturar o relacionamento muito melhor do que um consentimento brando. Saber como dizer não também dá mais peso ao sim: quando dizemos sim, é um sim verdadeiro, o que é reconfortante para nós mesmos e para os outros.

3. Tenho a cabeça de campeão?

Tenho quando...

- ☐ consigo dizer não às pessoas que querem se aproveitar de minha bondade;
- ☐ aceito que não posso agradar a todos.

Não tenho quando...

- ☐ hesito em questionar a autoridade, mesmo quando acho que estou certo;
- ☐ penso que não, mas digo que sim, ou não digo nada por medo de enfrentar os outros.

16. LIBERTAR-SE DO OLHAR DOS OUTROS

1. O que é?

Significa desapegar-se de seu próprio desejo de agradar, ser capaz de ser você mesmo e fazer o que sabe fazer, independentemente do julgamento dos outros.

2. A ideia

O olhar dos outros pode nos influenciar de várias maneiras: às vezes, ele pesa muito sobre nossos ombros ("Não consigo ir bem quando meu pai vem me ver competir!"). Damos um grande passo quando somos capazes de existir sem buscar validação nos olhos dos outros. Tanto melhor se pudermos compartilhar quem somos, mas não adianta querer se sair bem demais (para agradar aos outros), exagerar (para tentar ser algo que não somos) ou ser amado a todo custo (para compensar as deficiências emocionais)!

3. Tenho a cabeça de campeão?

Tenho quando...

- ☐ eu me concentro no que posso fazer, independentemente da presença física ou imaginária de outras pessoas;
- ☐ aprecio a solidão na competição.

Não tenho quando...

- ☐ sofro com o olhar dos outros porque tenho medo de seu julgamento;
- ☐ sinto que devo algo a alguém ("Minha mãe investiu tanto em mim que não tenho o direito de decepcioná-la!").

17. DESAFIAR A SI MESMO

1. O que é?

Significa olhar-se honestamente e, às vezes, desistir do que já foi alcançado para ir além; perguntar a si mesmo o que ainda pode ser melhorado, mesmo quando está ganhando ou quando tudo está indo bem.

2. A ideia

Questionar é mais fácil quando as coisas estão indo mal. Mas deve ser um processo permanente. O perigo pode vir do sucesso. Quando estamos muito felizes com nós mesmos, tendemos a relaxar o olhar e descansar sobre os louros. Esperamos até que as coisas deem errado para pensar em mudar, então mudamos com pressa e, muitas vezes, cometemos erros. Às vezes, para atravessar um período, é preciso saber como destruir para reconstruir (seus gestos, seus métodos de treinamento) ou saber como varrer ideias preconcebidas. É um risco, claro, questionar o que você trabalhou tão arduamente para conseguir, mas evitar o questionamento pode impedi-lo de dar o passo final.

3. Tenho a cabeça de campeão?

Tenho quando...

- ☐ permaneço vigilante mesmo com tudo indo bem; considero um resultado alcançado como um marco, e não como uma conquista;
- ☐ estou ciente de que tentar melhorar um ponto fraco no início é sempre em detrimento de um ponto forte.

Não tenho quando…

- ☐ estou sempre satisfeito comigo mesmo e sempre espero estar contra a parede antes de fazer qualquer mudança;
- ☐ nunca peço a opinião do meu treinador, por medo de críticas ou falta de curiosidade.

18. GENEROSIDADE

1. O que é?

A generosidade é uma nobreza de caráter e uma tendência ao excesso que nos faz ceder sem calcular e fazer espontaneamente mais do que se espera de nós.

2. A ideia

A generosidade, seja no esforço ou em um relacionamento, pode custar caro no momento, mas sempre compensa no longo prazo. Quando somos generosos com a vida, ela retribui o favor. Nossa própria generosidade (confiar, doar-se, saber perdoar, dar uma chance a alguém) inspirará a generosidade nos outros. É mais fácil pensar no que temos a perder, deixar-nos guiar por cálculos, restrições ou medo. Quando não calculamos e somos excessivos, cometemos erros, às vezes fazemos esforços em vão, mas nunca é tudo em vão.

3. Tenho a cabeça de campeão?

Tenho quando...

- ☐ prefiro fazer muito a pouco, dou o melhor de mim e aceito que não serei necessariamente recompensado;
- ☐ ainda sou capaz de fazer escolhas para não desperdiçar minha generosidade.

Não tenho quando...

- ☐ eu me contento em fazer o que me mandam e sou tão calculista que tenho medo de experimentar;
- ☐ não dou, não recebo, fico onde estou.

19. TRABALHAR A LINGUAGEM CORPORAL

1. O que é?

Trabalhar sua linguagem corporal significa usar seu corpo para aprender a se controlar. A maneira como você fica de pé, anda ou respira faz parte da linguagem corporal.

2. A ideia

Nas competições, a linguagem corporal geralmente revela o estado de espírito de um lutador. Para alguns, revela dúvidas, preocupações e frustração ao primeiro sinal de problema. Alguém cujos movimentos são agitados e desorganizados está mentalmente disperso. Para que o corpo funcione bem, a "mente" deve funcionar bem, mas o inverso também é verdadeiro. Ao aprender a controlar nossa linguagem corporal, podemos influenciar nossas qualidades mentais: manter a cabeça erguida é igual a ter autoconfiança, evitar gestos irritantes é igual a manter a calma, evitar olhar para todos os lados é igual a manter o foco etc.

3. Tenho a cabeça de campeão?

Tenho quando...

- ☐ ajo em meu corpo para agir em minha mente;
- ☐ qualquer que seja o placar ou o curso da competição, nunca se pode dizer se estou ganhando ou perdendo.

Não tenho quando...

- ☐ meu corpo entra em pânico quando as coisas dão errado, eu me disperso em vez de permanecer íntegro;
- ☐ não entendi que trabalhar minha linguagem corporal é uma forma de trabalhar minha compostura.

20. OLHAR PARA OUTRO LUGAR

1. O que é?

Olhar para outro lugar significa sair de seu próprio ambiente para enxergar outra coisa, fazer outra coisa, conhecer novas pessoas e se inspirar nelas. Realizar várias atividades ao mesmo tempo também implica ir ao cerne da questão e dar um passo atrás em relação aos problemas em jogo.

2. A ideia

Se você conseguir manter outros interesses fora do seu projeto principal e sair do seu próprio ambiente de tempos em tempos, voltará enriquecido por essas experiências, que poderão aprimorar sua atividade inicial. Por exemplo, os atletas que têm uma atividade profissional precisam ser muito organizados, o que os obriga a ir direto ao ponto; ou os empresários que lidam com vários negócios em diferentes lugares desenvolvem uma mente sintética, aprendem a se distanciar e a delegar. Além disso, são capazes de colocar em perspectiva os riscos de uma competição (ou de um exame) porque sabem que a vida é mais do que isso.

3. Tenho a cabeça de campeão?

Tenho quando...

- ☐ entro em contato com outras pessoas que me veem de uma forma diferente;
- ☐ meus vários projetos se alimentam mutuamente e me ensinam a organizar bem o meu tempo e a trabalhar com mais rapidez.

Não tenho quando...

- ☐ procuro desculpas para não sair da minha rotina diária;
- ☐ gostaria de ver algo diferente, mas me deixo influenciar pelas pessoas em meu ambiente que nunca saem dele.

21. JOGAR (MAL) BEM

1. O que é?

Jogar (mal) bem significa ter um bom desempenho, mesmo quando você está em uma forma mediana. Significa jogar bem, mesmo jogando mal.

2. A ideia

Em cinco competições por ano, o atleta será mágico e, em cinco, ele será lamentável. São as outras provas que fazem o atleta valer a pena.

Jogar (mal) bem não significa ser cauteloso e não correr riscos, mas tomar seu nível médio de desempenho como referência, não o seu melhor. Não é possível controlar a forma de pico; a única coisa que você pode controlar é seu nível médio. Se você trabalhar bem, poderá melhorar seu nível médio. Essa costuma ser a melhor plataforma para elevar seu desempenho ao próximo nível e, às vezes, para jogar muito bem. O verdadeiro desempenho é permanecer eficaz em uma situação ruim ou mesmo em um dia ruim.

*Jogar (mal) bem = correr (mal) bem, arremessar, saltar, nadar, atirar...

3. Tenho a cabeça de campeão?

Tenho quando...

- ☐ nem sempre espero estar no meu melhor;
- ☐ eu jogo mal, mas tenho minhas proteções (minha compostura, meu domínio técnico, meu físico), posso lutar e talvez vencer.

Não tenho quando...

- ☐ não resolvo as lacunas em meu desempenho e desmorono quando as coisas dão errado;
- ☐ treino com frequência excessiva e só me interesso por lances brilhantes; nas competições, coloco a barra muito alta e, por isso, muitas vezes fico frustrado e decepcionado.

22. TER PEQUENOS LUTOS

1. O que é?

Ter pequenos lutos significa aceitar o que não existe mais na vida cotidiana, adaptar-se e olhar para a frente. Quanto melhor você dominar essa habilidade, melhor será sua capacidade de viver e aproveitar o momento presente e permanecer eficiente.

2. A ideia

Oportunidades perdidas (um salto perdido, um pênalti perdido) ou desempenhos abaixo do esperado podem nos levar à frustração, à irritação e à tristeza. Mas o que passou, passou, e você não pode olhar para trás se quiser progredir. Pelo contrário, trata-se de ficar de luto pelo que não existe mais. Adaptar-se às mudanças, às muitas perdas e aos erros inevitáveis, passar para outra coisa, começar um novo capítulo, um novo jogo, uma nova história, é uma habilidade essencial.

3. Tenho a cabeça de campeão?

Tenho quando...

- ☐ em uma competição, o que me interessa é apenas o próximo ponto (o reinício, a ação);
- ☐ tenho meu pequeno ritual para finalizar uma jogada perdida ou uma oportunidade perdida, e para me recuperar mais rapidamente.

Não tenho quando...

- ☐ eu me refiro demais a coisas do passado que não dependem mais de mim ("Se eu tivesse feito isso..."), o que me impede de me dedicar totalmente ao que estou fazendo;
- ☐ continuo repetindo os mesmos padrões de comportamento que me impedem de progredir.

23. CULTIVAR SUA DIFERENÇA

1. O que é?

Significa explorar o que nos torna diferentes para construir uma identidade forte. Em vez de esconder uma diferença ou uma particularidade moral, racial ou física, usá-la e defendê-la; às vezes, ousar ser o "mau aluno".

2. A ideia

Você não pode agradar a todos, mas pode pelo menos aceitar não ser como todo mundo. Em algumas profissões, ser diferente pode ser uma vantagem. Alguns atores ou cantores são admirados porque são astros, mas também porque têm um traço de caráter marcante, uma falha, às vezes um defeito físico, que eles sabem valorizar e que os torna tão encantadores. Sua carreira geralmente tem um início ruim, e ele passa por grandes dificuldades. Eles são rotulados como "especiais" e "bizarros". Então, quando você consegue perseverar e alcançar algo, o "estranho" pode, de repente, se tornar "ótimo".

3. Tenho a cabeça de campeão?

Tenho quando...

- ☐ o que me distingue dos outros me ajuda a me construir;
- ☐ aquilo pelo qual sou criticado, eu cultivo porque sou eu.

Não tenho quando...

- ☐ uso minha diferença como um complexo de inferioridade;
- ☐ minha diferença me isola de forma irreparável.

24. CONCENTRAR-SE NO QUE VOCÊ PODE CONTROLAR

1. O que é?

Para se concentrar em uma competição, você deve se preocupar apenas com seu próprio desempenho, e não com o que não pode controlar.

2. A ideia

Quando o único objetivo é "vencer" ou "fazer um gol", nossa concentração pode ser afetada. Por outro lado, aumentamos a probabilidade de sucesso quando nossa atenção se concentra apenas no que podemos controlar: aplicar nosso plano, uma instrução técnica ou tática específica, manter a calma, ser combativo. Na competição, você não pode controlar totalmente seu destino. Quando você entende isso, fica mentalmente mais livre, mais relaxado e aproveita mais a competição. Paradoxalmente, esse é o melhor caminho para o sucesso. Os grandes campeões conhecem perfeitamente este conceito: quanto mais importante é a partida, mais eles disciplinam suas mentes para não se preocuparem com o resultado e mais se concentram nas pequenas coisas que podem controlar.

3. Tenho a cabeça de campeão?

Tenho quando...

- ☐ meu objetivo é fazer o melhor possível antes de "vencer" (você pode influenciar o resultado de uma partida, mas não pode controlá-lo);
- ☐ no tênis, por exemplo, eu não penso em fazer um serviço vencedor, eu me concentro no meu lance.

Não tenho quando...

- ☐ eu me preocupo demais com coisas incontroláveis, como o possível resultado, o ambiente, o público, o vento, meu adversário, o que as outras pessoas estão pensando etc.;
- ☐ não faço uma boa distinção entre as coisas que posso controlar e as que não posso.

25. LUCIDEZ

1. O que é?

Lucidez é um estado de alerta e consciência elevada: permanecer calmo no calor da ação, ser sensível e receptivo a tudo o que acontece no solo.

2. A ideia

Essa inteligência de ação lhe dá a impressão de ter tempo para ver e sentir o gesto certo. Quanto mais lúcido você estiver, quanto mais instantânea for sua análise de uma situação, mais inspirado você se tornará. Seu corpo se tornará inteligente, captando tudo como se tivesse antenas. Os competidores perdem a lucidez em campo principalmente por causa da pressa. Assim que você se esforça, as antenas entram em ação. Para recuperar a lucidez, você precisa respirar, se acalmar, relaxar e redescobrir a fluidez de seus movimentos e suas sequências.

3. Tenho a cabeça de campeão?

Tenho quando...

- ☐ mantenho a calma, mesmo que todos os sinais de alerta estejam acesos (como uma bomba adormecida);
- ☐ eu sei que a lucidez vem se não for apressada, eu me movo como um gato.

Não tenho quando...

- ☐ eu me deixo levar pelo turbilhão de eventos; estou muito nervoso, com a cabeça fora do lugar;
- ☐ eu forço as coisas e me apresso, tudo parece ir rápido demais, minha visão do jogo fica embaçada.

26. COMBINAÇÃO DE FOGO E ÁGUA

1. O que é?

Significa ter a habilidade de ser fluido e agressivo ao mesmo tempo e, taticamente, ser ofensivo sem perder a calma e a precisão.

2. A ideia

Fogo é agressividade, o que significa potência, velocidade, força e um espírito conquistador. A água tem a ver com relaxamento, canalização de energia e incentivo às sensações corretas, tempo, precisão e consistência. Um dos problemas com a técnica é o equilíbrio entre todos esses elementos. Se eu estiver muito relaxado, o fogo se apaga: eu me deixo levar, fico lento, não tenho ritmo, minhas braçadas flutuam e perdem a precisão, e corro o risco de me deixar dominar. Por outro lado, se eu for muito agressivo, a água não conseguirá conter o fogo: eu me excedo, fico tenso, perco o momento certo, perco a lucidez e jogo de forma desconexa. Jogar da maneira correta significa encontrar o equilíbrio entre a água e o fogo.

3. Tenho a cabeça de campeão?

Tenho quando...

- ☐ ataco com inteligência, porque me mantenho fluido e preciso;
- ☐ volto para o meio-termo assim que perco o fio da meada.

Não tenho quando...

- ☐ coloco a potência antes da sensação e do tempo, por isso sou impreciso e inconsistente;
- ☐ minha potência transborda e me faz perder velocidade (sou nadador e luto contra a água).

27. PENSAR NO JOGO, NÃO NO DESAFIO

1. O que é?

Pensar no jogo, não no desafio, significa desviar sua mente da seriedade das apostas para seu plano de jogo; ocupar seus pensamentos com o procedimento a ser seguido.

2. A ideia

Em momentos importantes, para evitar pensar demais e deixar que os desafios acabem com o jogo, a ideia é mudar o problema: não importam mais as apostas ("Tenho que ganhar este ponto"), mas a maneira ("Como vou jogar?"). A incerteza, uma fonte de ansiedade, é substituída pela certeza: há um trabalho a ser feito, um plano a ser seguido, e eu sei que posso fazer isso. Para poder pensar sobre seu plano de jogo, você precisa ter um. Isso é óbvio. Mas muitos competidores não têm.

3. Tenho a cabeça de campeão?

Tenho quando...

- ☐ elaboro um plano de jogo, não há mais incógnitas, sei o que tenho de fazer;
- ☐ gosto do meu plano de jogo, porque é para ele que jogo, e é nesse momento que dou o meu melhor.

Não tenho quando...

- ☐ eu me pergunto quem vai ganhar;
- ☐ estou pensando nas consequências do resultado, meus pensamentos parasitas estão me distraindo e me afogando em um turbilhão emocional.

28. NÃO MUDAR NO MOMENTO CRÍTICO

1. O que é?

Significa jogar os pontos importantes como qualquer outro, confiando que seu oponente ficará nervoso e mudará algo no jogo ou na atitude.

2. A ideia

Quando chega o momento crucial e a pressão aumenta, a maioria dos competidores se retrai por medo de errar ou, ao contrário, força e se apressa. Se você não mudar nada em seu jogo, dizendo a si mesmo que seu oponente provavelmente mudará (mesmo que seja apenas um ponto, um gesto ou um segundo), você poderá se aproximar do momento crítico com a satisfação de ter uma vantagem. A chave, então, é "não mudar". Embora os campeões às vezes façam lances excepcionais em momentos críticos, em geral eles não tentaram fazê-los, apenas deixaram que acontecessem. Eles se sentem melhor porque não precisam fazer nada de extraordinário, então o extraordinário acontece naturalmente.

3. Tenho a cabeça de campeão?

Tenho quando...

- ☐ aproveito o nervosismo da outra pessoa e, mantendo a calma, continuo a aplicar meu plano;
- ☐ estou chegando ao ponto em que mal posso esperar pelo momento crítico, porque sei que estou começando com uma pequena vantagem.

Não tenho quando...

- ☐ nos momentos críticos, meu braço está sempre tremendo, e eu contenho meus movimentos;
- ☐ acho que sou o único que está se preocupando e esqueço que outras pessoas também sentem medo.

29. NÃO EXAGERAR NA ATUAÇÃO

1. O que é?

Exagerar é querer fazer demais, forçar seu talento e ir além de suas possibilidades pela falta de confiança em suas qualidades básicas.

2. A ideia

Quando você está prestes a enfrentar um adversário teoricamente mais forte, tende a acreditar que terá de jogar excepcionalmente bem para vencer, ou seja, não se considera bom o suficiente para triunfar em seu nível habitual.

Esta é a armadilha: tentar ser outra pessoa, dando tudo por tudo. É quando você é menos eficiente: perde a naturalidade, tenta coisas difíceis demais, forçadas, não ditadas pela inspiração. Você joga não por ousadia, mas por medo. Longe de impressionar seu oponente, você mostra a ele que não tem confiança em seu próprio jogo. Mesmo com boas jogadas, é fácil para o adversário perceber que você está acelerando demais, e é isso que ele está esperando; ele sabe que não vai durar muito.

3. Tenho a cabeça de campeão?

Tenho quando...

- ☐ não coloco meu oponente em um pedestal e confio em minhas próprias qualidades; não preciso estar no meu máximo o tempo todo;
- ☐ não jogo contra a classificação do meu oponente, mas contra o seu desempenho no dia.

Não tenho quando...

- ☐ tento coisas que estão acima do meu nível e saio da minha zona de competência;
- ☐ tenho tão poucas oportunidades de mostrar o que posso fazer (por exemplo, se for um reserva) que me precipito.

30. ANIMALIDADE

1. O que é?

Animalidade é instinto, espontaneidade, intimidade. O dom de agir confiando em seus instintos o suficiente para controlar tudo o que sai de você.

2. A ideia

Você não pode ser um artista se não tiver acesso à sua animalidade, à sua inteligência natural. As melhores criações, seja você um pintor, escritor ou músico, são evidentes e parecem vir diretamente do corpo, como se alguém em nosso interior soubesse melhor do que nós o que precisava ser feito. O que fazemos de melhor, no campo criativo, é o que nos escapa. Mesmo que tenhamos muito talento, não podemos expressá-lo completamente sem esse instinto animal. Para um cantor, por exemplo, a técnica e o conhecimento da música estão na cabeça, mas a voz está no corpo e na animalidade. A arte envolve não apenas técnica, mas também emoção.

3. Tenho a cabeça de campeão?

Tenho quando...

- ☐ vejo minha animalidade como uma qualidade e respeito sua estranheza;
- ☐ nem sempre me pergunto por que digo ou faço algo, confio em meus instintos.

Não tenho quando...

- ☐ sou muito controlado e não sei como "trabalhar sem rede"; tenho medo de ser ridicularizado e perco toda a naturalidade;
- ☐ sou racional demais, em detrimento de minhas emoções e sensibilidade.

31. NÃO LARGAR NADA

1. O que é?

Significa estar extremamente vigilante e evitar de todo modo relaxar durante as fases do jogo; avaliar a situação o tempo todo, estar presente e não fazer favores a ninguém.

2. A ideia

Não é possível eliminar todos os erros, mas você pode tentar cometer o menor número possível. O mais importante é limitar os erros não forçados (aqueles que não foram causados por seu oponente). As distrações custam caro. O resultado de uma competição geralmente é determinado mais pelos pontos que você perde do que pelos pontos que você ganha. Os momentos em que você perde a concentração também são inevitáveis; é preciso saber como administrá-los (administrar a queda, limitar sua duração e limitar os danos) e fazer as pausas nos momentos certos (*time-outs*, interrupções no jogo). Um competidor que nunca desiste pressiona o adversário por meio de sua concentração constante. Ele faz com que o adversário sinta que precisa lutar por cada ponto, por cada metro, o que muitas vezes acaba parecendo uma montanha intransponível e desencorajando o outro jogador.

3. Tenho a cabeça de campeão?

Tenho quando...

- ☐ não perco pontos, não cometo erros não forçados (posso errar quando tento algo, mas não porque não estou "lá");
- ☐ sou tenaz, nunca desisto e nunca deixo nada passar porque meu desejo é muito forte.

Não tenho quando...

- ☐ preciso regularmente "limpar minha cabeça", dou confiança ao meu oponente, ele sabe que pode contar comigo para ajudá-lo;
- ☐ estrago tudo com uma ausência de cinco minutos, ou marco um bom ponto apenas para, num vacilo, perder dois.

32. ACEITAR A FRUSTRAÇÃO

1. O que é?

Aceitar a frustração significa enfrentar a impossibilidade de satisfazer imediatamente seu desejo sendo paciente. É uma etapa essencial para superar suas dificuldades e manter o ânimo.

2. A ideia

As frustrações fazem parte de nossa vida cotidiana, são previsíveis. Todos temos o direito de ficar decepcionados, assim como temos a opção de desistir ou arregaçar as mangas para superar a situação. Quando nos deixamos dominar, não conseguimos seguir em frente ou progredir; continuamos a ser a criança mimada que não conseguiu o que queria e que se afoga em suas lágrimas. A comunicação se torna difícil, e a menor dificuldade se torna uma montanha. O primeiro passo é aceitar a realidade e admitir que as coisas nem sempre saem de acordo com o planejado. É preciso desistir da perfeição e da crença em um mundo ideal. Dessa forma, podemos encarar a frustração de forma positiva, vendo-a como ela é: um desafio à nossa força mental, à nossa paciência e à nossa capacidade de superar os momentos difíceis.

3. Tenho a cabeça de campeão?

Tenho quando...

- ☐ aceito que os bons resultados e os bons sentimentos não vêm imediatamente;
- ☐ olho por trás do obstáculo e procuro a solução em vez de fazer uma tempestade em um copo d'água.

Não tenho quando...

- ☐ sou muito perfeccionista e fico com raiva assim que encontro uma dificuldade;
- ☐ questiono tudo quando é difícil e procuro uma solução fácil a todo custo.

33. AUTORIDADE PESSOAL

1. O que é?

Uma segurança interna, uma autoconfiança que surge sem precisar ser demonstrada. Algumas pessoas, em uma competição, agem como se fosse normal ganharem; o talento delas é que acreditamos nisso!

2. A ideia

Aqueles que têm autoridade exercem um poder de fascinação sobre os outros ao manterem certo mistério. Eles têm "suas próprias regras" e dão a impressão de que sabem quem são, para onde estão indo e o que estão fazendo. É muito difícil enfrentar alguém que sabe quem é. Essa é uma qualidade essencial na competição, em que o objetivo é vencer para não ter de se submeter às regras dos outros, do adversário, do ambiente e das classificações. Toda luta representa a oposição de duas identidades, duas lógicas, duas histórias. A autoridade pessoal não deve ser confundida com o desejo de dominar. Alguém com autoridade não é necessariamente alguém que domina os outros. Pelo contrário, ele pode até ser discreto e modesto. O objetivo é ganhar respeito e se impor.

3. Tenho a cabeça de campeão?

Tenho quando…

- ☐ mesmo ao errar, dou a impressão de que sei o que estou fazendo;
- ☐ imponho minha vontade (sou calmo e determinado, mantenho a postura ereta, encaro o olhar da outra pessoa).

Não tenho quando...

- ☐ não sou reservado, porque falo demais;
- ☐ muitas vezes perco o jogo mental, mesmo sendo tecnicamente melhor.

34. AMAR A PRESSÃO

1. O que é?

Estar apaixonado pela pressão significa usá-la em vez de suportá-la ou tentar evitá-la. Temos medo, mas adoramos.

2. A ideia

Dependendo da relação que você tem com a pressão, ela pode se tornar transcendente em vez de paralisante, e o que antes era assustador pode se tornar empolgante. Os amantes da pressão incluem grandes atletas, aventureiros radicais, atores, empresários, criadores – qualquer pessoa que precise constantemente se desafiar e se colocar em perigo (subir em um palco, por exemplo) para se sentir viva. Curiosamente, para algumas pessoas, conviver com o medo e desafiá-lo é uma forma de se proteger dele. Seu medo é tão grande que precisam enfrentá-lo. Portanto, a pressão não é boa nem ruim em si mesma. Ela pode ajudar quando você sabe transformar a tensão na capacidade de agir.

3. Tenho a cabeça de campeão?

Tenho quando...

- ☐ gosto de competir em finais; tenho medo, mas não entro em pânico;
- ☐ antes de uma corrida importante, na linha de largada ou antes de jogar um ponto importante, sou capaz de sorrir (internamente).

Não tenho quando...

- ☐ em vez de usar a pressão, espero que não haja nenhuma;
- ☐ prefiro jogar sem espectadores, ou não suporto pessoas me observando.

35. RECUPERAR O PRAZER PERDIDO

1. O que é?

Aceitar o desaparecimento do prazer na vida cotidiana e (re)descobri-lo.

2. A ideia

O que poderia ser mais normal do que perder o prazer de chutar uma bola ou nadar quando se fazem essas atividades todos os dias? No entanto, muitos atletas começam a ter dúvidas quando percebem que esse prazer está desaparecendo. Esse fenômeno ocorre sobretudo entre os profissionais que praticam seu esporte com muita seriedade ou em ambientes estressantes. Para recuperar as sensações perdidas, você pode tentar encontrar prazeres diferentes, como relacionamentos ou um trabalho bem-feito. E quando você encontra aquilo de que tanto sentia falta, o desejo pode ser ainda mais forte, e você volta a jogar! Em qualquer atividade, o prazer é o "inibidor de ferrugem", o elemento que garante uma prática longa e saudável. Sem prazer, a qualidade de vida é muito menor. Mas há uma linha tênue a ser traçada entre o desaparecimento completo do prazer e certos momentos vazios em que o prazer não vem imediatamente.

3. Tenho a cabeça de campeão?

Tenho quando...

- ☐ procuro outras fontes de prazer e estou ciente de que ele me permitirá produzir os melhores resultados;
- ☐ tento fazer as coisas bem-feitas e aceito que o prazer às vezes demora a chegar.

Não tenho quando...

- ☐ estou muito imerso em minha disciplina e não tenho mais a perspectiva de saber do que gosto;
- ☐ estou buscando prazer apenas para me divertir e ter uma boa sensação, não para melhorar meu desempenho.

36. AUTOCONFIANÇA

1. O que é?

Autoconfiança é a sensação indescritível de que você terá sucesso em qualquer coisa que se proponha a fazer. Ela ajuda muito, mas, mesmo se não a tiver, você pode passar sem ela.

2. A ideia

Você ficaria surpreso com a quantidade de campeões que obtêm sucesso e vencem sem confiança. Para obter grandes desempenhos, você não precisa de autoconfiança; precisa de grande confiança em seu jogo, em seu domínio técnico e físico. Embora, para a maioria, esse seja o fator número um do sucesso, é melhor não falar muito sobre autoconfiança, pois não é possível controlá-la diretamente. Ela é apenas um resultado, a consequência de nossa preparação e de outras qualidades que podemos influenciar (nosso domínio técnico, nosso poder de concentração, nosso controle das emoções etc.). A confiança geralmente é percebida como um gatilho, e tendemos a esperar por ela com impaciência. Achamos que ela resolverá nossos problemas, mas o oposto é verdadeiro: se resolvermos nossos problemas, ela acontecerá e estaremos prontos para ela.

3. Tenho a cabeça de campeão?

Tenho quando...

- ☐ o problema da confiança não aparece mais;
- ☐ adoto o seguinte lema: “Quando não tenho confiança, eu trabalho”.

Não tenho quando...

- ☐ falo mais sobre confiança do que sobre meu plano;
- ☐ sempre sinto que os outros são mais confiantes do que eu.

5

GOLFE: UMA VIAGEM À TERRA DAS MICROS-SENSAÇÕES

"Quando você anda descalço pela selva, você tem que andar sobre os espinhos."

Rithy Panh, cineasta cambojano

Um jogador de golfe é um arqueiro fazendo uma pista de obstáculos, um arremessador de peso fazendo uma coreografia clássica, um monge tibetano fazendo *curling* (em encostas) e um jogo de xadrez contra o Diabo, humilde e paciente, diante de uma natureza que nos lembra que ela nunca foi nada além de uma sucessão de perigos e armadilhas para nós. Então, sim, estamos na terra das microssensações, porque, assim como um saltador em altura, um velocista ou uma bailarina, o gesto e o desempenho corretos dependem da harmonia entre inúmeros elementos: coordenação, ritmo, flexibilidade, explosividade, toque de bola (ou de pé), desprendimento, comprometimento... Se apenas um desses elementos estiver faltando, o equilíbrio é perturbado, a delicadeza das sensações é pior, menos natural – é o fracasso! Poucas atividades exigem tanto domínio de cada parte do ser e requerem tanta sensibilidade ao que está acontecendo no corpo e na mente.

As microssensações não são apenas técnicas, físicas e táteis, elas também podem ser mentais. No golfe, tudo é micro: um grão de areia na tacada, um pequeno atraso na cabeça do taco, mas também uma pequena tensão que você não esperava, o menor sinal de mau humor, uma pequena irritação... Nesse país verde e vasto, tudo gira em torno disso, microssensações que podem criar cataclismos de imprecisão. Mentalmente, a sintonia é tão fina que uma simples preocupação, acompanhada de uma linguagem corporal levemente irritada, pode causar mais danos do que a raiva ou uma grande frustração em outros esportes.

CAPÍTULO 1

UMA CADERNETA E DICAS PARA CONCLUIR SUA JORNADA

O esporte mental por excelência

O que os atores de cinema têm em comum com os jogadores de golfe? Quando ouvem "ação", os atores já vestiram seu traje de cena e são habitados por seu personagem. Quando ouvem "corta", podem sair da cena. Esse processo pode ser repetido até vinte vezes, até que o diretor acredite ter gravado uma tomada bem-sucedida. Tudo então depende de uma habilidade essencial: saber gerenciar os pontos altos e baixos. O que você pode fazer entre as tomadas para recarregar as baterias, para se livrar de qualquer frustração ("Droga! Eu estava perfeito, mas meu parceiro esqueceu as falas dele"), antes de se recondicionar para a próxima tomada?

Da mesma forma, o jogador de golfe se transforma quando chega à tacada. Sua fisionomia muda, ele investe a intensidade necessária para se expressar da melhor forma possível; em resumo, ele coloca sua "cara de jogador". Antes de bater na bola, passa pela "rotina", que deve tranquilizá-lo e mantê-lo no momento presente. Depois de dar a tacada, ele pode remover essa proteção para saborear o momento, desabafar sua frustração ou passar o tempo (conversando com o *caddie* ou com o adversário etc.).

Seja no set de filmagem ou no campo, atores e jogadores de golfe passam o dia compartimentando sua concentração e energia entre os momentos "*on*" e "*off*". Isso também se aplica a qualquer outro artista. Todos têm momentos fortes e fracos para administrar, seja um jogador de vôlei, um músico ou um apresentador de TV, e alguns até conseguem fazer isso naturalmente. E quem de nós nunca precisou colocar sua "cara de jogador" para uma apresentação, uma entrevista de emprego, uma reunião importante ou uma negociação?

O fato é que, em uma competição que dura quatro dias, um golfista passa cerca de cinco horas por dia no campo, com o tempo real de jogo limitado a pouco mais de um minuto de tacada. Se você adicionar o tempo gasto na preparação para bater na bola, chegará a cerca de uma hora de concentração. O restante do tempo é gasto caminhando, esperando e, acima de tudo, tentando esquecer a última tacada e se preparar para a próxima.

Então, como aprender a se concentrar logo antes de bater na bola e usar o resto do tempo para se distrair, relaxar e fugir de tudo isso? Essa bolinha minúscula que não se move lhe dá tempo para pensar, duvidar, questionar a si mesmo... Esse tempo só precisa ser ocupado pela concentração em coisas úteis. Enquanto um judoca, esgrimista ou jogador de rúgbi pode investir sua energia e agressividade na luta com os outros, um golfista luta para coordenar seu corpo a fim de executar a próxima tacada com exatidão milimétrica. Nesse esporte de precisão, o menor lapso de concentração é escrupulosamente punido. No *drive*, por exemplo, um grau de abertura ou fechamento no impacto pode resultar em uma diferença de dez metros na chegada! Bem-vindo à terra das microssensações.

Outra diferença é que os jogadores de golfe primeiro jogam contra o campo, depois contra si mesmos e, então, contra outros jogadores.[96] Outros esportes, como arco e flecha ou tiro com pistola, têm a mesma dimensão mental, mas o golfe é diferente por causa das mudanças de superfície (*green*, *rough*, *bunker* etc.) e dos grandes riscos financeiros e de mídia envolvidos. Para passar cinco horas sem ser treinado por ninguém além de você (o treinador não tem permissão para intervir no campo), é preciso ter uma base sólida sobre como se concentrar e gerenciar suas emoções.

É fácil ver por que o mundo do golfe vem abrindo suas portas para os recursos de preparação mental há décadas. Enquanto muitos técnicos de outras modalidades ainda preferem cuidar da preparação mental por conta própria, os técnicos de golfe, em sua maioria, delegaram esse campo a especialistas. Os jogadores exibem seu "*coach* mental" sem complexos e até com orgulho. É normal trabalhar em si mesmo para se conhecer melhor, personalizar suas ferramentas e identificar suas rotinas. Isso é tão importante que o orçamento destinado à preparação mental de determinados jogadores profissionais do European Tour é maior do que o das federações esportivas emblemáticas.

Rotinas mais fortes do que emoções

As questões recorrentes que causam problemas são bem conhecidas: como organizar esse tempo que nos convida a nos concentrar e a nos dispersar ao mesmo tempo? Como esquecer uma tentativa frustrada e nos concentrar na próxima? Como respeitar o processo para pensar no próprio jogo, e não no que está em jogo?

96. Com algumas exceções, como a Ryder Cup, que ocorre na forma de partidas.

Para responder a isso, vamos olhar de perto onde estamos pisando. O percurso é um parque de diversões cheio de prazeres e boas sensações, bem como pode se tornar um ogro cheio de pensamentos que nos distraem, frustrações e reações de pânico. Mesmo os melhores jogadores do mundo podem errar *putts* de sessenta centímetros que nunca erraram nos treinos. O campo permite ao atleta jogar o seu melhor golfe quando ele tiver personalizado o seu equipamento mental. Longe de superstições e pensamentos pré-fabricados ("Tal e tal campeão estão habituados a fazer isso e aquilo em tal e tal momento da competição, por isso terá de fazer o mesmo"), estamos falando de verdadeiras criações pessoais: uma rotina para ajudar a se concentrar, regras de vida para não perder a concentração, apoio escrito (listas de verificação, palavras-chave, acrônimos etc.) para o lembrar de quem é, e do que tem de fazer...

Essas ferramentas são verdadeiros salva-vidas, coletes à prova de bala contra os pensamentos parasitas. E mesmo que o golfista – se perder a concentração – não ponha em risco a sua integridade física, como o pugilista ou o esquiador, é obrigado a estabelecer rotinas e diálogos internos eficazes. Essas aplicações tornam-se vitais. Omiti-las é como jogar à roleta russa: espera-se que as coisas corram bem, que se divirta, que se sinta confiante. E quanto mais esperamos, mais nos esquecemos de fazer!

O percurso já oferece tantas incertezas que não vale a pena aumentá-las. Então, o que fazem os jogadores que já perceberam que é impossível estar sempre confiante e na posse de um bom sentimento?

Eles passam do "espero" para o "faço".

- Eles antecipam situações que podem surgir, respondendo à pergunta: "O que planejei para cada caso?". Quanto mais completa for essa lista, mais bem preparados estarão mentalmente para dar a resposta correta em vez de ficarem surpreendidos e perturbados.

- Essas falas são defesas bem elaboradas, rotinas que fazem sentido nos momentos em que a voz fará de tudo para os tirar da concentração.
- Aplicam-nas rigorosamente para traçar o seu percurso e permanecer no processo. Torna-se um momento sagrado, "não se pode tocar nisso", é um espaço vital.
- Em vez de empurrarem o elevador emocional para cima e para baixo, podem dizer calmamente a si próprios: "Já vi o filme, conheço o cenário e, felizmente, tenho a linha certa".

Mas o percurso, com armadilhas, imprevistos e exigências, convida regularmente o jogador a desviar-se desse protocolo. Podemos nos desestabilizar rapidamente quando as coisas não correm como desejamos. Isso é humano, mas o desafio é mantermo-nos profissionais.

Basta olhar para outras categorias para perceber que manter rotinas mais fortes do que as emoções é uma das bases da concentração. Um cirurgião bem-sucedido que precise efetuar uma operação de urgência não vai apressar a sequência dos processos. Pelo contrário, aplicará escrupulosamente o protocolo previsto (desinfetar-se, recolher as informações corretas, pedir calmamente os instrumentos adequados etc.). Não o fazer, ou fazê-lo demasiado depressa, seria o mesmo que cometer um erro profissional. O golfista – como qualquer outro desportista – que se apressa na sua rotina em vez de ir com calma está na mesma situação. Mas, antes de ser um problema de preparação mental, é mais uma negligência por parte do jogador e dos que o rodeiam. O seu enquadramento profissional deve incluir salvaguardas para garantir que o processo seja respeitado em momentos de grande pressão. Enquanto nos limitarmos a explicações superficiais ("não pude evitar"), o caminho para a excelência estará bloqueado. Quanto mais for capaz de produzir uma análise eficaz em termos precisos, maior será a probabilidade de ser bem-sucedido (daí a importância das ferramentas de autoavaliação abordadas na Parte 4 deste livro).

Os seres humanos precisam de rotinas desde a primeira infância. Quer seja um banho à noite, uma história contada pelos pais ou uma música suave para adormecer, trata-se de criar um enquadramento tranquilizador. E, mais tarde, é exatamente desse tipo de calma que precisaremos para nos manter serenos quando as coisas se tornarem difíceis. Se sairmos desse quadro, correremos riscos desnecessários. É assim que os *happy few* conseguem disciplinar as suas mentes para se manterem dentro desse quadro, que é quase uma equação matemática: rotinas › emoções = desempenho.

O oposto do esquecimento é... o registro

Muitos atletas compreenderam os benefícios de permanecer no processo, mas não conseguem evitar: nos momentos críticos da competição, perdem a lucidez. É nesse contexto que correm o risco de se enrola, porque caem na armadilha da pressa, da inibição e, por vezes, até do pânico. O golfe é um desses esportes em que o treinador mal pode intervir durante o jogo. Felizmente, há sempre a possibilidade de consultar o livro de campo e falar com o *caddie* para fazer a escolha correta do taco e da tacada.

Obrigados a se organizar para se (re)concentrar, os melhores jogadores buscam doses de reforço. Consultam as suas notas do início do jogo, da mesma forma que um ator relê um roteiro, se necessário. Esse tipo de lembrete é utilizado para voltar a entrar no ritmo das coisas (instruções, rotinas, chamarizes etc.) e pode assumir diferentes formas. Cada um organiza-se à sua maneira, desde uma lista de controle no diário de bordo até um acrônimo escrito na luva ou na bola. Outros até tatuam o seu lema no antebraço. Eis alguns exemplos inspirados nos jogadores com quem trabalhamos nos últimos anos:

Antes da competição

Escolho o ponto de não retorno em que entro no personagem de golfista. Esse momento não pode ser nem cedo demais (senão gasto muita energia) nem tarde demais (para me dar tempo de fazer essa transformação), um pouco como o ator que se transforma em seu camarim entre sua chegada e a saída do palco.

Durante a competição

A minha rotina de *putting*: "Antes de fazer o *putt*, leio atentamente a inclinação, visualizo um ponto na linha, escolho um ponto para alinhar o *putter*, faço duas tacadas de ensaio e depois vou em frente. O tempo entre o último olhar e o *putt* deve ser de um segundo, no máximo.

- **O meu lema** para começar bem a próxima tacada: "Boa tacada, má tacada, próxima tacada".
- **A minha regra de vida**: "Não jogo até a minha tacada estar clara na minha cabeça".
- **O meu ponto de não retorno**: "Quando o *caddie* pousa o saco, tudo o que veio antes não conta mais".
- **As minhas dicas**:
  - » Escrevo na minha luva as primeiras letras das palavras que me inspiram para me preparar, por exemplo SEI (S = ser Simples; E = fazer uma Escolha acertada; I = colocar Intensidade).
  - » Falo em voz alta comigo mesmo para verbalizar o que vou fazer (um pouco como um dentista que descreve o que vai acontecer para tranquilizar seu paciente, a fim de evitar que ele se assuste com o barulho da broca).

» Quando começo a perder a lucidez, imagino o que o meu treinador me teria dito se estivesse sentado ao meu lado.

Depois da competição

Escolho o momento da ducha, no regresso do percurso, para terminar o dia. A partir desse momento, passo a fazer outras coisas e nunca olho para trás, para o dia que analisei previamente com o meu treinador.

A rotina é uma criação pessoal, tem um significado para o jogador e é frequentemente simbolizada por um gesto que desencadeia a sua aplicação (calçar as luvas, respirar fundo...). Uma rotina ou um golpe bem escolhido pode durar muito tempo ou desgastar-se e perder a eficácia e o significado. Cabe a cada um fazê-las evoluir, reinventando-as quando necessário.

Por fim, não vale a pena escrever num caderno se este acabar numa gaveta. Encontramos muitos atletas que tinham a boa intenção de utilizar os seus apontamentos, mas que não tinham "aprendido a aprender": embora o aspecto acadêmico da tomada de notas possa tornar algumas pessoas reticentes, trata-se sobretudo de personalizar as suas ferramentas, se apropriar delas e aprender a utilizá-las como se fossem o seu décimo quinto taco ou a sua segunda raquete.

Quando os esportes de equipe estão envolvidos

É evidente que o exemplo do golfe serve sobretudo como metáfora para a questão da concentração sob pressão. Quantas vezes uma prova de natação ou de atletismo foi decidida na sala de chamadas? Parece que outros esportes individuais podem facilmente transpor o exemplo do golfe para os seus respectivos ambientes.

Mas como um esporte em equipe pode se beneficiar com uma modalidade como o golfe, que não envolve combate nem dinâmica de grupo? Os rituais pré-jogo já estão bem integrados na rotina diária das equipes. Por exemplo, antes do primeiro jogo oficial de uma competição, os jogadores da grande seleção francesa de handebol organizam sistematicamente uma reunião sem o *staff* para reiterar as obrigações de cada um e, assim, encorajar a apropriação do projeto comum. Mas quais são os planos individuais para entrar no jogo ou converter aquele pênalti decisivo no último minuto?

Vejamos o desempenho individual no esporte de equipe. Quantas vezes um jogo foi decidido por uma ação individual, quer se tratasse do pênalti no futebol, do lance livre no basquete, do serviço no voleibol ou do pênalti no rúgbi? E o que dizer do mau hábito de esperar que o grupo e a equipe técnica deem a solução em vez de a procurarem eles próprios? Nos últimos anos, temos assistido a um número crescente de jogadores que procuram soluções personalizadas. Perceberam que o seu desempenho individual depende apenas deles e que ninguém vai fazer as coisas por eles.

Estamos chegando ao cerne do treino mental: é no treino que trabalhamos esses automatismos, bem como nos momentos em que domamos o palco a ser jogado. Os jogadores estão se organizando, como o jogador de rúgbi Mathieu Bastareaud, que adquiriu o hábito de ouvir as sessões gravadas no seu celular com o seu psicólogo:

"É apenas mais uma forma de manter a minha mente ocupada, de desligar o meu cérebro... Sento-me e pego os fones de ouvido. [...] Também posso fazer isso antes ou depois do treino. À hora do almoço, sento-me num canto e desligo tudo para me concentrar. Trabalhar a minha respiração me acalma."[97]

97. *Journal du dimanche*, 4 de junho de 2015.

O lendário jogador de rúgbi Johnny Wilkinson é um dos exemplos mais marcantes. Ele revolucionou o treino ao individualizá-lo por própria iniciativa, sem depender da orientação dos que o rodeavam. Lembramos com prazer da rotina de Wilkinson – inspirada no golfe – antes de um pênalti.

Etapa 1:[98] pouse a bola: crie um fio imaginário entre a bola e os travessões; o olho está ligado ao alvo.

Passo 2: movimente-se: oito passos para trás, um passo para o lado (tique da perna esquerda).

Etapa 3: olhos/mãos: olhar para cima e para baixo; juntar as mãos.

Passo 4: pé esquerdo: sempre para trás no início; dois passos e golpe.

Independentemente do resultado e da sua forma no dia, a rotina dele nunca mudou, tornando-o um companheiro de equipe com quem se podia contar. Aliás, esse era um dos seus principais objetivos quando decidiu bater mil chutes de pênalti por semana, ao ponto de preocupar aqueles ao seu redor com esse volume imenso e o risco de uma possível lesão.

Qualquer jogador pode cobrar 150 pênaltis em um dia, antes ou depois do treino. Mas quem vai incorporar essa medida excepcional em seu plano individual, especialmente quando ninguém lhe pediu isso? Não é essa a diferença entre os atletas de alto nível e os campeões? Enquanto a maioria dos outros confia em seu talento, instinto ou superstição, os campeões mostram que têm consistência em suas ideias: criaram uma estrutura que faz sentido para eles e que resiste à pressão. Eles a aplicam independentemente de como a competição se desenrola e, ao colocarem uma intensidade excepcional em sua execução, conseguem ocupar seu espírito, permanecer no momento presente e colocar suas mentes a serviço do time.

98. Ver o vídeo disponível sobre esse assunto: "La routine, maladie sportivement transmissible", por Arnaud Blanc, www.equipe.fr de 31.10.2015.

CAPÍTULO 2

O OBJETIVO DA MAESTRIA É OUSAR A "IMAESTRIA"

O mundo do golfe é obcecado pela técnica. Ser obcecado por técnica quando se é golfista é algo bom, na verdade, é uma loucura necessária.

Por esse motivo, muitos jogadores de golfe (mesmo os de alto nível) continuam a pensar demais em sua técnica no campo, em competições. Eles a maltratam, submetendo-a a todo tipo de controle. Acham que assim controlarão melhor o movimento, mas acontece o oposto: o movimento perde a harmonia, a simplicidade e a precisão. E, por causa dessa preocupação, negligenciam outros aspectos muito mais importantes do desempenho: relaxar, sentir as tacadas, deixar a inteligência do corpo trabalhar, que é mais eficaz do que a inteligência do cérebro quando se trata de ações tão sutis e precisas.

Como diz o diretor de cinema Philippe Lioret: "Os atores são bons quando suas falas são completamente absorvidas, de modo que as palavras saem da boca, e não mais da cabeça". Os jogadores de golfe também são bons quando suas tacadas não saem mais da cabeça, mas do corpo. O corpo, assim como o dos atores, digeriu o gesto; a tacada está dentro, está lá, está feita. A essa altura, não faz sentido pensar em técnica, verificá-la, fazê-la sentir que não confiamos nela. Ela nos retribuirá se evitarmos essa conduta. O golpe está no corpo, e o trabalho consiste em não interferir, em neutralizar qualquer coisa que possa atrapalhar o desempenho. O ato criativo consiste em trazer à tona o que já está lá.

"Os gênios são pessoas que gostam de bater o mesmo prego", disse Proust. Einstein, por sua vez, disse que não era mais inteligente do que ninguém, mas que ficava mais tempo em cima dos problemas... Dissecar, analisar, desfazer, refazer, experimentar, consolidar incessantemente, buscar o gesto perfeito no treinamento – essa é uma boa descrição dos campeões, esses loucos que vão aonde os outros não vão, que atingem tal nível de compreensão e domínio de seu esporte que podem ver e sentir coisas invisíveis para os simples mortais... Por meio de suas pesquisas, um milímetro ou um centésimo de segundo assume uma dimensão real, uma realidade física. Eles os veem.

O trabalho incansável para refinar as sensações não está sendo criticado aqui. No entanto, é um lugar que deve ser preservado: o palco para os artistas, o campo de competição para os jogadores de golfe; um lugar para a expressão, e não para a compreensão. Na competição, a pesquisa sobre o gesto técnico não é mais a ordem do dia. É hora de brincar, de criar, de desenhar, de sentir as coisas e os elementos, de ter uma dose de animalidade e espontaneidade, de aceitar o desconhecido, que tem seus encantos.

O filósofo Charles Pépin, que se interessa por esportes, fala sobre "crispar a vontade" e "relaxar a vontade", ou "imaestria". É a mesma ideia: "Há um momento para treinar a vontade e o domínio, e há um momento para relaxar a vontade e a imaestria". Ele explica que nós, ocidentais, somos culturalmente marcados por um forte voluntarismo ("Se você quer, você consegue!"). Para nós, tudo é uma questão de vontade. No fundo, temos a ideia de que quanto mais dispostos estivermos, mais eficazes e mais bem-sucedidos seremos. “Somos filhos de 2.500 anos de loucura da vontade”, diz ele.

Ora, na maioria das vezes, é quando você renuncia a sua vontade que as coisas acontecem, quando você tem ideias, ou boas intuições, que as coisas funcionam melhor... Charles Pépin diz: “O objetivo da maestria é, em determinado momento, permitir-se uma forma de imaestria, de esquecimento, de leveza, de pura decisão. E o papel de um mestre é fazer com que seu aluno seja capaz da audácia da imaestria, que gera o verdadeiro talento”.

Bob Rotella (treinador mental de muitos vencedores de Grand Slam) fala sobre “abrir mão do controle para retomar o controle”. Os jogadores de golfe falam muito sobre “abrir mão”, e isso é algo que eles não fazem muito bem. Deixar fluir é uma fórmula que foi ouvida e idealizada, mas é difícil de aplicar. A “imaestria” diz a mesma coisa, mas expressar o que todo mundo já ouviu mil vezes de uma forma diferente, com outra imagem, pode iluminar e desbloquear.

O corpo sabe. O corpo de um golfista sabe muito melhor que sua cabeça como fazer um movimento tão complexo e exigente como o *swing*. A combinação certa de músculos tensos e flexíveis a serem usados na tacada, a velocidade ideal, o ângulo certo do taco no impacto... Qualquer um que pense que pode se sair melhor e ser mais preciso pensando em como dar a tacada, concentrando-se na força de vontade e no controle, está enganado. Ela será menos precisa. Pensar em um chamariz, uma pequena chave que o lembra de uma direção, o conecta a uma sensação, fixa sua atenção, sim. Pensar em uma estratégia de tacada, sim. Pensar em sua técnica e tentar controlar para onde o taco deve ir, não.

Da mesma forma, como já dissemos, o escultor (quando está inspirado) não pensa realmente em fazer sua estátua, a estátua é feita. Quando um músico toca bem, ele se esquece de sua técnica e de seu instrumento e se concentra na música. Os jogadores de golfe devem fazer a mesma coisa.

❖

Faça um teste. Pergunte a um grupo de crianças golfistas, as mais bem classificadas em sua faixa etária, se elas se preocupam com sua técnica no campo de competição e se pensam em como dar a tacada. A resposta geralmente é não. Elas certamente têm pensamentos que as distraem, ficam "estressadas", como dizem, com a presença dos pais, com o resultado final, com a comparação com os outros, com a classificação... mas muito menos com sua técnica. Quando não estão lidando com esses pensamentos perturbadores no campo, estão jogando. Pensam em seu objetivo. Para elas, o golfe é mais um "esporte de arremesso" do que um "esporte de rebatida".

Picasso disse: "Levei toda a minha vida para saber desenhar como uma criança". O que ele quis dizer foi: com a leveza, a despreocupação, o não julgamento, a brincadeira, a soltura, a beleza e a simplicidade de uma criança. Jack Nicklaus concorda quando diz: "Você não deve levar esse jogo tão a sério a ponto de se sufocar. É preciso ser leve o suficiente para jogar de forma descontraída. Há um equilíbrio a ser alcançado entre seriedade e relaxamento". Mas a realidade do golfe é diferente. O que vemos com mais frequência são jogadores preocupados, com dificuldade para relaxar. O que domina o golfe, em todos os níveis, é a preocupação.

❖

"Eu preciso me tranquilizar... É por isso que verifico regularmente se minha técnica está bem aplicada" é o argumento apresentado quando conversamos com golfistas que pensam demais sobre sua técnica em competições e que não conseguem aceitar que parte do jogo não é totalmente controlável e que essa parte do jogo é como uma pincelada: você tem que confiar e deixar que ela tenha sua pequena parcela de inspiração.

Um golfista que não aceita essa parte, que não a aprecia, que gostaria de controlar totalmente seu destino e que constantemente precisa se tranquilizar não está preparado para essa profissão exigente, ou, pelo menos, joga com uma desvantagem que os jogadores capazes de relaxar e aceitar uma dose de incerteza (ou "imaestria") ao executar sua tacada não têm. Evitar que seu pincel desenhe é deixar que o medo de se sair mal vença. E tentar se tranquilizar é uma admissão de fraqueza. Uma coisa é admitir por alguns minutos antes de uma competição, mas se isso se tornar uma maneira de fazer as coisas, promove um sentimento de pessimismo e tensão que impede que o corpo tenha a facilidade necessária para ser consistentemente preciso. Ao pensar que não está pronto, que tem motivos para se preocupar, que corre o risco de não ter sorte, você acaba não estando pronto, preocupando-se e não tendo sorte.

Os campeões que vencem torneios importantes podem ser pessoas ansiosas, que não têm uma boa autoimagem, que às vezes se sentem fracas, até mesmo ilegítimas, em seu íntimo. Os campeões geralmente são seres frágeis, mesmo que pareçam invencíveis. Eles têm essas ansiedades e dúvidas, mas não as demonstram e agem como caras durões que sabem exatamente o que estão fazendo. Podemos pensar que estão dizendo para si mesmos: "Não tenho confiança em mim mesmo, sei que não sou grande coisa, mas o melhor que tenho é o meu jogo".

São esses os que podem ganhar grandes coisas, duvidar de tudo, mas não de seu domínio técnico. Seu jogo, sua técnica, seu *timing*, seu estilo, que eles elevaram ao nível de uma arte, é seu orgulho, o lugar de sua nova imagem, seu meio de expressão.

6

A FLORESTA DOS DRUIDAS

por Makis Chamalidis

"Trate as pessoas como se elas fossem o que deveriam ser, e você as ajudará a se tornarem o que podem ser."

Johann Wolfgang von Goethe

Esta parte é destinada a qualquer pessoa que queira ir além da simples leitura de um livro e esteja procurando outras respostas para ajudá-la nos vários estágios que levam à realização de seu projeto. Ela também faz eco à seção "gerenciamento de carreira" do relatório de excelência (veja a Parte 4).

Começaremos analisando o papel dos técnicos e seus respectivos desejos, dos pais e dos atletas e a maneira como eles se comunicam. Os pais e os técnicos são os primeiros a estimular o talento, assim como também podem sufocar seu desenvolvimento. Portanto, é necessário definir melhor as aspirações e o posicionamento do técnico, dos pais e do atleta em relação ao projeto (Capítulo 1).

Uma visita guiada à Floresta dos Druidas (no Vale do Plano) nos dará uma melhor compreensão dos especialistas no aspecto mental do desempenho e das técnicas que eles usam (Capítulo 2). Mesmo que não precisemos recorrer a seus serviços, podemos tentar entender melhor quem são esses druidas[99] e quais são suas técnicas. Por fim, sugeriremos dez ou mais perguntas a serem feitas para garantir que encontraremos a pessoa certa para atender às nossas necessidades (Capítulo 3).

---

99. Isso inclui todos aqueles que se especializam em uma ou mais abordagens mentais, como é o caso de um número crescente de treinadores.

CAPÍTULO 1

NINGUÉM JAMAIS ATINGIU O SUCESSO SOZINHO

Quando você acha que já tentou de tudo para melhorar e continua enfrentando as mesmas dificuldades, pode ser um sinal de que é hora de procurar ajuda externa. Hoje em dia, cada vez mais pessoas estão dispostas a buscar ajuda para superar um período difícil. No entanto, quando alguém próximo diz para você "procurar alguém", ainda pode provocar reações defensivas: "Eu consigo fazer isso sozinho" ou "Eu não sou louco!".

Essa é a reação típica de alguém muito orgulhoso ou que tem medo de identificar e enfrentar seus demônios. E se essas famosas frases fossem, acima de tudo, ditas pelas pessoas que mais precisam ir a um especialista? Estão se defendendo a todo custo contra essa loucura que não é loucura. Será que não conseguem ver as vantagens de se aproximarem um pouco mais de sua verdadeira natureza? Mesmo que, no fundo, queiram viver sua "boa loucura", proíbem-se de cultivá-la por medo do ridículo, por culpa, por receio de quebrar tabus (religião, tradição familiar). Não são eles os primeiros a dizer: "sejamos loucos" nas raras ocasiões em que se permitem superar suas inibições?

Também depende de como essa abordagem é adotada e por quem. O pai agitado na beira do gramado pode muito bem dizer ao filho para procurar um psicólogo para se acalmar, mas talvez seja do interesse recorrer a uma terceira pessoa que, por sua vez, sugira ao filho buscar algumas ferramentas com um especialista que tenha experiência em ajudar atletas a superar desafios.

Muitas pessoas não percebem o quanto pode ser bom falar sobre o que está acontecendo com elas. Certamente é difícil romper com padrões de comportamento que sempre se repetiram e agiram contra nossos interesses. Sejam eles ligados ao nervosismo excessivo ou ao medo do ridículo, esses comportamentos estão enraizados em nossa história pessoal.

De que adianta ter o melhor treinador do mundo se, quando você chega em casa, lhe dizem o contrário ("Você nunca vai conseguir!")? E o que diz uma mãe, por exemplo, quando repete diariamente ao filho que ele é o melhor? Uma palavra, um olhar, um ataque psicológico de um pai ou de um cônjuge pode anular horas e horas de trabalho, mas também pode provocar reações de orgulho ("Vou mostrar a eles do que sou capaz"), algumas das quais são a raiz de grandes carreiras. Antes de analisar os druidas especialistas, é importante entender as aspirações das várias pessoas envolvidas.

O desejo dos outros

Quando se fala em aspirações, também falamos em motivações, objetivos e desejos. Em primeiro lugar, há sempre uma pessoa-chave envolvida em qualquer projeto importante. Essa pessoa se destaca por seu forte desejo de realizar, por sua busca obsessiva e por sua inteligência. Essa "força motriz" geralmente é do próprio atleta, mas também pode ser um treinador ou um pai, como o das irmãs Williams (consulte a

Parte 3, Capítulo 3). Sem o impacto dessa pessoa central, o projeto não pode ser bem-sucedido.

Mas será que sempre conhecemos os verdadeiros desejos das pessoas ao nosso redor? O quadro a seguir faz distinção entre vários níveis de desejo: aqueles que exibimos na frente de todos; aqueles dos quais temos consciência, mas não revelamos aos outros; e aqueles que são inconscientes. O objetivo é entender melhor como esses diferentes desejos são mais ou menos compatíveis entre si. Estamos mencionando aqui apenas os desejos dos pais, do atleta e do técnico, mas outros membros da família (especialmente os irmãos) ou do entorno (amigos, presidente do clube, gerente) estão envolvidos, cada um à sua maneira, no plano de carreira de um jovem atleta.

Esses poucos exemplos da vida cotidiana mostram como pode ser grande a distância entre nossos desejos declarados e nossos desejos inconscientes:

OS PAIS

- ☐ Desejo declarado: o desenvolvimento de seus filhos.
- ☐ Desejos conscientes (mas não declarados): ganhar dinheiro; ter sucesso.
- ☐ Desejos inconscientes: ver o filho alcançar o que eles próprios não conseguiram alcançar; compensar uma falha em seu relacionamento ou sua profissão.

ATLETA

- ☐ Desejos declarados: divertir-se; estar com os amigos; tornar-se um campeão.
- ☐ Desejos conscientes (mas não declarados): fazer melhor do que seu parceiro de treinamento; tornar-se uma estrela.
- ☐ Desejos inconscientes: ser amado; superar o pai; compensar um complexo de inferioridade; opor-se à autoridade: oscilar entre o desejo de ter sucesso para agradar aos pais e o desejo de fracassar para puni-los.

TREINADOR

- ☐ Desejo declarado: ajudar o atleta a progredir.
- ☐ Desejos conscientes (mas não declarados): obter sucesso esportivo e social; desenvolver campeões.
- ☐ Desejo inconsciente: alcançar resultados que não alcançou como atleta.

O equilíbrio no relacionamento entre pais, atleta e técnico depende, então, da compatibilidade de suas respectivas metas. Quanto mais compatíveis forem as metas, mais harmoniosa será a tríade (pais, atleta, técnico). Esse é o caso quando os pais e os técnicos respeitam os desejos do jovem e permanecem em seus lugares para permitir que ele se aproprie de seu projeto. Dessa forma, o equilíbrio ideal se baseia na homogeneidade e na complementaridade dos diferentes desejos. No entanto, esse equilíbrio está longe de ser alcançado nas famílias em que os pais "precisam" mais dos resultados esportivos alcançados do que o filho. E é quando o filho mantém a família funcionando e toma as decisões importantes (independentemente de seu nível de maturidade) que ele pode até se tornar o pai de seus pais...

Quando um pai tem o desejo inconsciente de ver seu sonho realizado por meio de seu filho, é um caso de sucesso por procuração. Uma das razões para esse desequilíbrio decorre da incapacidade dos pais de fazer o luto e reparar as feridas da infância, o que é necessário para aceitar a realidade e colocar um ponto-final no passado. Esse esforço para viver na realidade exige que abandonemos a ilusão de que nossos filhos um dia farão o que sempre quisemos que eles fizessem, mas também que abandonemos a imagem idealizada que temos de nós mesmos. Quanto aos jovens, podemos ajudá-los a entender melhor a situação de seus pais (embora eles também tenham que lamentar a perda dos pais que gostariam de ter tido). As crianças precisam de um espaço onde possam existir à sua maneira e se expressar o mais livremente possível, sem serem dominadas pelos desejos dos outros.

Em alguns casos, faz sentido fazer coisas por outra pessoa: quando um jogador de tênis, cujo nome não mencionaremos, teve que interromper sua promissora carreira após um acidente de carro, ele se virou para o irmão mais novo e disse: "Agora é sua vez de fazer o que eu não consegui". Menos talentoso que seu irmão mais velho, o jovem precisava ser forte para realizar esse pedido. Depois de receber a autorização do irmão, ele deve ter se sentido investido em uma missão; caso contrário, nunca teria conseguido se tornar um dos melhores jogadores do mundo...

Do desejo à competência

Uma vez identificado o desejo dos outros, resta o desejo mais importante: o do atleta que busca traçar seu próprio caminho. Se seu desejo está intacto, ele deve se perguntar o seguinte: seus acompanhantes estão à altura? Ele criou seu próprio círculo íntimo, como os grandes campeões que se cercam de um grupo restrito? São as pessoas de confiança que trazem as habilidades à tona. Por definição, esse círculo íntimo precisa ser restrito; caso contrário, há o risco de ouvir o último que falou, o que impede muitas pessoas de serem lúcidas e progredirem.

Não é de se surpreender que um campeão como Roger Federer siga sua regra das 24 horas: ele não toma nenhuma decisão importante nas 24 seguintes a uma derrota. Essa regra funciona como um salva-vidas, pois impede que ele tome decisões precipitadas e aja sob influência das emoções. Pelo contrário, dá a ele tempo para se acalmar, enquanto consulta seu círculo íntimo para tomar a melhor decisão possível, se necessário.

Quando escolher seu guarda-costas significa excluir determinadas pessoas, é preciso tomar uma posição e sustentá-la. "O que é melhor para mim? Quem me ajudará a superar minha próxima fase? O que devo fazer quando as pessoas ao meu redor não estiverem em seus devidos lugares?" Inevitavelmente, precisaremos deixar de fora algumas pessoas que não podem nos inspirar confiança (ou até mesmo nos desestabilizam), e aí vem o conflito de interesses: como você diz a um membro da sua família ou a um amigo próximo que a partir de agora as coisas vão acontecer sem eles? Algumas pessoas conseguem fazer isso sozinhas, mas outras precisarão recorrer a um terceiro que não esteja diretamente envolvido no projeto e que possa ajudá-las a dar um passo atrás. Essa terceira pessoa pode ser um amigo da família ou um profissional. O importante é que ela possa nos ajudar a determinar nossas prioridades. Esse é o momento de fazer as perguntas certas, aquelas que nos tiram de nossa zona de conforto:

- O que é mais importante para mim: minha vida social ou atingir minhas metas? Agradar a todos ou continuar com meu projeto?
- Quando foi a última vez que me arrisquei?
- Como posso continuar treinando com essa pessoa se termino cada sessão em lágrimas?

O objetivo é dar sentido ao que fazemos, e isso significa aprender a gerenciar conflitos de interesse:

- Amo meu irmão, mas não quero mais que ele se intrometa em minha carreira, porque ele confunde meus desejos com os dele.
- Não suporto mais dividir uma sala com meu rival direto, ele nunca perde uma oportunidade de me rebaixar na frente dos outros. Tenho que falar com ele!
- Minha namorada não gosta muito de minhas viagens. Como resultado, eu me sinto culpado e estou dividido entre dois desejos; as coisas não estão claras, e isso cria tensão dentro de mim e entre nós.

É preciso coragem e inteligência para criar esse espaço vital que lhe permite liberar a energia certa e deixar sua marca. Em vez de ser ditado pelos outros, você impõe seu desejo e seu estilo. É assim que você estabelece a distância "certa", onde todos estão em seus lugares.

Em resumo, o caminho que leva do desejo à competência e, portanto, ao desempenho, envolve:

- identificar seu **desejo** e distingui-lo do de outras pessoas;
- escolher sua **equipe** e seu guarda-costas;
- encontrar o **posicionamento** certo, seguindo seus objetivos e aceitando que não é possível agradar a todos. Essa é a maneira de se preparar para o sucesso.

Esse processo é essencial se quisermos evitar carregar muita bagagem no caminho para o topo. Enquanto não tivermos resolvido essas questões, não importa quantas ferramentas de preparação mental apliquemos; o caminho não estará livre, e elas não serão eficazes. No dia em que nos livrarmos do medo de decepcionar (corresponder aos desejos dos outros), da confusão sobre as instruções (saber como se cercar) e do estado de estar "entre duas posições" (entre duas escolhas técnicas, entre dois técnicos...), as coisas ficarão muito mais claras. Então, será possível jogar apenas uma partida, apenas uma corrida, apenas uma luta. Nesse momento, teremos criado o espaço de que o corpo precisa para trazer de volta a despreocupação, a leveza, o prazer e a lucidez, sem nenhum peso extra sobre os ombros.

Veremos mais adiante como um druida pode trazer clareza a esses três pilares: desejo, equipe e posicionamento. Enquanto isso, vamos nos ater às posições ocupadas pelas pessoas próximas a nós: como elas podem ajudar por meio de suas palavras e atitudes no dia a dia?

Palavras que falam

O que você pode fazer para obter as informações corretas e, portanto, as respostas corretas? Como você se posiciona, por exemplo, quando tudo o que obtém são respostas como "não sei"? Ninguém gosta da perspectiva de chegar a um beco sem saída. Há situações que exigem que ativemos nossas habilidades de escuta, que leiamos nas entrelinhas e tentemos dar sentido a estas fórmulas que precisam ser decodificadas:

- não pensei sobre isso;
- não estou com vontade de pensar;
- não estou acostumado a pensar (mas gostaria de fazê-lo);
- preciso de ajuda, mas não sei como dizer isso;
- eu realmente não sei.

Você só pode tranquilizar a pessoa à sua frente quando faz com que ela saiba que você entende... Você entende que não é fácil se expressar, encontrar as palavras certas ou que esse não é o momento de fazer perguntas. Mas antes de esperar pela resposta do aluno, o professor se depara com a difícil tarefa de encontrar o ângulo certo para fazer a pergunta que resolverá o problema. Muitas vezes, porém, o mais fácil é permanecer em sua zona de conforto e repetir as frases prontas geradas pela tradição local.

Então, quem nunca foi solicitado por um técnico ou pai a desabafar? "Apenas se solte! Você precisa ser positivo! Você tem que se divertir!" Será que é suficiente ouvir essas instruções para aplicá-las, especialmente quando se está sob pressão, quando o cérebro não está receptivo a grandes noções abstratas? Os atletas precisam de instruções mais concretas ("Mexa suas pernas"), com as quais possam fazer algo. Quando a casa está pegando fogo, é essencial aplicar o básico e fazer bem as coisas simples sem pressa. A pressão também recai sobre o treinador, que precisa encontrar a palavra ou a atitude que terá um efeito positivo em seu pupilo. A vantagem, então, é do técnico que pensou no que vai dizer com antecedência, para não improvisar no dia da partida importante. Cada um tem o seu jogo: o jogo do técnico é o desempenho em seu discurso antes da partida ou durante um intervalo.

A escolha das palavras é fundamental, assim como sua consistência. Quando as coisas não estão indo bem, "precisamos" nos questionar, mas podemos nos perguntar o que essa frase significa, especialmente quando ela vem, por exemplo, de um adulto que acha impossível se questionar. É muito mais fácil sugerir isso aos outros do que aplicá-lo a si mesmo! Seja o presidente de um clube de futebol que demite o técnico após uma série de derrotas, seja um pai histérico na quadra de tênis reclamando do nervosismo do filho, nem sempre é fácil agir com coerência e demonstrar harmonia entre as palavras e as ações. Não devemos nos esquecer de que a atitude do técnico ou dos pais pode ser transmitida ao atleta. Por exemplo, um técnico nervoso ou desanimado não terá o mesmo efeito sobre o nível de confiança do atleta que um técnico calmo e sereno. Como você pode exigir algo de seu aluno ou filho se não der o exemplo, quando você sabe que as atitudes são transmitidas ainda mais do que as palavras? E o que dizer daqueles "especialistas" que pedem para você fazer algo e depois o criticam por fazê-lo? É o caso, por exemplo, de um instrutor que pede a seu aluno que diga tudo o que pensa para se libertar, mas que o critica assim que o aluno abre a boca... Ou o técnico de tênis que pede a seu jogador que seja agressivo e corra riscos, e depois o critica no final da partida por ter cometido muitos erros... E a instituição que defende em alto e bom som o empoderamento dos atletas que recebe: "As decisões devem vir dele", "Ele deve jogar por si mesmo"; procuraremos em vão a coerência se, posteriormente, ela fizer de tudo para desvincular os atletas de suas responsabilidades e operar de modo excessivamente maternal.

Essas famosas injunções paradoxais contêm uma restrição dupla que se assemelha a um beco sem saída: quando aplico a primeira restrição, ela se opõe imediatamente à segunda. Isso cria um conflito e, acima de tudo, uma inconsistência no relacionamento, o que muitas vezes resulta em uma sensação de "intermediário": o artista fica preso entre duas restrições e se vê encurralado em vez de voar em direção ao seu desempenho.

Na busca pelas palavras e atitudes certas, você percebe o quanto é importante sair de sua própria zona de conforto. Trata-se de criar uma resposta ou um gesto que se adapte à pessoa que está à sua frente e à situação que ela está enfrentando. Quando ouvimos pela enésima vez as famosas mensagens "Concentre-se", "Acalme-se", "Seja independente" ou "Liberte-se", há uma boa chance de termos parado de ouvi-las ou de termos nos tornado alérgicos a elas! Durante anos, você pode ter sido insensível às palavras de seus treinadores e pais, mas, às vezes, basta que a mesma mensagem seja transmitida por outra pessoa, com palavras diferentes, para que você preste mais atenção. Às vezes, essas palavras ressoam e podem de fato desencadear uma verdadeira mudança de perspectiva. Muitas pessoas ficam paralisadas quando ouvem os conselhos desajeitados daqueles que as cercam. Se voltarmos à vida familiar cotidiana, o que fazemos, por exemplo, quando pedimos ao nosso filho pela enésima vez para arrumar o quarto e não temos êxito? Você repete a instrução até o ponto de ficar irritado ou é melhor escolher outro horário, outra maneira ou até mesmo não dizer nada e deixar acontecer?

> Um treinador de tênis nos contou a seguinte anedota: como de costume, ele incentivava seu jogador repetindo o famoso "Vai!" durante a partida. De repente, o jogador parou, virou-se para o técnico e perguntou: "Vai para onde?". Em outras palavras, "O que você está me dizendo não significa mais nada para mim. Por favor, seja mais específico!".

Esse é o ponto essencial da pesquisa pelas palavras, que ajuda a evitar a rotina do relacionamento e estimula o questionamento de que toda parceria precisa para evoluir. "Não venha para o treinamento, venha se treinar!" Se um atleta como Stéphane Diagana ainda se lembra desse tipo de frase (dita por seu treinador Fernand Hurtebise) anos depois, ela deve ter deixado uma marca em sua mente. Surpreender os outros, ir contra o conformismo, criar *slogans*, tudo isso faz parte do dinamismo do trabalho. A criatividade de um técnico é então passada para o atleta, que pode ter a liberdade de fazer algo com ela. Muitas vezes, a simples substituição de uma palavra por outra é suficiente para desencadear algo. Esse trabalho de "tradução" pode ser assim:

EM VEZ DE DIZER:	TENTE DIZER:
Deixe acontecer!	Você pode...
Concentre-se!	Aplique sua rotina.
Faça isso, faça aquilo!	Permita-se...
Seja disciplinado!	Mantenha os padrões que você estabeleceu para si mesmo.
Você precisa ser positivo!	Escolha a opção que o puxa para cima.
Você precisa vencer!	Dê a si mesmo o sinal verde para vencer.
Comporte-se como um adulto!	Procure dar bom exemplo.
Divirta-se!	Procure o prazer de um trabalho bem-feito.
Você precisa acreditar!	Tente algo...

O conceito *Think Positive*, originado nos Estados Unidos, ilustra bem a necessidade de reformulação. Perfeitamente adaptado à realidade e à mentalidade norte-americanas, esse conceito é difícil de ser aplicado com jovens que estão tensos e perplexos, aos quais se impõe serem positivos. Quando se está acostumado a viver em uma sociedade que descreve o que é extraordinário como "nada mal", pode parecer difícil ver tudo cor-de-rosa de repente. Agir como se tudo fosse positivo às vezes significa mentir para nós mesmos a fim de evitar mudar certas coisas e melhorar. Não faz sentido importar conceitos que funcionam em outros lugares sem verificar seu valor em diferentes contextos.

Mas não se trata de ser positivo a todo custo, e sim de ser realista, ambicioso e otimista ao mesmo tempo; o famoso "É um sofrimento jogar contra esse adversário" pode se tornar "Essa é mais uma oportunidade para eu sair da minha zona de conforto e superar meus limites". Cabe a cada um de nós usar o que temos: nossa inteligência, nosso corpo, nossas palavras e nossas imagens. É um exercício de construção mútua no qual o atleta é solicitado a produzir informações e a se posicionar.

- "Gosto quando você me elogia em vez de apontar imediatamente o que está errado."
- "Quando o vejo durante a partida, espero que você me incentive em vez de passar o tempo todo no celular."
- "Prefiro ter uma conversa fria a ouvir seu monólogo quando ainda estou muito emocionado logo após uma derrota."

Uma vez que o atleta tenha se expressado sobre o que espera de seu companheiro e que este aplique o código conforme o esperado, ele só terá a si mesmo para culpar quando as coisas derem errado.

Cabe a cada companheiro decidir quanto espaço deve deixar para o diálogo e quando é a hora de tomar as rédeas. A experiência mostra que decidir em conjunto as regras de vida que estruturarão o relacionamento é uma maneira de criar um espaço "diferente", inclusive em casa. Por exemplo, não falamos sobre futebol na mesa de jantar quando o jovem jogador chega do treino no fim de semana. Por outro lado, identificamos um momento durante o dia em que podemos falar sobre futebol para que todos possam encontrar seu lugar. Isso evitará que o jovem seja bombardeado com perguntas assim que chegar, o que geralmente acarreta ensimesmamento em vez de respostas. Muitos pais já passaram por essa frustração, por exemplo, quando o filho se recusa a contar como foi o dia na escola. E não faz sentido insistir quando claramente não é o momento certo para isso. Muitas vezes, é somente no final do dia ou na hora de dormir que a criança começa a falar sobre o assunto sem ser convidada. Cada coisa tem seu tempo.

Portanto, uma maneira de se posicionar e ajudar o treinador a supervisionar melhor seu protegido é estabelecer uma estrutura em que a comunicação seja adaptada e canalizada, o que gera menos mal-entendidos e, portanto, elimina mais um fator de fracasso. É uma situação em que todos saem ganhando no relacionamento, pois o conteúdo é esclarecido, e o não dito é eliminado. O "desapego" na competição começa com o desapego de certas coisas.

Você percebe até que ponto os princípios operacionais (comunicação, regras de conduta etc.) têm o poder de regular o relacionamento, colocar as pessoas no estado de espírito correto e inspirar confiança. Todo o trabalho preparatório, seja no treinamento ou em casa, culmina no dia da partida de alto risco: nesse dia, o artista precisa ser colocado no estado de espírito certo por meio de mensagens claras e simples. Não há necessidade de acrescentar nada, o trabalho técnico e físico já foi feito, e o artista provavelmente buscará confiança nos olhos, na linguagem corporal e na fala das pessoas ao seu redor. Vimos na seção sobre controle (Parte 5, Capítulo 2) o quanto as palavras das pessoas ao redor do *performer* precisam ser orientadas para que ele se solte, para que permaneça no seu jogo pessoal, e não nos riscos. No dia da partida, os lembretes são, acima de tudo, sobre identidade: lembrar as pessoas do conhecimento do protagonista (em vez do de seus adversários), dar significado à sua presença e mobilizar sua lealdade ao seu plano e estilo.

CAPÍTULO 2

ESPECIALISTAS EM SAÚDE MENTAL: QUEM FAZ O QUÊ?

As poções dos druidas

Antes de procurar ajuda em outro lugar, é importante lembrar que o papel do técnico é ajudar o atleta a progredir. O técnico é a primeira pessoa a intervir na dimensão mental da preparação do atleta, e seu trabalho pode complementar o de um especialista, dependendo do contexto. Também não faz sentido encaminhar seus alunos para os druidas na primeira dificuldade – como fazem alguns treinadores –, sem ter tentado realmente usar seus próprios recursos. Muitas vezes, basta sensibilidade, empatia, bom senso e um pouco de imaginação para encontrar soluções.

Mas o treinador não pode prever ou entender tudo se o aluno não pedir ajuda. Às vezes, as pessoas são muito tímidas para confiar nos outros, que nem sempre estão disponíveis para assumir o papel de confidente, amigo, psiquiatra ou "preparador mental". Eis a expressão: "preparação mental". É mais uma daquelas palavras do jargão esportivo que precisam ser esclarecidas. Preparar-se para o que mentalmente: um evento importante? A primeira vez em uma competição? Lidar com emoções ou lesões? O relacionamento entre o treinador e o aluno? O fim de uma carreira? Você logo percebe que um treinador não pode ser ao mesmo tempo treinador, preparador físico, nutricionista, irmão mais velho, substituto paterno e preparador mental. Por outro lado, ele pode e deve ter noções de todas essas áreas. De fato, a tendência entre os treinadores é fazer vários cursos de treinamento para ampliar seu repertório.

A melhor maneira é ir ao encontro dos druidas, cuja gama de "poções" e "serviços" é muito ampla e variada. É útil entender o que essas pessoas fazem e questionar: de onde vem determinado druida? Qual é sua formação? Qual é seu método? Está preparado para lidar com meu caso? Vamos começar com a seguinte observação: cada druida tem sua própria abordagem e seu próprio título, o que pode nos impedir de ver claramente na floresta. Entre o sofrologista, o mestre de PNL, o professor de ioga, o psiquiatra ou psicanalista, o psicólogo ou psicoterapeuta, nem sempre vemos a diferença e, muitas vezes, acabamos resumindo a abordagem dizendo que se trata do "preparador mental" de determinado time ou atleta. É por isso que vamos definir o trabalho dos vários druidas que mais frequentemente atuam no mundo esportivo.

Os sofrologistas usam uma variedade de técnicas para modificar os estados de consciência, incluindo hipnose, técnicas de sugestão (fórmulas que resumem um projeto positivo) e relaxamento dinâmico inspirado nas filosofias orientais. Do grego *sôs* ("harmonia", "serenidade"), *frêne* ("espírito", "consciência") e *logie* ("teoria"), a sofrologia tem como objetivo "harmonizar a consciência" por meio do fortalecimento do esquema corporal, da visualização e do estímulo à imaginação. A imaginação é a capacidade de visualizar uma situação de competição sob uma luz positiva, com o objetivo de melhorar o aprendizado e a concentração. Praticamos isso todos os dias sem perceber e, com muita frequência, olhamos para o lado negativo ("Consigo me ver perdendo nas eliminatórias") em vez do positivo ("Consigo me ver lúcido e determinado desde o início da competição"). Em disciplinas como esqui ou equitação, por exemplo, quando você está na situação, já imagina as dificuldades e o percurso.

Inspirado na hipnose, o **sofrologista** mantém a atividade consciente na fronteira do sono, em um nível conhecido como "sofrônico". Fechar as pálpebras, controlar a respiração e concentrar-se em cada parte do corpo nos conecta ao nosso mundo interior e nos permite entrar em um estado modificado de consciência, conhecido como "sofroliminal". O objetivo é recarregar esse nível de consciência com conteúdo positivo, combatendo todos os parasitas que minam nossos pensamentos (medo, ansiedade etc.), nossa percepção dos outros e nosso comportamento. Durante a sessão, o sofrologista acompanha e apoia esse esforço com uma voz suave e calma, convidando a pessoa a colocar seu objetivo em imagens.

O **mestre da programação neurolinguística** (PNL) utiliza um conjunto de técnicas de comunicação e transformação que se concentra em nossas reações, e não na origem de nosso comportamento. Preferindo o "como" ao "porquê", ele propõe uma grade de observação para melhorar a maneira como percebemos a nós mesmos e aos outros. A PNL lida com processos de pensamento, sensações e as palavras que os acompanham. O objetivo é ajudar as pessoas a definirem suas "âncoras", ou seja, palavras, imagens, cheiros, sons ou sensações que podem desencadear o efeito desejado (concentração, autoconfiança, espírito de luta). Ao aprendermos mais sobre os estados em que nos sentimos eficazes e competentes, podemos criar uma "caixa de ferramentas" personalizada para ser usada quando as coisas ficarem difíceis.

O **professor de ioga** trabalha a postura e a respiração para produzir um estado de relaxamento muscular (liberação) e reduzir a tensão.

A ioga é um método de relaxamento (o relaxamento progressivo de Jacobsen e o treinamento autogênico de Schultz são outros).

De modo geral, esses três tipos de druidas mencionados são treinados em instituições privadas. Algumas emitem certificados e diplomas após a participação em seminários, enquanto outras são mais exigentes, oferecendo cursos com duração de vários anos antes de garantir um treinamento de alta qualidade. Quanto aos outros "psi", eles vêm da universidade: os **psiquiatras** são médicos especialistas em estudo, diagnóstico e tratamento de doenças mentais, como depressão, anorexia, fobias, esquizofrenia e assim por diante. O tratamento geralmente combina entrevistas e medicação, mas alguns psiquiatras têm formação em psicoterapia. Deve-se observar que, estatisticamente, os atletas não estão menos seguros contra doenças mentais do que o restante da população.

Os **psicólogos** devem concluir uma graduação de cinco anos, que é validada por um diploma. Dependendo de sua especialização, eles trabalham com indivíduos ou grupos usando uma variedade de métodos: entrevistas, testes psicológicos, questionários ou outras técnicas descritas a seguir.

O psicólogo comportamental trabalha com um aspecto específico do indivíduo ou um sintoma específico, como uma fobia. Para eliminar o medo de aranhas, por exemplo, a pessoa fóbica é gradualmente colocada em contato com aranhas – isso é chamado de "dessensibilização sistemática". Aqui, o objetivo não é encontrar a origem do sintoma (de onde vem o medo), mas fazer com que ele desapareça, levando o indivíduo ao ponto em que a hiperestimulação na situação fóbica criará a dessensibilização (por exemplo, tocar em aranhas até que o medo seja superado).

Os psicólogos clínicos trabalham com o indivíduo como um todo, com suas emoções e experiências emocionais. Eles estão interessados nos fenômenos inconscientes que levam as pessoas a agirem de maneiras que não entendem: "Não consigo terminar meus jogos", "Não entendo por que me machuco antes de competições importantes". O psicólogo clínico usa entrevistas individuais (e, às vezes, testes psicológicos) para analisar o discurso e a história do indivíduo, a fim de ajudá-lo a entrar em sintonia consigo mesmo e com seus desejos.

Os psicólogos do esporte trabalham com atletas, técnicos e pais em federações, clubes e assim por diante. Suas diversas abordagens estão descritas neste capítulo. Às vezes, eles trabalham em campo, dependendo das solicitações e do método. Alguns estão interessados na dimensão social de um grupo, como a coesão dentro de uma equipe esportiva. Outros procuram entender melhor a esfera cognitiva, ou seja, as diferentes percepções de um atleta em ação; por exemplo, um ginasta executando um salto. Nesse caso, o objetivo é dissecar todos os fenômenos mensuráveis, como a visão periférica ou a tomada de decisões em condições de competição.

O **psicoterapeuta** geralmente é um psicólogo ou psiquiatra que fez um trabalho pessoal e um treinamento complementar. Suas ferramentas terapêuticas podem incluir a fala, a linguagem corporal, a pintura ou a escrita. Em termos gerais, há dois tipos de "psiquiatra": aqueles que buscam o "porquê" de um comportamento (clínicos e psicanalistas) e aqueles que estão mais interessados no "como", ou seja, como mudar um comportamento (a exemplo da PNL). Os psicoterapeutas são treinados fora das universidades, em institutos particulares e centros de treinamento.

Um **psicanalista** é geralmente um psicólogo clínico ou psiquiatra treinado na teoria e na prática da psicanálise desenvolvida por Sigmund Freud no final do século XIX. Ele usa um método curativo baseado na existência do inconsciente, na verbalização de pensamentos e na associação de ideias. A cura clássica oferece uma estrutura fixa com sessões regulares e um ambiente terapêutico predeterminado (o psicanalista trabalha face a face ou com o paciente deitado em um divã) e é administrada de acordo com a regra da abstinência (nenhum contato físico entre as duas pessoas). As ferramentas do psicanalista são, antes de tudo, sua capacidade de ouvir e analisar; ele não dá conselhos. Para adquirirem essas habilidades, os psicanalistas precisam de certo distanciamento, que desenvolvem durante seu treinamento, que inclui sua própria psicanálise. Dessa forma, eles podem se aproximar da "neutralidade benevolente": evitar o julgamento das palavras do paciente para preservar sua liberdade de expressão (essa é uma grande diferença em relação à atitude de alguns pais e treinadores). De certa forma, envolve a reconstrução do passado do paciente com a ajuda de interpretações de palavras e sonhos. Esse trabalho pode ser feito em um consultório ou uma instituição.

Alguns psicoterapeutas e psicanalistas organizam grupos de discussão em que os participantes podem se beneficiar das contribuições coletivas. Os participantes conversam sobre casos reais e situações problemáticas. Cada membro do grupo contribui para a análise dos casos discutidos e a enriquece com seu ponto de vista, seus pensamentos e sua experiência. Vários grupos podem se beneficiar dessa abordagem: técnicos, pais, gerentes e atletas. No caso de técnicos e pais, o grupo pode incentivá-los a refletirem sobre seu envolvimento no relacionamento educacional, com o objetivo de desenvolvê-lo ainda mais. O facilitador estabelece a estrutura, facilita as trocas e dá sentido ao que ouve.

Na mesma linha, o objetivo da técnica de supervisão é fornecer a orientação profissional necessária para dominar as intervenções, com a ajuda de um profissional experiente. Ela é amplamente usada em equipes multidisciplinares nos campos social e médico-social, especialmente no acompanhamento psicoterapêutico, mas ainda não entrou de fato no mundo do esporte. Concordar em receber apoio para ajudar os outros implica uma abordagem voluntária de autorregulação. Apoiar alguém não significa assumir a propriedade dessa pessoa ou tornar-se onipotente. Seja você pai, treinador ou druida, ser supervisionado ajuda a evitar que o relacionamento com o atleta se feche em si mesmo e se torne hermético demais (essa situação geralmente é bem disfarçada por frases enganosas como "está tudo bem" ou "não há problema").

A vantagem da supervisão é que ela reduz o risco de se fazerem coisas erradas. Para o atleta, ela também reduz o risco de ser submetido ao domínio de uma pessoa desajeitada, possessiva, manipuladora ou fora de controle. A supervisão ainda oferece um espaço de liberdade em que a pessoa supervisionada pode se soltar e expressar o que não se permite dizer em outro lugar. Para os treinadores, em particular, esse é um verdadeiro laboratório de pesquisa no qual podem evoluir e se tornar mais criativos.

Os psicólogos, psicoterapeutas e psiquiatras estão vinculados ao sigilo profissional, portanto o conteúdo da colaboração permanece confidencial e não pode ser transmitido a terceiros.

Atualmente, cada vez mais profissionais vêm se inspirando em uma variedade de abordagens e combinando diferentes técnicas. Os psicólogos se inspiram no relaxamento, enquanto os sofrologistas usam a teoria psicanalítica. Clichês como "o psiquiatra está sempre procurando caraminholas" ou "o sofrologista não aceita a ideia do inconsciente" precisam ser reconsiderados.

CAPÍTULO 3

DEZ PERGUNTAS PARA UM DRUIDA

Depois desse rápido passeio pela Floresta dos Druidas, podemos ver que a expressão "preparação mental" é muito ampla para resumir todas as práticas. Precisamos manter as coisas separadas para evitar misturar as poções dos druidas. Muitos psicólogos acreditam, por exemplo, que para se tornar um campeão é necessário estar em um estado de bem-estar. Mas o que dizer dos artistas que sentem que têm uma missão e são obcecados por sua busca? Para eles, a zona de conforto é um lugar amaldiçoado. Na verdade, muitas vezes é somente vários anos após o fim de uma grande carreira que alguns campeões finalmente revelam o outro lado da moeda: dúvidas existenciais sobre sua legitimidade, insônia na véspera das finais, vômitos sistemáticos nos dias de competição, desentendimentos entre parceiros esportivos que só se falam em campo…

São coisas íntimas que não podem ser compartilhadas com qualquer pessoa durante a carreira. Essas reações refletem uma inquietação que faz parte da personalidade complexa do campeão. Elas também indicam sua necessidade de superar e dominar suas ansiedades por meio do desempenho e de suas consequências. É claro que o atleta que passa por essas experiências é diferente daquele que permanece em sua zona de conforto e se contenta com certa noção de desempenho. Se você quiser escalar o Everest, é melhor ser obcecado por uma preparação impecável e estar disposto a usar todos os seus recursos para chegar lá. Digamos que, para essas pessoas, é mais uma questão de encontrar um pouco mais de equilíbrio no desequilíbrio...

De qualquer forma, mais cedo ou mais tarde o druida é confrontado com o equilíbrio psicológico de seu cliente. Muitas vezes acontece que, depois de algumas sessões destinadas exclusivamente a melhorar o desempenho, o atleta começa a falar sobre si mesmo e suas dificuldades psicológicas. Infelizmente, muitos atletas, técnicos e até mesmo druidas tendem a aplicar curativos simples em feridas que precisam de mais atenção: um problema não resolvido voltará como um bumerangue, de uma forma ou de outra. Não adianta apenas trabalhar a respiração nos treinos para se tornar campeão mundial, se você vai hiperventilar quando chegar a hora da competição.

A busca pelo druida mais adequado para um problema específico é uma aventura. Obviamente, você pode pedir conselhos a pessoas que já tiveram experiências semelhantes. Mas não é suficiente. Quando você encontrar um druida, é melhor fazer perguntas pontuais para economizar tempo e evitar surpresas desagradáveis. A seguir estão listadas dez perguntas que as pessoas em busca do druida "certo" devem fazer:

1. Você pode me ajudar a esclarecer o que eu quero?

O primeiro passo é verificar se o desejo de obter ajuda realmente vem de você. O fato de consultar um especialista não significa que você encontrará soluções para seus problemas. Muitos atletas procuram um druida apenas para agradar o técnico ou os pais – para poder dizer: "Eu fui, mas não funcionou". Na verdade, são esses últimos que estão procurando a poção mágica que os tornará poderosos e invulneráveis, como Asterix e Obelix! Em suma, são eles que estão buscando o impossível. Uma coisa é precisar trabalhar em si mesmo, outra coisa é dar a si mesmo os meios para conseguir. Você percebe que pode haver conflito entre uma parte de você que quer enfrentar o problema e outra que tem medo de revelar suas fraquezas, incertezas e medos. O trabalho do druida é identificar de onde vem a solicitação ("Decidi que preciso de ajuda" ou "Meu treinador me disse que preciso trabalhar minha saúde mental"). A próxima etapa é esclarecer a solicitação inicial ("Ajude-me a gerenciar minhas emoções antes e durante a competição") para ver com mais clareza e possivelmente detectar uma segunda solicitação ("Como posso superar o medo de decepcionar as pessoas que investiram tanto em mim?").

2. Que sistema você está propondo?

Não é fácil encontrar "a pessoa certa", aquela com quem você se sente confortável o suficiente para conversar com liberdade (o primeiro passo para se soltar). Em geral, o primeiro encontro permite sentir se temos vontade de repetir ou não. Em caso afirmativo, a próxima etapa é decidir o programa certo – ou seja, todos os recursos disponíveis de acordo com um plano – ou a estrutura (local, frequência, conteúdo, financiamento) para que você possa progredir. Nem muito rígido nem muito flexível, o sistema pode ser elaborado pelo druida e pelo cliente, mas cabe ao druida definir as regras de acordo com seu código de ética. Por exemplo, é perfeitamente possível se tratar pelo primeiro nome e, ao mesmo tempo, manter uma distância profissional. Por outro lado, em um ambiente onde as pessoas se tratam quase automaticamente pelo primeiro nome, ser educado torna-se um símbolo que dissocia esse trabalho da vida esportiva cotidiana. Há uma diferença entre ter um druida em sua área de treinamento e em sua prática. A experiência mostra que o primeiro envolve menos esforço: é mais confortável receber o druida entre duas sessões de treinamento do que fazer o esforço (incluindo o esforço intelectual) para sair do microcosmo esportivo. Em resumo, um sistema válido deve prever todos os cenários possíveis para garantir uma estrutura bem definida na qual se possa trabalhar em paz. Pode-se até dizer que o sistema que o druida implementa reflete sua compreensão da teoria que ele escolheu colocar em prática.

3. Qual é sua especialidade?

Alguns druidas têm sua própria especialidade: crianças, adolescentes ou adultos. Outros são generalistas e lidam com todas as populações. Alguns intervêm no campo (presença em sessões de treinamento e competições, avaliação de atitude corporal etc.), outros se recusam a fazê-lo e mantêm distância. Tudo depende das técnicas e dos objetivos de cada indivíduo. Por exemplo, as instituições que acolhem jovens aspirantes envolvem psicólogos especializados em adolescência para dar a eles a oportunidade de se expressarem sobre o que estão vivendo: saída da casa da família, posicionamento no grupo de treinamento, mudanças corporais, comportamento nutricional etc.

4. Qual é o papel do meu técnico ou dos meus pais?

Os técnicos que buscam aprofundar seu treinamento psicológico aumentam consideravelmente suas chances de ajudar os atletas e economizar tempo. Os técnicos também podem se beneficiar do auxílio de certos druidas para questionar suas próprias práticas ou aprender as técnicas que acabamos de descrever. Esse método está se tornando cada vez mais comum nos dias de hoje e ajuda os técnicos a verem suas motivações com mais clareza. Além disso, por que não envolver as pessoas que têm influência diária sobre o atleta? Em alguns casos, essas sessões podem ser inspiradas na terapia de casal, por exemplo, quando há bloqueios de comunicação. O trabalho pode ser feito por duas pessoas, mas também por várias; por exemplo, com o técnico ou com os pais, no caso de atletas mais jovens. Nesse caso, o druida deve se posicionar não entre o atleta e seu técnico, mas com eles, para evitar mal-entendidos em sua abordagem. Às vezes, faz mais sentido trabalhar apenas com o técnico, especialmente quando ele está fazendo um pedido pessoal e o atleta não está pronto para investir no processo. Não é incomum que um druida tenha de tomar uma posição quando se depara com um treinador ou atleta que só pede conselhos e receitas ("Diga-me o que fazer!"); em suma, que está pedindo um pensamento "pré-embalado", "pronto" e é incapaz de participar de uma busca pessoal. Por outro lado, alguns pais e treinadores preferem evitar que uma terceira pessoa se interponha entre eles e seu protegido. Nas discussões com o especialista, o esportista pode deixar escapar alguma informação que o treinador ou pai não tem interesse em ver divulgada. Nesse caso, eles preferirão direcionar o esportista para uma técnica física (relaxamento, ioga) em vez de analisar seus relacionamentos com as pessoas ao seu redor.

5. Qual é o grau de discrição que você garante?

Os druidas que defendem o respeito à privacidade sabem até que ponto contribuem para proteger a qualidade de seu trabalho. O sigilo profissional existe desde Hipócrates, o maior médico da Antiguidade. É extremamente importante esclarecer as regras sobre o que deve e o que não deve ser comunicado. Às vezes, a discrição é total (o druida guarda tudo para si), às vezes cabe ao atleta decidir o que pode ser comunicado a terceiros, dependendo da natureza do trabalho. Dessa forma, você estará mais bem preparado para lidar com as perguntas clássicas de técnicos ou pais após uma sessão com seu prodígio: "E aí, deu tudo certo?". Como você administra a confidencialidade? O que devemos (ou não) dizer? Alguns druidas (especialmente os menos experientes) ficam tão satisfeitos por terem sido chamados que se sentem obrigados a "retribuir o favor" revelando o conteúdo das sessões. Outros chegam ao ponto de pedir uma porcentagem dos ganhos do atleta ou se oferecem para reduzir seus honorários se puderem usar o nome do atleta para aumentar sua publicidade.

6. Quanto custa?

Antes de mais nada, essa abordagem exige coragem e honestidade. O tempo, a viagem e as implicações financeiras são secundários. Alguns druidas aplicam preços mais baixos para pessoas em dificuldade (estudantes, desempregados); outros consideram que seu trabalho merece um preço fixo. O objetivo é oferecer a todos um acordo justo. Se você não puder mais pagar uma raquete porque o preço da terapia é muito alto, terá de reconsiderar a relevância dessa abordagem. Também há situações diferentes dependendo de quem está pagando. Quando você mesmo paga, sabe por que está lá. Entretanto, ainda é comum que tudo seja pago por terceiros (pais, clube, liga, federação). É de se perguntar se o atleta ainda iria se dependessem dele os honorários dos especialistas, de modo integral ou parcial. Podemos falar de uma abordagem pessoal quando fazemos parte de um sistema que dá tudo aos melhores jovens, mesmo quando eles não querem?

7. Qual é a duração do tratamento?

Varia de algumas sessões a vários anos, dependendo do método que você escolher. Com um bom professor de ioga, você pode aprender a respirar já na quinta sessão. A duração do trabalho de sofrologia varia (de algumas semanas a um ano), dependendo do objetivo buscado e das técnicas usadas. Como parte de uma terapia cognitiva breve,[100] você assina um contrato por escrito referente a dez ou vinte sessões para definir um objetivo de trabalho preciso (superar seu medo de elevadores, por exemplo). As sessões com um psicanalista são distribuídas ao longo de vários anos, durante os quais o objetivo é avançar no autoconhecimento até o dia em que você se sentir suficientemente pronto para continuar nesse caminho por conta própria.

8. Quais são os perigos?

O objetivo real de uma colaboração não seria acabar com ela, para que o atleta possa continuar sozinho com base no que aprendeu, em vez de continuar uma história sem fim? Mas alguns druidas são tão inseguros que precisam criar uma dependência ("Sem minha ajuda, você não conseguirá!") para se tranquilizarem e satisfazerem necessidades pessoais, e não profissionais. Cuidado com o druida que fala sobre "seu jogador" ou "seu sucesso esportivo com tal e tal atleta". Algumas pessoas gostam do papel de "bombeiro" que vai apagar o fogo alguns dias antes do evento do ano, enquanto outras afirmam ter a verdade onde ela não existe. Nesses casos, há mais em jogo do que uma simples colaboração profissional, e podemos nos perguntar quem precisa mais do outro: o druida ou o atleta. Às vezes, os técnicos são muito mais "psicólogos" do

100. Mais utilizado por psicólogos comportamentalistas.

que esses profissionais, porque já provaram suas habilidades, enquanto o druida pode estar procurando agradar, ser reconhecido em um ambiente que o fascina. Seja psicólogo ou terapeuta de relaxamento, eles podem cair na armadilha de querer ser como os atletas ou treinadores, falar como eles, vestir-se como eles e, assim, perder sua autenticidade, sua distância profissional, seu valor agregado. Por fim, quando o método é bem-sucedido ("Esse atleta teve resultados muito bons com um druida"), o mundo esportivo tende a copiar e colar e prescrever esse método para todos os outros. O fato de determinado método ter funcionado bem com um parceiro de treinamento não significa que ele terá os mesmos resultados com outros.

9. O druida precisa ser especializado no meu esporte?

É claro que um druida que esteja familiarizado com o mundo do esporte economizará seu tempo, pois você não precisará explicar tudo a ele. Por outro lado, um druida não pode saber tudo sobre todas as modalidades esportivas, e a maioria dos problemas discutidos não está diretamente ligada à atividade esportiva. Os jogadores de tênis de mesa falam sobre problemas que não estão necessariamente relacionados ao tênis de mesa. Entretanto, independentemente da modalidade praticada, por trás das demandas habituais (estresse da competição, falta de autoconfiança, lesões repetidas), o verdadeiro gatilho é quando você se permite ouvir a si mesmo e se olhar no espelho. Não conhecer o esporte pode até ser uma vantagem, pois o druida se concentra no ser humano como um todo. Portanto, uma mulher pode muito bem ajudar jogadores de futebol; e um homem, atletas de nado sincronizado.

10. Como saber se é a pessoa certa?

Por fim, em vez de perguntar ao druida se ele é especialista em determinada modalidade esportiva, não seria mais sensato descobrir a personalidade dele? Ele exala confiança? Ele sabe como transmiti-la? Ele é capaz de superar seus próprios medos? Ele já trabalhou em sua própria motivação? Depois, há novamente a questão do desejo: o que está por trás do desejo de fazer esse trabalho (para ajudar os outros; para ser reconhecido; para compensar deficiências pessoais...)? Por trás de todas essas considerações, a questão de saber se o druida deve levar o atleta mais longe do que ele mesmo até então é muito pertinente e, nesse caso, podemos nos perguntar se alguém pode dar o que não tem. E se não fizermos essas perguntas abertamente, podemos pelo menos pensar sobre elas. A cabeça do druida tem um lado campeão?

CONCLUSÃO

Lembramos dos grandes atletas por suas qualidades físicas e mentais e pela nobreza de seus valores, mas não podemos nos esquecer de elogiar os grandes mestres que os ajudaram por sua sabedoria, sua perspicácia, sua humildade, sua capacidade de encorajar e também por sua capacidade de se afastar para o bem de seus pacientes ou alunos. Ao sairmos da Floresta dos Druidas, percebemos que estes estão próximos dos antigos sacerdotes gauleses e bretões, que eram responsáveis por celebrar o culto, educar os jovens e tomar decisões. Sua floresta se revela como uma tentação e, ao mesmo tempo, pode ser assustadora porque nos confronta com o que há de mais profundo em nós mesmos: nossos desejos, nossos medos, nossos conflitos. Mas também aqui cabe a cada um fazer a escolha que mais lhe convém, entre o *fast-food* e a "boa receita de família", entre a promessa da poção mágica e o silêncio da incerteza...

Para obter mais informações, entre em contato conosco pelo e-mail:

contact@championdanslatete.com